"十二五"国家重点图书

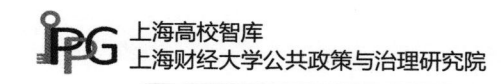

国家出版基金项目
NATIONAL PUBLICATION FOUNDATION

财政政治学译丛

刘守刚 魏 陆 主编

上海高校智库
上海财经大学公共政策与治理研究院

Taxation and State-Building in Developing Countries

发展中国家的税收与国家构建

黛博拉·布罗蒂加姆（Deborah Bräutigam）
奥德－黑尔格·菲耶尔斯塔德（Odd-Helge Fjeldstad） 主编
米克·摩尔（Mick Moore）

卢军坪 毛道根 译

上海财经大学出版社

图书在版编目(CIP)数据

发展中国家的税收与国家构建/(美)黛博拉·布罗蒂加姆(Deborah Bräutigam),(美)奥德·黑尔格·菲耶尔斯塔德(Odd-Helge Fjeldstad),(美)米克·摩尔(Mick Moore)主编;卢军坪,毛道根译.—上海:上海财经大学出版社,2017.8

"十二五"国家重点图书
财政政治学译丛
书名原文:Taxation and State-Building in Developing Countries
ISBN 978-7-5642-2807-1/F.2807

Ⅰ.①发… Ⅱ.①黛…②奥…③米…④卢…⑤毛… Ⅲ.①发展中国家-税收管理-关系-行政管理-研究 Ⅳ.①F811.4②D523

中国版本图书馆 CIP 数据核字(2017)第 190123 号

□ 责任编辑　刘　兵
□ 封面设计　张克瑶

FAZHANZHONG GUOJIA DE SHUISHOU YU GUOJIA GOUJIAN
发 展 中 国 家 的 税 收 与 国 家 构 建

黛博拉·布罗蒂加姆
(Deborah Bräutigam)
奥德-黑尔格·菲耶尔斯塔德　主编
(Odd-Helge Fjeldstad)
米克·摩尔
(Mick Moore)

卢军坪　毛道根　　译

上海财经大学出版社出版发行
(上海市中山北一路 369 号　邮编 200083)
网　　址:http://www.sufep.com
电子邮箱:webmaster @ sufep.com
全国新华书店经销
上海叶大印务发展有限公司印刷装订
2016 年 8 月第 1 版　2016 年 8 月第 1 次印刷

710mm×1 000mm　1/16　17.25 印张　264 千字
印数:0 001—3 000　定价:42.00 元

图字:09-2015-558 号

Taxation and State-Building in Developing Countries(ISBN 9780521716192) by Deborah Bräutigam, Odd-Helge Fjeldstad, Mick Moore, first published by Cambridge University Press 2008.
All rights reserved.

This simplified Chinese edition for the People's Republic of China is published by arrangement with the Press Syndicate of the University of Cambridge, Cambridge, United Kingdom.

2017 © Cambridge University Press & Shanghai University of Finance and Economics Press.

This book is in copyright. No reproduction of any part may take place without the written permission of Cambridge University Press or Shanghai University of Finance and Economics Press.

This edition is for sale in the mainland of China only, excluding Hong Kong SAR, Macao SAR and Taiwan, and may not be bought for export therefrom.

此版本仅限中华人民共和国境内销售,不包括香港、澳门特别行政区及中国台湾。不得出口。

2017 年中文版专有出版权属上海财经大学出版社
版权所有　翻版必究

总　序

　　成立于2013年9月的上海财经大学公共政策与治理研究院,是由上海市教委重点建设的十大高校智库之一。通过建立多学科融合、协同研究、机制创新的科研平台,围绕财政、税收、医疗、教育、土地、社会保障、行政管理等领域,组织专家开展政策咨询和决策研究,致力于以问题为导向,破解中国经济社会发展中的难题,服务政府决策和社会需求,为政府提供公共政策与治理咨询报告,向社会传播公共政策与治理知识,在中国经济改革与社会发展中发挥"咨政启民"的"思想库"作用。

　　作为公共政策与治理研究的智库,在开展政策咨询和决策研究的同时,我们也关注公共政策与治理领域基础理论的深化与学科的拓展研究。特别地,我们支持从政治视角研究作为国家治理基础和重要支柱的财政制度,鼓励对财政制度构建和现实运行背后体现出来的政治意义及历史智慧进行深度探索。这样一种研究,著名财政学家马斯格雷夫早在其经典教材《财政理论与实践》中就命名为"财政政治学"。但在当前的中国财政学界,遵循马斯格雷夫指出的这一路径,突破经济学视野而从政治学角度研究财政问题,还比较少见。由此既局限了财政学科自身的发展,又不能满足社会对运用财税工具实现公平正义的要求。因此,有必要在中国财政学界呼吁拓展研究的范围,努力构建财政政治学学科。

　　"财政政治学"虽然尚不是我国学术界的正式名称,但在国外的教学和研究中却有丰富的内容。要在中国构建财政政治学学科,在坚持以"我"为主研究中国问题的同时,应该大量翻译西方学者在该领域的内容,以便为国内财政学者从政治维度研究财政问题提供借鉴。呈现在大家面前的丛书,正是在上海财经大学公共政策与治理研究院资助下形成的"财政政治学译丛"。

"财政政治学译丛"中的文本,主要从美英学者著作中精心选择而来,大致分为理论基础、现实制度与历史经验等几方面。译丛第一辑推出 10 本译著,未来根据需要和可能,将陆续选择其他相关文本翻译出版。

推进财政政治学译丛出版是公共政策与治理研究院的一项重点工程,我们将以努力促进政策研究和深化理论基础为己任,提升和推进政策和理论研究水平,引领学科发展,服务国家治理。

胡怡建
2015 年 5 月 15 日

致　谢

当我们在2002年开始这项研究时,有关税收和收入问题可能成为治理国家和国家形成的核心的观点让许多人感到惊讶。我们感到欣慰的是,这种观点现在已经成为主流,而且人们对本书内容非常有兴趣,许多人和组织帮助我们推而广之。

马尔塔·阿雷奇(Marta Arretche)、马库斯·梅洛(Marcus Melo)、莱瑟·拉克纳(LiseRakner)、阿伦·施奈德(Aaron Schneider)、理查德·斯奈德(Richard Snyder)和罗伯特·塔列希欧(Robert Taliercio)2004年6月在哥本哈根举行的作家研讨会上为本书做出了贡献。玛格利特·利瓦伊(Margaret Levi)在2006年9月在美国政治科学协会年会上组织的一次会议中对一些文章提出了非常有帮助的意见。在发展政策研究组织内,本·迪金森(Ben Dickinson)、马克斯·埃佛勒斯—菲利普斯(Max Everest-Phillips)和苏·安斯沃思(Sue Unsworth)不断鼓励我们申请正式的集体奖学金工作。两位匿名评审为剑桥大学出版社提供了非常有帮助的评审意见。琳达·贝特曼(Linda Bateman)以出色的效率和承诺为我们提供出版服务。

英国国际发展部是我们的主要资助来源,自2000年以来,萨塞克斯大学(University of Sussex)发展研究所未来国家中心、丹麦国际开发署(Danida)、挪威国际开发署(Norad)和挪威研究委员会也资助了一些基础研究。在欧雷·特希尔德森(Ole Therkildsen)的帮助下,丹麦国际开发研究所(DIIS)主办并资助了我们的作者研讨会。位于卑尔根的米歇尔森研究所(The Chr. Michelsen Institute)也资助了我们的研究项目。

编辑涉及大量工作,但也有很多乐趣。特别感谢2005年夏末阿尔夫·墨顿·杰尔夫(Alf Morten Jerve)安排我们三个人在位于挪威西海岸温格市(Kvingo)他的家中度过的美好两周。

黛博拉·布罗蒂加姆
奥德·黑尔格·菲耶尔斯塔德
米克·摩尔
2007年6月

目　录

总序	001
致谢	001
第一章　导论：发展中国家的税收与国家构建	001
第二章　强制与契约：对于税收和国家治理的两种竞争性诠释	032
第三章　转轨国家：国家能力、社会同意与税收筹集	058
第四章　乡村中国的税收和强制	082
第五章　东非的大众税收与国家—社会关系	100
第六章　可能的能力（contingent capacity）：毛里求斯出口税与国家构建	121
第七章　智利的税收谈判与硝酸盐出口（1880～1930年）	145
第八章　联合会税收：对非正式部门征税的途径	166
第九章　对制度能力与税收体制的再思考：以中华民国盐务稽核总所为例	193
第十章　全球化背景下的税收改革与国家构建	214
参考文献	237
译丛主编后记	263

第一章　导论：发展中国家的税收与国家构建[①]

黛博拉·布罗蒂加姆（Deborah A. Bräutigam）

1.1　导论

对那些关心发展中国家如何构建国家的人士来说，税收问题处于研究的前沿。正如玛格利特·利瓦伊（Margaret Levi）所言"国家税收发展的历史也是一个国家的演化史"（1988：1）。税收能保证国家顺利执行自己的目标；也成为国家与社会关系结构的核心内容，并且能帮助调节财富积累与再分配之间的平衡，而这决定了一个国家的社会特征。如果没有有效筹资的能力，一个国家在为社会提供福利保障、满足基本需求或培育经济发展的过程中，国家的能力就会受到影响。然而，税收在政治上的重要性要超越筹集资金本身。在本书中，我们认为税收在构建并维护国家权力以及塑造国家与社会的关系中起着核心作用。税收在国家构建中的作用可以从两个主要方面来看：基于税收

[①]　本章的最初版本曾分别于2006年2月16日及2006年4月27日在加利福尼亚大学的圣地亚哥政治系以及普林斯顿大学比较政治学论坛上宣读。在此要感谢来自这些学术论坛参与者的建议与评论，尤其是Nancy Bermeo、Clark Gibson、Barak Hoffman、Jeremy Horowitz、David Lake、Jonas Pontusson、Lynn White、Jennifer Widener、Deborah Yashar以及Peter York等人。同时，我也要感谢David Hirschmann、Mick Moore、Gerald Easter、Odd-Helge Fjeldstad、James Mahon以及Ole Therkildsen，他们通读本章初稿，并给予宝贵的意见。另外，还要感谢Lise Rarkner、Aaron Schneider、Steven Friedman、Dele Olowu、James Wunsch、Jose Cheibub、Michael Ross、Christopher Heady、John Toye、Tony Addison、David Bevan、Lesli Dikeni以及Dumisani Hlophe等人，他们为本书的出版召集各类会议与研讨会。还有Meghan Olivier为本研究提供了宝贵的帮助。同样，我还要感谢David Hirschmann，就有关税收问题我们一谈就是数小时，在本书写作过程中，他一如既往地给予我支持，为本书的顺利写作提供了时间上的保证。

谈判的社会契约的产生；以及由征税规则所激发的制度构建动力。在第一方面所取得的成就能够培养代议制民主；第二个方面的进步能够加强国家权力。这两方面都能支持国家的合法性并且能改善国家与公民的义务与权利。

税收是国家建构的核心因素——众多作者围绕这一观点进行阐述，这构成了本书的基本内容。我们也不是说税收是单边积极力量；税收的作用主要还取决于国家与社会之间能否就财政收入方面进行完美协商。第四章和第五章主要论述了强制性税收造成的破坏。然而，我们也不否定强制性税收是特别重要的力量，它或许会直接或者出其不意地影响到政府部门，那些研究国家构建的新学者对此有所忽视（Chesterman, Ignatieff and Thakur, 2005；Fukuyama, 2004; Levy and Kpundeh, 2004; Rueschemeyer, 2005），而那些研究援助的群体也没关注到这一点，因为他们重视的是削减支出而不是筹集收入（Therkildsen, 2002a）。"华盛顿共识"是一些经济类纲领性文件，它们主要围绕有关"运行良好"的税收政策（这类政策强调宽税基、低边际税率），并且，一种管理良好的税收模式已在独立或自主的税收机构中逐渐流行开来。米克·摩尔（Mick Moore）和奥德·黑尔格·菲耶尔斯塔德（Odd-Helge Fjeldstad）在第十章将对这方面进行详细论述。然而，让我们大为吃惊的是，人们往往会忽视税收和政府之间的关系，对于那些研究欧美历史的学者而言尤其如此，他们想当然地认为税收和政府之间一直有着长期联系。

所谓国家构建，是指政府提高有关行政、财政与体制能力的过程，其目的是与之对应的社会进行建设性互动并有效追求其公众目标。就像熊彼特所指出的，在欧洲，税收不仅能帮助创建一个国家，更能帮助"发展一个国家"（Swedberg, 1991：108）。典型意义上的政府的产生和税收的发展休戚相关。最常被提及的一个例子是：战争成本导致了欧洲君主想要增加直接税，但只有通过与国家精英进行协商，他们才能达到此目的。这带来了两个政治问题：它不仅刺激了议会制度的发展，也促进了国家官僚机构向着更强、更大、更专业的方向发展。关于税收和议员之间关系的争论我们并不陌生，在一些低收入国家，有关政治进步的研究开始愈发关注这二者的关系，而对有关税收和国家能力的讨论我们相对陌生。具体内容包括：税收需求培育了税收体制的改革，将包税制改变为永久的现代税收制度，为欧洲一些新近成立国家官僚机构的发展树立了标准。这些政府机构需要一些受过教育能掐会算的人才,从而促进了正规教育体制的完善。纳税人与执政者之间的争议催生了一套保护私人财产的法律制度。有了税收的支撑,统治者就能够在私人资本市场通过公债融资。这些机构的产生最初是为了资助战争,后来逐渐变成了欧洲经济发展必不可少的支持者。如果对欧洲这种实践的解读是正确的,在今天的发展中世界,更多地关注税收的政治维度可能会带来治理的红利(governance dividend)。

本书围绕税收与代议制度,税收和制度(institution①)两大主题,主要阐释了以下三大问题。

1. **在当今发展中国家,税收和公共收入如何影响国家—社会的关系以及政府治理?** 主要的争议点在于税收关系是否(a)本质上具有强制性,因此对基于同意的治理有害无利,或者(b)通过国家和有组织的公民之间的"税收协商",为创造一个基于同意与代议制的政府提供了机会。

2. **强制性征收何时(如果有的话)开始创造一个有效的机构发展模式?** 正如本书所示,强制性征收会带来各种各样的机构发展上的后果。在一些国家(或某些历史时期)其税收和相关体制的发展要好于其他国家或时期。国家机构更有效、更值得信赖的缘由是什么?什么因素能让税收制度获得更高的认同?

3. **是哪些关键的政治因素促进了当代发展中国家进行更有效、更公正、更持久地征税?** 很少有发展中国家能成功创造高效且认同性高的税收体制。其税收体制越来越呈累退性、越来越扭曲,并且缺乏法律效力;税收政策极不完善,表现在大范围的逃税、腐败与强迫行为。在很多情况下,其总体税收水平较低,大部分非正式经济部门完全规避税收。税收改革如何才能提高国家能力,与此同时提升政府责任与治理质量?

尽管对发展中国家税收和国家构建的关注才开始,但我们的研究是有基础的,那就是以税收为中心对当今发达资本主义国家构建国家与社会关系的历史与现实的相关研究。这些研究使用了大规模的、跨国数据资料,而有些研究常常采用历史案例对比分析法。国家构建是个长期的发展过程,研究者背

---

① 这个词既有制度也有机构的含义,此处译成"制度"可能更恰当。下文将根据上下文来决定翻译为"制度"还是"机构"。——译者注

景多样,正如巴林顿·摩尔(Barrington Moore,1966)、赛文·斯泰因莫(Seven Steinmo,1993)、阿图尔·科利(Atul Kolhli,2004)等所言,国家构建的研究在方法上强调历史因素的影响,也着重注意掌权者的角色与国家—社会联盟(state-society alignments)的影响。本书很多详细的案例研究强调社会背景及历史因素对税收各个方面的长期影响,这些方面涉及税收制度的设计与有效性,社会民众纳税的自愿性,税收在国家与社会关系构建中的角色以及税收在促进国家其他方面能力的作用等。本书的研究就是基于以上研究方法。

本章为导论,分为四部分。首先,我探讨了与税收有关的政治经济方面最新的文献资料,看看这些文献对解读国家构建有何作用。通过回顾文献,我们发现百花齐放的研究为本书提供了启迪,但这些文献大多关注发达资本主义国家,所探讨的问题也比较狭隘:国家税收有哪些层次?税收体制又是如何设计的?这些问题当然也和我们探讨国家建构的问题有些关系,这些文献为我们开拓了一条充满希望的研究道路。而我们将要探讨的是另一个问题:哪些因素影响了国家征税的能力?这些文献与该问题只有间接联系。就我们的研究目的而言,这些文献可支持我们的研究,但有时候也会影响我们的研究。我将在本章第二部分简述这一问题。本章第三、第四部分主要介绍各位作者的最新研究,看看在当代发展中国家税收如何与国家构建在政治经济方面互为影响。因此,我的关注点主要是上面提到的两大主题:(1)税收作为影响国家体制与国家能力的因素;(2)税收作为影响国家—社会关系的因素,尤其是在扩大代议制、加强国家与社会的协商、提升政府责任性等方面的影响。本书第十章将论述第三个主题,也就是该研究对当代发展中国家税收政策与制度的启示。

1.2 税收的政治经济理论

从历史上看,作为收入的一部分,税收总是随着时代发展逐渐增长,但增长的方式不尽一致,也并非在任何国家都增长。没有能力的国家往往也无法依靠税收方式获得什么收入,这些国家大多成为贫穷和非民主的国家。如何理清这些线索?来自经济学、政治科学、历史学以及社会学的多位学者对税收的政治经济理论构建了至少五种理论方法,每种都解释了税收、国家能力以及国家与社会关系的不同层面。① 就第一种方法而言,经济学家们强调经济结构、经济发展的层次与"税收努力";第二种方法强调纳税人的意识形态、价值观以及解释国家税收需求一致性的文化因素;第三种研究视角强调战争和其他威胁在刺激统治者使其税收体制现代化方面的作用;而第四种理论则通过对政治制度的分析(通常是历史的视角),解释国家能力和税收体制的差异;第五种理论主要探讨财政契约模式,将税收纳入集体行动问题框架中加以分析:统治者想要增加税收,而纳税人希望减少税收。这两方面的倾向导致统治者在互惠互利的基础上以交易的原则给纳税人以某些好处(如代表权、责任性以及公共服务等)。尽管我在这里分别论述,但必须注意的一点是每个学者总会同时采用两种甚至更多的方法进行研究。

1.2.1 经济发展和经济结构的水平

税收结构、税收制度的总体框架以及总体的税收水平都会随着时间及经济的发展而发展。② 尽管各个国家不同,但税收制度的改变有着程式化的模式:从包税制发展为专业税收机构;从对具体物品如食用盐和朗姆酒征商品税到一般增值税的发展;从人头税到所得税和工薪税,如此等等(Hinrichs,1966),这些不同的税收模式为公共财政学家所关注(Bird,1992;Musgrave and Peacock,1964;Newberry and Stern,1987)。研究税收与国家间关系的标准经济学方式是,通过将经济发展水平和经济结构的其他方面结合来解释税收的水平(这意味着政府的能力)。对高收入国家来说,税收在国家的总收入中占据了更大比例。税收的高比例也伴随着由发展带来的其他因素:如受教育程度、工业化进程、经济的开放、债务、城镇化的形成等。新的"税柄"(外贸、油井、正式的制造业部门)以及新的科技推进了征税的进程。这样看来,税收和国家能力的关系是一个简单的演化过程,是现代化的一大功能,"税收能力与行政能力紧密相连,随着经济发展,其关系可能会更加深化"(Burgess and Stern,1993:774—775)。

---

① 更多该领域的重要文献可参阅 Therkildsen(2001)。
② 米克·摩尔在第二章对此有总结和叙述。

很久以前，公共财政学家在他们的言论中就包含了一种政治维度，他们认为"政治意志"也是税收的一个因素(Kaldor,1963)。对于这一点，我们可以在有关"税收努力"的文献中找到相关表述。所谓税收努力，就是国家对特定经济结构形成的税收潜力的利用程度(Hinrichs,1966;Musgrave,1969)。然而，即使这样的研究，也只是将税收努力高（或低）和政府不愿意利用税收潜力作为一个决定变量而已，未再继续深入研究。国际货币基金组织在对43个撒哈拉以南非洲国家的税收制度考察后发现，国家政治对税收有巨大的影响，指出"政治体制"和"对政府的态度"或许会影响税收努力(Stotsky and Wolde Mariam,1997:10,29)。由于影响国家和纳税人相对权力的政治因素不同，因此每个国家的税收"努力"和税收制度是否"有效"也千差万别，这种认识对我们解释国家构建很有帮助。当然，我们要知道，这只不过是研究的起点，而不是一个成熟的理论。正如最近一些经济学家所言"如果情况是这样的话，那么不愿意处理这些新障碍的经济学家，在给出可行的解决方案时就会有问题"(Bird,Martinez-Vazquez and Torgler,2004:3)。另一方面，对态度的重视带来了经济学家和其他研究者运用的第二套理论体系，即在构造税收遵从(tax compliance)模型时，将纳税人的社会价值、道德义务感、意识形态和社会规范作为变量。

1.2.2 社会因素：文化，价值观，信任和"税收风气"(tax morale)

政府征税的能力取决于人们纳税的意愿。对税收执行情况的早期研究包括人们对不纳税被发现和惩罚的风险的了解，以及意识到不同惩罚所带来的后果(Allingham and Sandmo,1972)。后来，研究者对这些理论范式添加了其他的社会因素：如道德责任感，税收公平意识（尤其是纳税人能意识到其他公民也在依法纳税）。信任基础：即纳税人意识到在何种程度政府(a)能明智地把税收用于合理的开支，或者(b)将钱花在有益于纳税人的公共事务上(Andreonia,Erard and Feinstein,1998;Frey and Feld,2002)。如上所述，对社会态度的关注主要包括两个层面：第一个层面强调意识形态、价值观以及文化因素对人们态度的影响，这种影响是脱离于目前的国家与社会关系的(Levi,1988;Putnam,1993;Webber and Wildavsky,1986)。正如 Levi 所强调的，一个社会的"公共精神或规范信仰（normative conviction）"能够成为人们是否愿意纳税的动机因素。因此，对福利国家有坚定信仰的人们更愿意缴纳税款（Levi，1988：52）。"天课①"或"什一税"的宗教传统或许形成了一种道德责任感，即将个人收入的一部分上交社区（Hull，2000）。在这种情况下，人们的态度是内在的，不受政府行为干涉的，尽管在过去他们也受到国家与社会关系的影响（Cummings et al.，2004）。第二个研究层面强调通过与政府的互动经历而形成的纳税人的态度。这些研究表明纳税人是否愿意纳税取决于政府的法治化程度以及税收体制的公平性，还取决于他们所上缴的钱能否用在一些有价值的公共服务上（Slemrod，1992）。经济结构在这里也起作用：一些研究表明，在有大量地下经济或非正式经济部门的国家，人们的税收意识不强，因为那些在正式经济部门的人可以更容易地观察到大量的其他逃税者（Alm and Torgler，2004）。政府提供服务的能力也很重要，从这个角度来看，税收意愿基于一种交换，或者"财政契约"；我们将在1.2.5节论述该主题。

1.2.3 战争与税收：为应对威胁而致使官僚体制现代化

在研究国家能力和官僚体制现代化的过程中，我们了解到一种强调战争、威胁与税收的关系的理论（Henneman，1971；Prestwich，1972）。这些理论根植于与欧洲相同的税收实践，它们为财政契约的观点提供了理论基础。激烈的军事竞赛需要大量的收入，欧洲公民也认同战争需要额外的税收作为支撑。在《利维坦》（The Leviathan，1615）一书中，霍布斯（Hobbes）在解释统治者发动战争与创造和平的权利时阐述了这种观点，"判断其是否以公众利益为出发点，为了实现这一目的需要征收多少兵力，需要多少开支，然后向民众征税以支付这些开支"。然而，正如查尔斯·蒂利（Charles Tilly，1985：180）所指出的，直到亨利八世统治时期，"英国人民希望国王们靠自己的财产生活，税收只能用于战争"。但是，由于战争的刺激，以及随着一种永久且专业的税收体制的发展，这种情况有所改变。由于税收来源的可靠性与稳定性变得越来越重要，统治者们开始使征税专业化。一开始国家依靠的财政收入有商品税包税制（farming out of excise）、关税和土地税，或者向私人从出售官职、牧师职位

---

① 伊斯兰教每年一次的慈善捐款，原文为"zakat"。——译者注

获得收入,后来转向依靠专业化的行政部门(civil service)。

这一过程首先发生在英国。税收构成了支撑英国政府早期发展的"重要力量"之一(Brewer,1989)。到拿破仑战争时期,英国的税收是法国政府税收的3倍之多。从最初税收占据国家收入的15%这一高比例发展到后来占据国家收入的24%。英国的立法机关利用掌控钱包的权力让行政部门为合理使用公民的税收负起责任来。但这种问责制对政府的管理能力提出了新的要求。议会要求有相关的报告与信息来记录立法提议,政府为了应对这种职责的立法需求,在收集信息的能力方面变得更加娴熟、更富有经验。

约翰·布鲁尔(John Brewer,1989)对这一过程给出了详细的论述。[1] 在17世纪后期,英国政府结束了包税制,开始建立永久的政府部门来征收货物税和关税。征税的官员是政府全职雇用的取薪职员,他们通过考试后录取,要经过实习阶段,表现良好可获晋升机会,退休后可拿养老金。由于其规范的操作程序以及员工培训,英国税务局成为整个欧洲竞相模仿的机构改革的典范。它是政府机关中最大而且最有效能的部门,接近于"18世纪马克思·韦伯(Max Weber)有关政府的理念"(John Brewer,1989:68)。同时,由于税收管理机构的发展以及税收评估与征税技术要求的提高,需要大量受过良好教育且算术优秀的人才。[2] 税收部门的员工需要了解几何与微积分等方面的知识。尽管英国的小学义务教育直到19世纪后期才有所发展,然而,在正式颁布国家教育法案之前,一些市政部门、私人团体及个人开始赞助一些学校来满足这种需求。

税收部门的需求也刺激了国家能力其他方面的发展。政府部门在1696年就开始收集进出口方面的数据并计算贸易差额,政府也开始进行经济活动中税收潜能方面的相关研究。正如布鲁尔所写,一个"好"政府就是一个有着"科学知识和专业水平"的政府(John Brewer,1989:224)。专业税收机构的存在使得英国和其他国家形成了一种复杂的公债融资制度。了解到他们的政府有可靠的税收渠道,一些投资人和金融家可以接受这些公债支付较低的利率,不仅愿意让政府将钱投资于为了应对战争而购置武器,而且愿意政府将钱花

---

[1] 该部分引用自布鲁尔(1989)。
[2] 布鲁尔(1989:105)写道:"他们需要了解小数、平方根、立方根还有圆锥、球体、圆柱体等几何图形。除此,还要学会簿记、会计以及测量等技能。"

第一章　导论:发展中国家的税收与国家构建

在能提高城镇居民生活水平的卫生水利系统的建设方面。公债的发行及国家债务体制的发展帮助伦敦市变成全球金融中心。正如蒂利(Tilly,1985:180)论述的:"战争、国家机构、税收、借款等得以互相协调发展。"在工业革命时期,英国已具备了一系列"重要先决条件",包括完备的教育、稳固的财产权、稳定的信用系统以及深化的金融市场(Ferguson,2001:16)。由此看来,强制性的税收刺激了国家能力及现代经济体制的发展,但随着税收制度专业化的发展,通过应对义务立法需求,培育有税收潜能的经济体以及保证税款的征收更有效率等各个方面,税收也推动了国家构建其他方面的变化。

1.2.4　政治制度(political institutions)与税收体制

第四种理论体系集中于探讨税收体制和税收政策问题。持有这种理论的学者从这样的角度展开他们的理论——即使在有着相同经济结构、民主政府、现代资本主义经济体的国家,税收体制的结构、目标和有效性也不尽相同,他们认为这是由政治制度的不同结构所导致的。斯泰因莫的《税收与民主》一书是对瑞典、美国及英国税收政策的研究,为后来相关研究提供了理论模式。斯泰因莫高度评价了这三个国家在战争期间提高总体税收水平的行为。然而,他认为这些国家的税收体制完全不同,这归因于民主制度的不同(如宪法、选举制度、议会委员会制等)。这些制度影响了那些关注税收结果的国家的协商能力,影响了其追求特殊税收政策的积极性。

随着对越来越多的国家进行政治制度结构的数据分析,研究者们了解到不同的制度对国家税收能力有不同影响。[①] 这些研究主要从不同角度来探讨国家构建问题,这些角度包括税收谈判(影响相对议价能力的因素)、合作与妥协的激励因素、其他影响税收和支出决定的政治因素以及税收和代议制的关系(这或许是最基础的角度)。他们关注选举,关注选举后的政治,强调"中位投票人"(median voter)、党派竞争、否决权以及会议议题设定者(Gould and Baker,2002)。

在有关用税收换取代议制民主的看法测试中,研究者问到政权体制的不同是如何影响税收的(反之亦然)。柴巴布(Cheibub,1998)发现一个政府是民

[①] 政治机构数据(Database on Political Institutions,DPI)是此类新数据的典型例子。

主体制还是独裁体制,对政府征税能力没有独立的影响,前提是该政府控制好其他的相关因素,如经济发展水平。布瓦(Boix,2011)挑战了这一观点,他总结后认为,税收体制在民主政权下要比独裁政权下发展更为迅速,因为选举能让变化的社会阶层更好地表达他们的偏好,再分配成为一个重要的社会目标。尽管在 10 年前,约翰·沃特伯里(John Waterbury,1997:394)叹息道,税收带来代议制这一假设虽然易受质疑,但在 2004 年,迈克尔·罗斯(Michael Ross)验证了这一假设。罗斯认为这种关系可以以两种可能的方式进行:(1)居民抗议统治者征税,因此寻求代表权来降低税收负担;相反(2)居民采用成本—效益分析的方法来应对税收增加,如果增加的成本没有带来相应需求的服务待遇的提高(甚至是下降,就像很多经济危机和财政改革的情况),代议制就会遇到很多压力。他的研究支持了后一推论:"当民众面对非民主政府时(这些政府通过增加税收来提高服务待遇),他们往往会要求民主改革"(Ross,2004:248)。这种影响相对迅速;然而,仅仅增加税收对民主的需求影响较小。就像该书第二章摩尔所言,詹姆斯·马洪(James Mahon,2005)的著作证实了这些研究成果,为后来财政契约的观点提供了理论支持。

其他研究者关注民主制度的结构差异如何影响征税能力,同样,大多是通过合作与妥协来提供相应的激励。布瓦(Boix,2001:15)发现作为控制变量的经济发展水平与宪法制度对税收有着"很小的影响"。议会体制的国家要比总统体制的国家征收更多税款,但不管这个国家是联邦制还是单一制,或不管它有何种选举制度,这些因素的影响要比社会利益相关因素的影响小得多,尤其是中位投票人的利益因素。另一方面,耶林、撒克和莫雷诺[Gerring、Thacker and Moreno(2005)]发现那些被称为有着"向心力"宪法体制的国家和那些带来更多"支持"动机而非"反对"动机的国家[单一而非联邦的政治体制,议会制而非总统制,名单比例代表制而非单名多数投票制(first-past-the post)]将会获得更多税收。

从国家努力构建有效体制以及国家与社会关系的视角来看,这些研究对不同的体制选择、国家制度影响税收意愿的方法、国家与社会以及税收之间相互影响的方式等提供了一些启迪。然而,从我们的角度来看,大多数此类研究带来的问题与其所解决的问题一样多。在大多数发展中国家,民主要么不存在,要么就是全新的、脆弱的、不长久的。一些制度也许有着相同的名称,但其功能和作用又不一致。几项研究可以证明这一点。比如,柴巴布(Cheibub,1998)发现政体类型和税收能力之间没有任何关系,而有些研究者在一些发展中国家得出不一样的结果:福韦勒—阿玛尔(Fauvelle-Aymar,1999)认为专制政府比民主政府有更高的税收水平。而蒂斯(Thies,2004)得出了相反的结论。[①] 在另一个例子中,布瓦(2001)发现高投票结果是解释民主国家税收水平的一个因素,但这只在中等收入水平或以上的国家才能起作用。斯泰因莫和托尔伯特(Steinmo and Tolbert,1998)发现属于经济合作与发展组织的国家的税收水平受到党派体制的巨大影响:那些有一个主要政党的国家以及有很多小政党的国家(由于不同的原因),其妥协的动机要比那些最大政党占据大多数席位的政党的国家要弱。[②] 但是,当古尔德(Gould)将发展中国家也包括在该数据之内,政党大小也就没什么影响了。这一切都表明我们不能认为"制度就是制度",也不能认为这些制度在贫穷国家和富裕国家的作用一致。另一方面,斯泰因莫和那些探索体制起源的研究者们强调历史遗产、关键时期以及路径依赖的重要性。我们的几位作者(Easter、Fjeldstad、Therkildsen、Strauss and Brautigam)在本书各章采用不同的方法与角度对其进行研究。

1.2.5 税收和财政契约

将税收看成是政府与纳税人讨价还价产生的交易结果,这样的看法具有深厚的渊源(Moore,2004a)。在本书摩尔(Moore)所著的章节中,他描述了这种交易行为的历史根源。在欧洲现代化发展之初,君主们为了寻求新的收入来源应对战争,他们增加了贸易税、财产税、对普通人征的税(各种人头税或灶台税)等。然而只有对贸易(关税)、货物(消费税)和固定财产的征税才有持续提高的潜力,而这些税收的增加需要纳税人的同意,而这又需要协商谈判。参与协商并表达同意的是贵族会议。参会代表们的一个主要目的是对税收和开支进行协商。那些认为他们的利益可以在民主体制中体现出来的纳税人更愿

[①] 他们分别研究不同的时间段:Cheibub:1970—1990;Fauvelle-Aymar:1980—9。

[②] 人们可以想象其他情况的发生,但因为大政党获得更多票数,因此他们不需要妥协,从而抵制开支,拒绝税收。有几个小政党的体制实力相对均衡因此也可抵制开支。只有那些最大政党获得低于一般席位(44%～19.9%)的票数的国家才与高税收有关系。

意纳税,但他们同时认为其纳税行为可以给他们一种代表权。当美国殖民者抱怨他们只纳税却没有代表权时,他们实际上是在向长期以来接受这一原则的殖民母国政府诉说。然而,代表权只是财政契约的一个因素。这种协商也涉及这些服务:公共物品(如设立国防、建设学校、铺设道路等)或者准公共物品(如向生产者或消费者提供一些利益)。而政府在使用这些钱的时候也有压力,因为他们要向纳税人负责。

  对财政契约的观点有两种不同的阐释。有一种观点强调,对收入谈判或多或少会产生有益作用的社会、经济和国家因素有:战争、可流动的资产、政治稳定性、国家机器的规模与复合性、经济现代化程度与经济租金等。这些因素(加上一些其他因素)在摩尔所撰写的那一章进行了考察。另一视角主要基于个人分析以及强调对理论框架的理智选择:玛格利特·利瓦伊(Margaret Levi)的原创性研究《统治与岁入》(1988)为后续的研究提供了理论基础。利瓦伊在一开始就指出统治者作为个体一直在努力扩大税收。她认为统治者征税的能力受制于三个因素(1)他们的议价能力(谁控制着公民和国家满足各自目标而需要的经济、政治和强制力等资源?);(2)交易成本(协商成本、衡量税源、监控税收的实施);以及(3)统治者的贴现率(对目前和将来税收的考虑程度)。这些因素反过来会受到宏观层次的变量如经济结构、生产方式(如科技)、国际环境以及政府形式的影响。她认为,税收是一个集体行动的问题,类似于一种相互的契约,它源于纳税人半自愿的服从。之所以称半自愿,是因为它永远混杂着价值规范、激励措施和强力制裁等因素。纳税人上缴税款的部分原因是他们期待统治者能提供给他们相应的服务(安全以及其他公共服务)作为税收的回报。然而,纳税问题也许可被构造为囚徒困境模型:他们纳税的意愿受到公平保证的影响(他们需要了解他人也在纳税),也受到强迫性威胁的影响。贝茨和里恩(Bates and Lien,1985:61)又强调了应征税财产的可流动性与不可流动性,他们认为这些拥有可流动资产的公民(贸易者和资本家)才应该受到补偿,应该让他们在政府政策制定过程中发出越来越强的声音。

  利瓦伊的理论框架与我们对国家建构的关注直接相关。她的目标是通过分析税收产生的根源以及国家机构建立发展的机制,从而精炼出"税收构建国家"这一扩展的推论。在利瓦伊看来,代议制政府产生的部分原因是因为它对统治者有用：它能减少交易成本，使得整个体制看起来更"公平"（建立信任），并且能加强纳税行为与接受服务之间的联系，这些都会增进统治者征收更多税收的能力。同样，随着经济的发展，越来越多的资源可被统治者与被征税群体所利用，因此，国家的组织机构也会随着时间的推移而变化。从货币经济到利用计算机来处理资金流动，这一系列科技的变化影响了诸如衡量财富和收入等的交易成本。这些变化让统治者能够提前考虑到一些难以想象的政策比如废除包税制，或对收入直接征税。随着时间的推移，政府部门创造出更多复杂的机构来培养低成本的税收遵从意愿，这些机构——如税务机构，包括财政契约中提到的越来越多的服务——构成了政府管理机构演化发展的核心，他们也加强了国力。由于以集体力量来解决问题以及重视个人决定因素，理性选择理论强调国家构建中国家与社会的关系。

蒂蒙斯（Timmons，2005）的一篇文章为财政契约提供了一些理论支撑。蒂蒙斯对 90 个国家进行数据分析，发现如果收入水平既定，那些所得税和公司税占比较高的国家有着强烈的产权保护意识，更关注高收入公民。那些依靠累退税的国家（在这些国家穷人处于更为不利的地位）社会支出比例较高。蒂蒙斯认为这些结果反映了政府对服务的"可信承诺"，而这是纳税人非常看重的。这不足为奇：如果税收是交易的一部分，政府给那些提供更多税收的纳税人更多好处是非常合理的。

《美国政治学评论》有篇文章在评论利瓦伊写于 1988 年的书《统治与岁入》时，评论者写道"税收是意义重大的政治现象，而政治学学者对该领域关注相对较少"（Curtis，1989：1424）。上述评论表明，这样的探索仍处于进行中。我对五种理论进行了详细介绍，他们为研究税收与国家构建提供了可能，一些社会学家也利用这些理论来研究税收制度。它们分别强调：经济发展的自主模式，价值观和文化，战争与威胁，政治制度结构，财政契约构成以及交易作为影响税收能力的关键因素（有些也研究税收如何影响这些因素）。这些研究方法各有优点，并非互相排斥；我们的作者有时会利用几个理论来进行分析。然而，在使用这些理论时，我们必须谨慎。就像现代化理论一样，这些理论起源于发达资本主义世界的具体经验。在前面有关政治制度的探讨中，在讨论政治机构的段落中，暗含了一个不足为奇的事实：总体来说，发展中国家和发达资本主义国家在很多方面是截然不同的。

我们从以下四个方面来探讨其不同点:第一,根据定义,发展中国家处于发展的最低阶段。它们的体制比较薄弱,经济基础是农业而非工业,有大量不纳税的非正式经济部门与灰色经济。本书第二、第四、第五章强调各种因素的融合需要强制性的税收手段。而第八章强调其他非正式经济部门给税收带来的困难。第二,正如摩尔在第二章所指出的,很多发展中国家过分依靠一种或几种自然资源;而这种情况在经济合作发展组织(OECD)国家并不常见,即使在他们发展初期也是如此(Burgess and Stern 1993:782—783)。加洛(Gallo)对智利硝酸盐的案例研究(第六章)和布罗蒂加姆关于斯里兰卡蔗糖出口的一章(第七章)就是对此类问题的讨论。第三,不平等现象在发展中国家异常突出,这种状况持续了很长时间(Kaldor,1963:411)。第四,与一些富裕国家相比,发展中国家面临着不同的全球压力与影响。他们经常接受援助,这是对税收的一种替代,却有着不同的政治后果。他们往往债台高筑,在全球政治经济中地位也比较薄弱。正如第九章和第十章所阐述的,增加或降低保护关税、出口税、增值税的政治压力常常来自国外(如一些金融机构,他们只关注一个国家的财政状况健康运行)(Gloppen and Rakner,2002;Mahon,2004)。不管这些国家是不是民主国家,这些外在的关系会对一个国家的税收水平产生更直接的政治影响,远超政治团体与投票结果等带来的影响。利瓦伊在她的文章中(1988:36—37)表明了这一点,她在论述宏观经济框架因素时,添加了"国际环境"这个方面;然而,她没有考虑到国外援助对统治者有何影响,尤其是对统治者的谈判能力以及统治者与纳税人谈判的动机有何影响。所有这些因素让税收与国家构建的关系复杂化,并促使我们在得出结论前停笔三思:当涉及税收的政治经济因素时,发展中国家是否单纯是今天发达资本主义国家曾经贫穷时的缩影?

现在,我们就直接来探讨税收,因为它直接影响着对社会学家来说意义重大的两个关键问题:是什么因素导致一些国家比其他国家更加强大? 又是哪些因素影响国家构建更负责任、更有回应性的治理机构,以及构建一个经济增长与发展所依赖的建设性的承诺(constructive engagement)? 我们认为税收是(或许是)回答这些问题的关键。

1.3 税收与国家能力

随着一个个国家从殖民统治中崛起,1963年,经济学家尼古拉斯·卡尔多为《外交事务》杂志撰写了一篇题为"欠发达国家需要学习征税吗?"的文章,在该文章中,卡尔多让公众注意到国家能力与税收之间的关系:"没有哪个欠发达国家能够有人力资源和金钱让自己在一夜之间建立起高级别的行政部门,但人们没有充分意识到税务机构是'入口';如果能注意到这一点,他们将会为其他行政部门找到收入"(1963:417)。我们所说的国家能力,首先是指一个拥有高效行政机构的国家。我们的起点是韦伯认为的现代化的、法治的行政管理机构。斯特劳斯(Strauss)在第九章总结到韦伯式国家机构是一种非个人化的、技术统治论的、层级式的管理结构。在这种管理结构中,会有书面文字记录,其员工也领着正式薪水,各项工作有一套标准的操作程序,上级会根据客观的、技术性标准来为员工做出各种决定。在考察国家能力时,我首先分析战争、威胁、以自然资源为基础的税收等内容,因为它们能激励统治者建立良好的税收部门,并能促进制度发展,而这是高效政府建立的基础。这会带来第二个问题:过去对制度的选择以及在关键时刻对汲取能力及相关机构的塑造,到底有什么影响? 最后,我会在第十章简述国际环境如何影响当今发展中国家的税收和国家建构能力。

1.3.1 统治者构建税收能力(capacity)的动力

西欧有关国家构建的理论强调战争和威胁在税收与相关机构发展过程中的核心作用。有几名作者(Moore、Gallo、Brautigam、Joshi 和 Ayee)在本书各章阐释了不同来源的税收和不同种类的收入的具体特征及其对国家能力(以及国家—社会关系)构建的不同政治意义(也可参阅 Hoffman and Gibson,2005;Synder and Bhavani,2005;Timmons,2005)。这些因素给我们提出了这样一个问题:是什么激励着统治者去构建税收能力?

战争和威胁

从上面的回顾我们可以看到,大部分文献认为战争和威胁是欧洲各国进行国家构建的重要动力。蒂利(1985)指出,因为刺激了对税收的需要,"战争构建了国家"。一些研究者也开始探索战争在非洲、拉丁美洲及亚洲对于国家建构的作用。例如,杰佛里·赫伯斯特(Jeffery Herbst,2000:126)认为非洲一些国家缺乏曾推动欧洲统治者发展税收的那种外部威胁,这部分地解释了非洲体制薄弱的原因,这也是米克·摩尔在第二章关注的主题。米格尔·森特诺(Miguel Centeno,2002)使得这个问题成为《流血与债务:拉丁美洲的战争与国家构建》一书关注的主题。森特诺发现在他所研究的11个拉丁美洲国家中,战争并没有促进领袖们去增加税收;他们依靠债务为战争提供资金。卡梅伦·蒂斯(Cameron Thies,2004,2005)认为没有真正的战争,可能也会有高额的税收;正是这些对手的出现和战争的威胁才推动国家发展其税收能力。他对83个后殖民地发展中国家的研究发现,外部威胁和竞争会对国家税收能力产生积极的、意义重大的影响。① 将同样模式应用于森特诺对11个拉丁美洲国家的研究,蒂斯(Thies)发现在20世纪发展过程中,战争对其税收有着同样积极的影响。他总结道,正如早期的欧洲经验,"流血、债务和税收是在漫长而痛苦的现代化国家构建过程中经常反复出现的几个方面"(2005:463)。

维多利亚·惠(Victoria Hui,2005)同样利用该理论分析中国古代战国时期的国家构建(前656—前221),她认为中国强大的行政管理机构其历史根源可以追溯到战国时期,尤其是秦国。在努力征服其他各诸侯国的过程中,秦国采用"自强管理"的模式(创建税收与贤能者管理),终于创立了中国历史上第一个成功王朝。斯特劳斯在本书中认为,在20世纪早期,中国的战争只是间接地刺激了汲取能力的增强。斯特劳斯向我们说明,为了巩固国内濒临绝境的债务机构,以及加强中央政府的军队以便镇压叛乱,中国领导曾向国外大量借款,提供贷款的财团要求增加盐税以确保债务及时偿还,因此,盐税管理机构(在外国人的指导下)的加强并非通过中国领导者命令式的"自强管理"产生,而是作为一种偿还贷款的条件。威胁是一种因素,但并非直接因素。

威胁或许会培养国家构建能力,这是有关对东亚经济"奇迹"研究中的一个普遍主题(Maxfield and Schneider,1997;Stubbs,1999)。例如,早在19世纪,从来没有沦为殖民地的泰国就受到法国与英国在邻国扩张方面的威胁。

---

① 也有研究表明在那些国内民族(而不是政治)团体竞争明显的国家,税收水平更高。

在1890年，Rama V国王就邀请来自英国的财政顾问来监督本国的税收与财政预算(Akira,1989:79)。这些早期的举动帮助强化了泰国经济机构高水平的管理能力。然而，正如摩尔在本书第二章所指出的，"威胁会带来国家能力的提高"这一情况也有例外，尤其在撒哈拉以南非洲地区，来自国内外的威胁使很多国家走向衰败。税收仍然是一个因素，但从战争/威胁到税收再到国家能力构建的道路被很多基础薄弱的国家有限的税收资源所阻挡。要让"战争加强国家能力"的主题起作用，面临威胁的统治者需要有一种可以进行征税的资源。这就带来第二个问题：不同的资源会对国家能力的发展有不同的影响[1]。

资源、经济部门与租金

发展中国家与今天的发达资本主义国家的一个主要区别在于，很多发展中国家过度依靠一种或几种税收资源，这一现象引起很多研究者的关注。罗斯(2006)全面回顾了最近的相关研究。继谢弗(Shafer,1994)之后，一些研究者认为一个国家的"主导部门"塑造了国家的税收"能力"、税收机构和其他相关机构。"各个部门创造可征税资源的能力不同，从这些资源中获取税收的难易不同，税收部门的征税能力不同，国家征税能力也不尽相同"(Shafer,1994:8)。谢弗的这一理论框架也可能受到挑战——比如，它不能预测出智利的国家能力，智利在其发展之初，主要依靠铜矿产业；也不适用于毛里求斯，在其独立的时候，几乎依靠种植园经济，但现在它已发展成生产性经济国家。他对赞比亚情况(税收资源依赖于铜矿而不能多样化)的探讨，适用于许多国家(比如，尼日利亚主要依靠石油)。但在《税收与国家权力》一书中，卡梅扎·加洛(Carmenza Gallo)认为智利的早期发展状况完全符合谢弗的模式：因为要对其主要出口产品铜进行征税，因此非常专业化的小型管理机构随之出现，但这对促进在全国范围内行政机构的渗透性作用不大。其他一些研究者从这种视角出发，指出即使是相同的资源，人们开发与征税的方式也不同，这会影响一些非洲国家避免"资源诅咒"的能力。斯奈德和巴瓦尼(Snyder and Bhavnani,2005)举了钻石的例子，他们指出那些因河流冲击而散播在塞拉利昂的钻石要比那些采矿公司挖得的钻石更易让人获得。那些碰巧得到工业钻石的国家

---

[1] 在国家与社会关系中，这点也成立。

(南非、博茨瓦纳)统治者发现对其征税轻而易举。在面临威胁的时候,他们可以利用自己的资源来构建国家能力并维持秩序。加洛在本书的文章中强调资源的另一个方面:价格的不稳定性是资源的普遍特征。比如,硝酸盐在世界市场中的不稳定性"破坏了国家权力机构与生产者相互协商的动力,并削弱了生产者之间的集体行动"。从相对意义上讲,它们强化了国家能力。

关于资源型经济与国家能力的第二个主题是有关租金国家(rentier state)的文献,这些文献指出租金国家的典型弱点,即其主要依靠出口本国矿产资源(尤其是石油)而获得利益。因此,其主要论点为:依赖自然资源和其他租金将截断制度建构的进程。由于很容易就可以通过向外国企业征税获得收入,资源型国家无需组织各种机构来征集税收,他们也不必与生产者就税收讨价还价,不必对纳税人承担财政责任或建设自主、高效的机构来制定相关政策或分流资源以支持自主生产者。由于收入得来全不费功夫,这些国家的统治者的主要任务是对获得的利益进行分配,或如尼日利亚人所说的如何分配这块"国家的大蛋糕"。特里·卡尔(Terry Karl)(1997:60)将这些石油国描述为"被成百上千的小人逐利而失去能力的虚弱的巨人"。

迄今为止,关于"资源诅咒"以及其如何影响国家能力的例子出现在基伦·阿乔兹·乔德利(Kiren Aziz Chaudry,1997)的著作中,她通过沙特阿拉伯和也门这两个租金型国家案例,详细阐述了这两者的互动过程。乔德利记录了在以税收为主的国家,其各级机构和国家市场在1918年之后是如何通过协商、冲突或塑造"民族共同体"而出现的。随着租金型经济在20世纪70年代的兴起(如沙特阿拉伯依靠石油,也门依靠劳动力的输出),国家构建停止不前甚至倒退。也门"抛弃"其税收体制,沙特阿拉伯"解散"其税收部门(Chaudhry,1997:32)。随后,乔德利指出"税收机构的衰落导致意想不到的后果,它对官僚体制长期的发展带来负面影响"(Chaudhry,1997:33)。没有税收体制,这些国家因此也失去了控制财政机关、获取生产者信息和有关经济基本数据、建立有效管理私营企业的规章制度以及培育现代会计和行政实践能力的动力(Chaudhry,1997:33—34)。

1.3.2 历史遗产和关键时刻(critical junctures)

斯泰因莫(Steinmo,1993)所采用的历史比较研究法,为解开发展中国家税收和国家构建之间的关系提供了很好的思路。很多研究者注意到历史遗产可以以不同的方式塑造税收制度,促进国家能力的提高并最终改善国家与社会的关系。在发展中国家,殖民遗产尤其明显,但也有一些关键时刻为新制度提供了基础,并标志着不同道路的开始。

诚如菲耶尔斯塔德和特希尔德森(Therkildsen)在第五章所言,在很多国家,税收殖民体制和人民的同意无关而只与强制有关。他们在描述乌干达的税收体制时指出:殖民体制的一个遗产是"拖欠所得税是民法上的犯法行为,而拖欠人头税是一种犯罪行为"。在其财政汲取能力的发展历史上,殖民能力有所不同,从而导致殖民者建立不同的管理机构以及不同的征税模式。比如,现代西班牙在发展初期,由于对新世界的征服,获得大量黄金、白银和其他战利品,但它也依靠国内牧羊业获得税收。如今,很多拉丁美洲国家仍然以依靠汲取本国自然资源以及出口商品而获得收入为特征。诺斯和托马斯(North and Thomas)(1973)指出,在西班牙,税收的两种来源没有为发展有效的产权法律提供动力,也没有很好地刺激国内生产。在1562年,外债利息成本消耗了国家年度总预算的25%,而在1557~1647年,西班牙统治者曾六次宣布破产(North and Thomas,1973:129)。正是西班牙政府没有筹建稳定的征税机构也没有刺激更有效的国内生产,才使得国家陷入掠夺自然资源、借贷外债、几度破产等恶性循环中。这种与现代拉丁美洲模式(如玻利维亚、委内瑞拉、阿根廷等)相似的模式,让其动乱不定。

日本殖民统治下的朝鲜是另一个相反的例子。在受到日本殖民统治之前,朝鲜政府主要征收实物税(劳役和强制兵役),以及实行类似税收承包的制度(issue of prebends)。[①] 这一体制和现代化进程初期的欧洲做法并无不同。为了结束这一体制,日本设立了正式的税收机构,配备了统一的税收官员,而且,他们还得到警力的支持(Kohli,2004)。在新体制设立的最初三年,其税收就增长了30%。税收机构和当地的一些警察、税收官员以及情报官员遍布各个村镇。当初日本人建立的税收体制对独立后的韩国很有帮助,在1961年朴正熙以政变的方式上台之前,韩国政府的税收就远远高出其他同等发展水

---

① 在一些特定地区,官员没有薪水,他们只要将收上来的税收固定部分上交中央,就可以保留剩下来的部分(无论多少)。

平的国家(Shafer,1994:121)。殖民政府构建的税收体制对独立后的韩国影响巨大,这种影响涉及韩国政府、税收官员以及纳税民众各个层面。

尽管多数研究认为英国殖民者对殖民地有着积极的"体制影响",因为他们有先进的民主制度、完善的产权法律以及发达的金融市场(Bollen and Jackman,1985),但是也有很多例子表明其体制并没有多大影响。尼日利亚在1900年正式受到英国的间接统治。4年之后,总督弗雷德里克·卢格德(Frederick Lugard)爵士颁布了建立包税体制的公告。这就要求各地首领直接从民众征税,但允许他们留一半收入。如Okigho(1965:5—6)所说,首先,税官将税收上缴政府财政部门,然后财政部门会返回一部分税款给地方首领,然而,到1913年,税收部门可以与政府平分税款。这就迫使殖民政府不得不设立能够直接渗入到各个村镇的税收部门,一种完全不同的问责概念也因此形成。在尼日利亚北部,税收开始有点像"掠夺行为"(Kohli,2004:307)。菲耶尔斯塔德和特希尔德森所写的文章记录了英国政府留下的相似的体制遗产:人头税为非洲东部一些国家强制性的农村税收开了先河。在这3个例子中,殖民国家所遗留体制的影响和日本对韩国的影响,形成了鲜明的对比。英国给毛里求斯带来了更为正面的体制影响,但是正如本书第六章所述,这种体制的构建只有一部分是在英国殖民体制转移的过程中留下来的。在毛里求斯宣布独立时,国家能力就已经很强大,这是因为其在独立之前长达半个世纪里,蔗糖生产者们坚持要求殖民政府在纳税之后满足其就业需求。因此,在独立前几十年,本国国民就已占据政府各个部门的高级职务,使其从殖民统治中摆脱出来更为顺利。从这个意义上讲,国家能力始建于国家与政府之间对税收的谈判。

在本地统治者和其纳税人的讨价还价中,殖民者要引进新的体制机构时,殖民主义势必会影响其国家能力建构。梅特·卡伽(Mette Kjar,2004)回顾了乌干达的历史,指出乌干达两个地区的税收获得能力不同,因为在英国统治之前,其税收体制已经建立。在更为成功的地区(一个之前的王国),英国政府建立了一个先前存在的、相对集中化、体制化的税收体制。相比较而言,另一地区(英国政府强行将各个地区拼凑在一起)在殖民时期经历了人们反抗税收的过程,并且之后人们也不是那么顺从税收体制。卡伽由此推断,这些次国家层面的体制历史能够解释为什么今天税收的获得能力大不相同。

很多历史文献也强调在关键时刻所做的决定,会继续影响体制结构以及国家与社会的关系。埃文·利伯曼(Evan Lieberman)(2001,2003)有关巴西和南非税收能力与"国家政治体制"的研究,从对新政实施(巴西1891年,南非1909年)这一关键时刻的描述开始,认为新的政体决定着国家的政治组织机构如何设立。利伯曼(Lieberman)回顾了这些具有100年历史的决定,认为它们仍然影响着各个国家对高收入者征税的方式,影响着税收机构的征税效率与纳税人的"半自愿"纳税行为。同样,杰拉尔德·伊斯特尔(Gerald Easter)分析了东欧和苏联向后共产主义过渡的关键时刻,税收体制是如何重建的。他认为这些关键时刻给不同的发展路径带来了不同的政治体制。与苏联相比,中东欧国家在决定税收制度时更加民主,在发展有效的税收管理能力方面进步更大,民众对税收的认可度也比较高。在优先发展市场经济的国家,相关的决策也为这些国家的税收制度创造了不同路径,影响了他们的管理能力。

1.3.3 国际因素

伊斯特尔研究了一些国家的税收改革,给我们提供了不同的研究思路。这些国家的税收改革,存在着一些不同于发达资本主义国家税收体制改革的因素,包括:国际专家、限制条款与国外援助。① 朱莉叶·斯特劳斯(Julia Strauss)在本书文章中回顾了国际货币基金组织以及世界银行成立之前这些因素的影响过程。中外盐务稽核总所,正如其名称所示,是一个不同寻常的机构,是中外双方共同参与管理的机构,在1913年设立该机构是国外银行财团向中国政府提供大笔贷款的核心条件。斯特劳斯(Strauss)强调在稽核总所"真正的决策机构中,外国人占绝对优势,他们的作用不仅仅是简单地提供建议"。该机构的领导者实际上是外国人,在将其转变为精英管理、目标明确的机构的过程中,他们有着重建机构的权力,并保护稽核总所使其能够维持高度自治。

詹姆斯·马洪(2004:25)也注意到在构建税收能力的过程中国际环境所起的作用。他发现,在刺激拉丁美洲政府进行国家构建以及其他税收体制的

---

① 当然这也有例外,例如,日本在明治维新时期曾请求德国专家帮助建立一些政治体制。

改革中,国际货币基金组织具体的绩效条件,是仅次于通货膨胀的因素。他指出,"在历史上,没有机构能像国际货币基金组织一样产生巨大的影响"。正如菲耶尔斯塔德和摩尔在第十章所述,今天发展中国家税收改革的一些观点,受到了国际金融机构现行范式的严重影响。在有些情况下,这些改革并没有创造一个更加"韦伯式"的政府,而是将税收征收带回私人管理模式,如将海关机构的一些权力转移给私人公司等。他们也注意到这样一个事实:在极度贫困的国家,实行自由贸易(有时是以贷款为前提进行的)而损失的税收[1]并没有通过其他形式的税收改革(近些年最明显的税收改革就是增值税)得以弥补(Baunsgaard and Keen,2005)。

摩尔在本书第二章回顾了一系列相关的研究,这些研究表明那些长时间过分依靠国外援助的国家,在发展其税收获得能力时也会遇到困难(Moore,1998),这有着足够明晰的证据。布罗蒂加姆和奈克(Knack,2004)发现,大量的国外援助能减少政府创收,甚至在控制经济衰退和政治暴乱时也是如此;雷默(Remmer,2004)的研究也证实了这一点。世界银行的研究表明,国外对非洲国家给予的援助减少了它们平均10%的税收;这种平均数还掩盖了所研究国家中的不同状况(Devarajan,Rajkumar and Swaroop,1999),这些研究强调援助的两个方面:(1)由于政府长期依赖"不劳而获"的收入,其很少需要与纳税人进行协商或者加强税收能力,因此国外援助创造了更多的自行其是的权力;(2)由于缺乏合作与独立的管理体制,国外援助体制加剧了本来就基础薄弱的国家的体制进一步恶化。

西达·斯考切波(Theda Skocpol,1985:17)在《找回国家》一书的介绍中写道:"一个国家筹集并运用财政资源的方式比其他任何单独的因素更能表明这个国家设立或加强政府组织的能力。"在本章中我们注意到,当今发展中国家不同的政治管理能力,在某种程度上可以追溯到他们的税收史以及殖民者当初建立的模式。依靠自然资源和其他租金的国家和那些必须对生产者征税的国家,会面临不同的诱因。根据这些诱因而设立的机构,也就成了不同类型政府的基础。在自然资源丰富的国家,国家构建主要关注分配体制,关注各利

---

[1] 传统上贫困国家对贸易税(对进出口商品所征的关税)依赖度很高,实行自由贸易需要降低甚至取消进出口关税。——译者注

益集团如何分配"国家蛋糕"。国外援助和"战略性租金",或许提供了类似的诱因。相比较而言,主要依靠生产者纳税的国家面临更强的动因来"喂饱山羊",因为要从它们身上取奶。殖民统治历史也造成更多的影响因素,这些因素塑造了新独立国家的税收形式。本章强调税收作为国家构建的牵动力量(leading edge)。我分析了为什么有些国家要比其他国家有"更好"的体制,税收是如何在各种体制的形成过程中起作用的。下一部分我们来看税收作为国家与社会关系的中心纽带,是如何影响人们的职责、代表权以及议价能力等各方面的。

1.4 税收与国家—社会关系

正如简·盖伊(Jane Guyer)曾提到的,税收的全国体制(national system),"是可用来解释国家与社会间道德、政治及经济关系的强有力的理论"(1992:57)。这一理论体现在人们的日常实践活动中,学者将其形象地描述为与税收相关的渗透、控制、顺从以及脱离。"税收是诱发人们反抗的一种刺激因素"这一主题没有地域上的界限:例如美国1794年对威士忌酒税的反抗;1898年塞拉利昂内地的茅屋税战争(Hut Tax War);1908年西苏门答腊伊斯兰教农民反抗税收的起义。本书由伯恩斯坦和吕晓波(Bernstein and Lü)以及菲耶尔斯塔德和特希尔德森撰写的各章表明,强制性税收仍然在低收入国家成为反抗的诱因。然而,反抗(这些作者所称)是社会民众对政府税收努力可能反应的极端例子,更为普遍的反应是退出、讨价还价和"呼声"(代议制)。第二章详细论述了可能导致税收谈判的一些因素,以及可能导致更加强制性的税收的因素。摩尔列出的财政契约形成了社会要求责任制与代议制的道德基础。这一章强调了国家与社会关系四个相关的方面。第一个方面和社会本身的性质相关:社会特征、社会组织,以及二者之中存在的差异对集体行动和国家构建计划的影响;另外三个方面受到国家行为更直接的影响:它们是以公共服务换取收入、财政分权以及嵌入。

1.4.1 社会和社会组织

各种社会因素影响着国家构建,而税收是连接国家和社会关系的纽带。

宏观的社会因素如权力、阶层和种族影响着这种纽带，这使得社会的这些方面成为影响税收与国家构建和管理的核心因素。政府向社会征税，但其并不是向所有公民征同等税收。那些逃离税收大网的人，不是处于收入水平的最顶层就是处于最底层。伊斯特尔描述的强有力的俄罗斯政府就属于前者的例子，而乔希和阿伊（Joshi and Ayee）关于非正式部门的文章则是后者的例子。另外，只要国家有着国际收入来源，在那些不想影响政府及其政策制定者的社会中，一些强势团体也可能退出税收关系。森特诺（1997）认为，拉丁美洲的国家构建与欧洲实践形成了鲜明的对比，就属于这种情况。在独立时，拉丁美洲"没有哪个阶层愿意或能够成为统治社会与政治的主导力量"。到19世纪中期，拉丁美洲国家可以从全球资本市场上借款，这种选择使得各个政府在不与社会精英阶层商议的情况下，便可获得资金来源，因此，这些精英们会选择退出而不是尝试统治整个国家。因此，拉丁美洲国家能力的发展"不是一个绝对的现象而是一个相对现象，它不仅仅是一个力量的问题，而且是相关社会抵制（或欢迎）国家权力渗透的潜在问题"（Centeno，1997：1570）。

　　税收结构反映强权者的利益这一点不足为奇，尽管这一关注在有关税收决定性因素的跨国研究中不是很常见。[①] 迈克尔·拜斯特（Michael Best，1976）注意到了这一点，他认为在20世纪70年代中期，中美洲国家的税收收入要比依据经济结构所预测的收入少得多。他的研究表明税负归宿与强权者的偏好有着越来越强的关系，他的结论也非常明显：尽管有大量"税柄"，中美洲政府还会继续借债，因为它们不能向有钱有势者征税。马洪（2004：25）在回顾拉丁美洲税收改革经历时指出，"在财政问题上享有有效代表权的人，不一定总是那些为国家提供最多资源的人，而是那些在关键时刻能提供财政资源并有良好组织的人"，这些人也不总是资本的拥有者。卡梅扎·加洛（1997）指出，在玻利维亚的锡矿，矿工设法进入了政府，加强了政府对锡矿主征税的能力。

　　利伯曼的研究（2001，2003）强调了决定各种族和各阶层的协商能力和遵从度的不同方式。尽管南非和巴西都是高税收潜力、高税收收入国家，但只有

[①] 蒂蒙斯列举了例外的例子。他的观点强调税收结构也可能遵循大众的利益。利伯曼（2002b）详尽描述了税收数据作为国家社会关系的指示器。

南非的税收水平较高。利伯曼强调,南非白人之间的跨阶层联合为国家构建和税收征管创造了长期的道德基础,它允许征收更高的所得税,并由于强调这样有利于白人社会而导致顺从率更高。巴西非种族组织"全国政治团体"(national political community)挑起了财产拥有者和转移支付接受者之间的对立关系,引起了对税收的广泛争议,税收实施效果不理想,并导致更多人逃税。正如利伯曼总结的:"政治团体间的谈判塑造了各阶级间的结构,而阶级关系反过来影响了国家在获得经济上强势团体支持的能力。换句话说,现代国家的权威与功效,受到政治舞台上集团身份的构建与制度化方式的强烈影响"(Lieberman,2001:548)。

在第二章,摩尔指出,在英国,社会是以有利于税收协商的方式组织起来的:纳税人完全独立于王权,他们齐心协力,能够一起合作,让统治者践行其诺言。加洛(第七章)强调,被征税群体在和政府抗争的过程中能够得到其他社团的支持,这点很重要。对社会力量的重视让我们想起,决定今天发展中国家税收的协商和一百年前决定发达资本主义国家税收的协商不同,或许这是由今天社会组织的不同而导致的,比如,工会组织更加强大。杰拉尔德·伊斯特尔描述了在共产主义衰落后俄国和波兰的税收能力构建,分析了这两个国家权力资源的重构以及对过渡期政府领导人强加的种种限制。具体来讲,在波兰,政权过渡使工会获得了权力,使其成为跟波兰政府进行税收谈判的主要谈判方,其税收获得能力建立在与各家庭、国营部门工人达成"社会契约"的基础之上。而俄罗斯领导人构建了一个不可持续的体制:他们和那些迅速得到以前国有资源的精英阶层进行谈判,这又让我们回到自然资源的作用与税收基础上去。在1997年后期,俄罗斯领导人的征税策略从谈判转为强制,而当时石油和其他商品价格的跌落使得精英阶层不愿意交付他们所欠的税款。加洛在文章中记录了硝酸盐出口价格波动所带来的相同后果,即外部的打击造成价格体制的崩溃,削弱了矿主的实力,并促使政府转向依靠单边行动的(而非双方协商)的税收机构。

最后,通过累进程度可以看出,税收体制代表了一个国家"对不平等的官方看法(official theory of inequality)"(Guyer 1992:57)。将累进税作为区分不同纳税人的公器(public vehicle),根据社会认定的能力标准来分配税负,让人们注意到不同的职责与义务,这种方式和累退税如增值税是截然不同的。它不但允许纳税人和政府之间对税收问题有争议,也允许纳税人之间对各自承担的税额进行争议。菲耶尔斯塔德和特希尔德森(本书)讨论的东非地区累退性人头税和累进性财产税有所不同,在英国、韩国等地,财产税是国家与社会之间物质纽带的基础,这些不同对国家与社会关系产生质的影响。以毛里求斯为例(Bräutigam),其出口税在20世纪70年代中期转变为累进税,这种累进税能让政府转移支付和再分配支出的负担更公平地落到中产阶级和富人的身上。一种有利于公平的税收体制能促进公众的团结意识、公平意识与信任感,从而影响税收风气(tax morale)与税收努力(tax effort)(Bird,Martinez-Vazquez and Torgler,2004)。它甚至能帮助巩固新的民主制度,如毛里求斯和波兰两个国家的情况。

1.4.2 以服务换取收入

正如 Levi(1988)强调的,"准一致同意"(quasi-consensual)的税收强调互惠性。每位公民了解到,他们要为所得到的服务埋单,不管钱是用于安保工作,还是预防入侵势力或用于公共事务。国家使用税收的方法会影响他们向公民征税的合法性及权利。这是本章早先介绍过的有关税收遵从和税收风气各文献中非常重要的主题。然而,卡伽(2004)也强调,把发展中国家的纳税行为看作人们获得更好服务的交换条件的观点,尚可争议,她在乌干达的相关研究并没有为财政契约结论提供支撑。洛佩和弗里德曼(Helophe and Friedman)(2002:72)也认为南非税务局(the South African Revenue Service)的改革改善了人们的纳税意愿,这和先前的文化顺从及管理改革相关,而不是因为服务意识的提升。另一方面,菲耶尔斯塔德在有关当地政府的一项研究中指出,人们的纳税行为与得到服务休戚相关:只要政府能认真履行职责,合理征税并能将税收用于人民,南非人民更愿意为所得到的服务埋单。另外,根据一项基于博茨瓦纳以及南非人们纳税意愿的研究,博茨瓦纳的纳税人认为和南非相比,他们的政府更公平、更高效,因此人们的纳税意愿也更高(Cummings et al. 2005)。

已进行的对于拉丁美洲的几项相关研究为基于服务的财政契约提供了理

论支撑。马塞洛·伯格曼（Marcelo Bergman）(2002:290)对阿根廷与智利进行了一项对比研究,发现阿根廷的逃税率较高,相比而言,智利的逃税率较低。他还发现,对有些公共服务(比如安保、公众教育或基础设施)非常满意的纳税人也更愿意缴纳税收。① 在其他情况下,这样的说法有时表达得就比较隐晦:加拉加斯商会这样理解,其成员的纳税行为赋予他们一种"道德权威"来要求政府履行其职责:"当前财政短缺迫使所有(纳税人)作为真正的公民,忠诚地纳税,这样能够从道义上要求公共行政机构执行法律和宪法本身赋予他们的职责。"②

1.4.3 分权、问责及强制

今天,许多发展中国家正在进行分权化改革,这部分地是由于纳税群体持有这样的看法,即让公共服务的提供者更贴近民众会增进民主、强化问责,这也符合财政契约。然而,其证据明显很复杂。正如摩尔在第二章指出的,在那些最穷的国家(主要为农业经济、依靠各种各样的使用者缴费或缴税、缺乏中央政府的有效管理),如果授予地方政府征收财政收入的责任,会出现大量的强制性税收。对中国农村、坦桑尼亚以及乌干达(第五章)等地的描述就是很好的例证。伯恩斯坦和吕晓波(第四章)描述了中国中央计划体制解体带来的政治后果,这导致当地农村政府税收严重不足,同时,农村教育和其他的社会服务又带来沉重的负担。然而,增加当地税费来为这些服务提供资金引起了当地农民的强烈反应,他们要求中央政府强迫当地政府尊重他们的权利。地方民主选举的扩大,废除一些地方税等很可能就是这些反抗税收的行为带来的结果。这表明民主责任制和税收行为之间有相互联系,但不是按理论预测的方式产生影响。菲耶尔斯塔德和特希尔德森在第五章探讨东非国家推行去中央化的地方税收时得出了相似的结论。在有些国家,地方税对国家与社会之间的协商博弈并无裨益,但是,农村地区的抗税行为帮助废除了人头税。研究者们强调,政治自由化与民主化有助于形成这样一种环境,在那里农民能在政治上动员起来以发出各种"呼声",以抗拒地方政府的压制性行为并要求其

---

① 该研究不是测度实际缴付的具体税额,而是观察人们的纳税意愿。
② Camara de Comercio de Caracas, "La Camara de Comercio de Caracas Ante La Reforma Tributaria",(复印版),加拉加斯,1994年5月,J.E. Mahon 等引用。

负起责任。在这种情况下,税收并没有带来代议制的产生,但民主为贫困农民的税收负担变化带来了积极的影响。

在两类国家构建的讨论中,分权突出了地方税的作用,主要体现在两个方面:一是上面讨论过的以服务交换收入,二是外援对治理的影响。乌干达是对人头税税收意愿最低的地区,同时也是有着大量捐赠款的地区(Kjar,2004)。然而,菲耶尔斯塔德和特希尔德森在第五章总结到,捐款人要求当地委员会为捐款资助的项目(那些被认为能够促进当地的所有权及责任性的项目)提供配套资金,这加强了当地政府采用强制性手段的动力;几乎没有证据表明,这有助于产生互惠性或"税收协商"的精神。另一方面,霍夫曼和吉普森(Hoffman and Gibson,2005)赞成用以服务换取收入的模式来解释当地政府的财政预算。在坦桑尼亚和赞比亚,如果能获取更多的税收资金,地方政府就会给公共服务分配更多的预算。那些从捐款者或中央财政转移等方式获得更多资金的政府,相对而言为公共服务提供的预算就较少,它们会将更多的预算用于工资和行政开支。公共服务逐渐恶化,也导致了人们对税收的抵制(Fjeldstad, 2001:295)。这就表明地方政治家的确有动力提供服务,以换取更多的税收。乔希和阿伊(第八章)也提供了很多例子证实了这一点,他们指出,秘鲁的一些街头小贩和非正式的交通运营商更愿意为地方政府纳税,只要政府能划拨一部分税款用以购买非正式部门运营商提供的各项服务。在中国,至少有一个县的村民认为一些税收是合法的(尤其是那些用于社会服务的税收),但他们反对其他名义的税收,比如那些用于基础建设和党员培训的税收(第四章)。伯恩斯坦和吕晓波指出,地方居民认为"当公民履行了纳税人的职责,他们有权要求国家提供相应的公共财产和公共服务"。税收或许使政府变得更合法、顺应民众需求,但因不断强制也增加了危险。如果在中央层次上没有回应性(responsive)政府,那么在地方层次上强制带来的风险就可能很高。

1.4.4 嵌入性(Embeddedness)

最后,我们必须注意到税收不仅可以构建国家,也可以用来构建社会,尤其用来帮助巩固一种"嵌入性":一种能够连接国家和企业之间强力且支持性的关系,使得它们能就各项政策和具体的实施策略进行谈判与协商(Evans,

1995)。国家与企业的成功嵌入能减少国家的监控并能促进信息的相互交流。它也能培养双方的互惠互利(Maxfield and Schneider,1997),帮助国家与社会解决一些需要共同努力才能处理的问题:如培训、监控、调研与开发等。埃文斯并没有关注税收对嵌入性的影响,但本书中的一些作者和其他研究者已做过相关研究。

罗斯玛丽·索普(Rosemary Thorpe)和弗朗西斯科·杜兰德(Francisco Durand)描述了哥伦比亚成功的咖啡联盟的起源,他们认为"从最开始,该联盟就有权征税,以便通过提供相应的资源,解决典型的集体行动的困境。因此可以说,从一开始,它就获得政治影响的回报"(1997:219)。毛里求斯的情况(第六章)也强调了蔗糖生产者在与政府谈判时的优秀组织能力,在互动过程中,政府也加强了对生产协会如一些私营辛迪加集团的大力支持,他们代表政府征税并将一部分税收用于研究和联合培养项目。第七章举了相似的例子:在智利,硝酸盐生产者和智利政府商谈用出售硝酸盐所得的税收解决集体行动困境,完善生产者价格体系,开拓硝酸盐在国外的市场。乔希和阿伊在第八章列举的加纳、秘鲁和塞内加尔等国家非正式部门的创新型税收也表明,对非正式部门的征税取决于协会的能力以及其在纳税之后要求获得相应的利益回报的能力。

生产者可能会对国家能力构建提供更多资金援助,只要这一能力是用来壮大生产部门的。伊斯特尔在第三章中指出,当国家和工人共同构建了一种社团模式的社会契约时,基于一致同意的税收行为将使其关系更为密切,这种密切关系(嵌入性)塑造了波兰的社会民主契约。税款专用能确保税收用于解决在建与重塑该部门集体行动的问题。这种替代性的嵌入形式构建了波兰财政契约的本质:用社会服务换取社会保险税。让生产者协会来征收税收,有助于建立相互信任、合法性和责任性。这也再次证明对自主征税的某些强调,具有正确性(第九章)。

1.5 结论与本书框架

我们对国家构建的定义包含政府追求公众目标以及跟社会展开建设性互

动能力的提升。有些章节重点关注纳税人在与国家权力机构合作时的各种策略,强调对经济增长与发展所依赖的建设性合作的各种因素的培养。还有些章节强调税收是如何与政治谈判以及问责机制相互影响的。另外一些章节透过税收这面镜子来解释国家能力及高效机构的来源。所有章节都强调,在那些仍处于建构过程中的国家,税收具有政治性的功能。

  本章讨论的各个主题将在本书其他各章展开论述。本章以及米克·摩尔所著第二章为税收及国家构建这一话题提供了概念及理论上的综述。第二章强调了强制性税收以及"收入协商"的决定性因素,顺利过渡到后面的三章。在第三章,通过对中东欧及苏联的对比研究,伊斯特尔分析了三个连续过程——在建立新税收政策过程中的税收谈判、随之而来的征税行为以及最后为执行税收改革而进行的税收谈判机制重构。第四章及第五章分析贫困国家地方税收具有的功能。托马斯·伯恩斯坦(Thomas Bernstein)和吕晓波(Xiaobo Lü)描述了中国中央计划经济的终结以及无资金支持的中央责任下移的出现,使得地方政府不得不采用强制性税收,而这又引起了地方对税收的不满;接着这样的冲突开始重新塑造地方政府和中央政府的关系。第五章作者为菲耶尔斯塔德和特希尔德森,他们追溯了乌干达和坦桑尼亚有关人头税的历史,这种税收形式是殖民地时期遗留下来的,但在这些国家独立后仍然存在。他们认为在东非,人头税从政治上触发了农民对强加在自己身上的强制性税收行为的反抗。

  接下来,由黛博拉·布罗蒂加姆和卡梅扎·加洛所著两章分析了两个以出口为经济来源的国家,税收谈判与相关的机构能力的历史演变过程。在第六章,布罗蒂加姆分析了蔗糖的殖民出口税对推动毛里求斯国家能力与民主问责制发挥的积极影响。卡梅扎·加洛在第七章探讨了在第一次世界大战之前智利的硝酸盐出口部门的税收谈判历史,尽管硝酸盐是智利重要的矿产资源,但它并没有给智利带来"资源诅咒",她认为,影响制度化税收谈判的最大因素是硝酸盐的全球市场状况。

  最后三章关注发展中国家税收改革的政治与实践:构建更多合格的政府机构,以及完善国家与纳税人的职责关系。在第八章,阿奴鲁达·乔希(Anuradha Joshi)和约瑟夫·阿伊(Joseph Ayee)分析了对非正式部门征税时的尴尬境地:在一些低收入国家,既要避免强制性税收(在描述中国、坦桑尼亚和乌干达的章节中谈到了这种税收),又要从小规模的、分散的和差异大的生产者那里获取收入。他们分析了在加纳、秘鲁以及塞内加尔等国采用的创新机制,研究表明,这些问题可以通过与生产者协会签订非正统的转包协议来解决。他们所著各章与加洛、伊斯特尔和布罗蒂加姆的文章相互呼应,即强大的社会机构能影响税收的方向与结果,并能帮助构建一个有益于政府和社会的契约。在第九章,朱莉叶·斯特劳斯分析了中华民国时期税收获得能力的深化,这种在不利环境下设立一种自主的盐税机构的尝试,为目前一些发展中国家建立自主的税收机构提供了很好的参照。在最后一章,摩尔和菲耶尔斯塔德探讨了国家建构视角对当代发展中国家的税收政策有何启示。他们认为,税收政策如今已走向全球化,因此产生了一种强大的正统观念,这种观念尤其受到国际货币基金组织和由税收专家构成的跨国机构的影响,它推动了几乎令全球人印象深刻的税收改革过程。然而,这种观念受到多种因素的驱动,比如对经济和财政的考虑,以及对已发现的问题及世界上富裕国家的需要的考虑等。如果从贫穷国家的国家建构视角来看,改革的纲领可能大为不同。

第二章　强制与契约：
对于税收和国家治理的两种竞争性诠释

米克·摩尔（Mick Moore）

2.1　引言

　　一些重要的现实因素、相关的理论启发以及迫切的政策需求，共同促成了本章的写作。现实的因素是指，相对于经济合作与发展组织成员国的历史经验而言，当今很多发展中国家的政府部门的岁入主要并非来自国内税收。一般而言（当然有例外），这些发展中国家的收入来源多种多样：如自然资源租金以及战略性租金（实际上主要是国外援助），而在经合组织成员国当年还较贫困时则没有这些收入。相关理论表明，这里存在一种因果关系，即（a）主要依靠租金而非税收作为收入来源，导致（b）相对而言，南方①大部分政府当局相当程度上不具合法性（relatively illegitimate）、办事低效、缺乏责任（"糟糕的政府"）。简言之，那些主要依靠税收作为收入来源的政府，管理国家的能力也较高。如果这一命题正确，那么我们就应该改变很多南方政府筹资的方式。从"良好的政府"的视角来看，发展援助、援助方式以及对自然资源租金的控制等都成为重点关注的内容。在本章，我不会断然提出解决所有理论和政策问题的具体方法，我的目标是让大家注意到这样一个概念：在当代发展中国家，税收能改善政府的治理能力。

　　国家与公民的税收关系有政治上的建设性意义，这一观念从根本上挑战

---

① 发展经济学理论中常把发达国家称为北方国家，发展中国家称为南方国家。——译者注

第二章　强制与契约：对于税收和国家治理的两种竞争性诠释

了人们所熟知的政治和税收的相关知识。税收就是对公民进行非自愿的课征，所有的税收都涉及对国家权力实际地或威胁性地使用：人们被迫上缴税款但没有互惠政策的保证，在这种情况下，他们感觉纳税是不得已而为之的行为。国家为税务部门创造激励与机会让它们向不情愿的缴税者征税，这种税收关系难道不会培养权威主义或官僚主义统治吗？这为我们描绘了一幅潜在的漫画：一个仗势欺人的强大国家威胁瑟瑟发抖的公民掏空腰包，有时，公民会奋起反击。研究发现，强制性税收与历史上抗税的频率有密切的关系。[①]

然而，另外一种场景同样可信。试想有一个行动拖拉的征税者拖着笨拙的步伐跟在一群行动敏捷的公民身后，大多数时间他是赶不上他们的。一旦追上他们，他就残酷地对待他们并从他们身上压榨资金，一到天黑，他便拖着疲惫的身体向生气的国王展示他们那可怜的收入，而与此同时，另外一些人则聚集在酒馆，一边同情那些因征税而被打得鼻青脸肿的同胞，一边哀叹在第二天他们不能安心工作与生活，因为他们要时时提防收税官员。后来，有人突然想到一个好点子：他们为什么不与国王达成协议，明码标价他们交多少钱，而国王反过来为他们做点事？这岂不是对大家都有好处？接下来就轮到如何挑选代表与国王进行谈判的问题了。他们甚至邀请一位典型的社会科学家到屋里，给大家讲解双赢选项，并将其与现存的双输情形做对比，指出在双输的情形中，给国家多交点，人们就少拿点，并且每位公民都会受到这种笨拙政府带来的间接折磨。就像在双输的情形中一样，双赢情形也是始于贪婪的国家不断威胁公民、向其征税，而人们更愿意紧紧合上钱包，接下来故事就不同了，缴税的经历让公民参与到政治过程中来，税收成了他们与国家政府之间健康博弈的一种方式；到最后，政府对税收的依赖使其与公民展开谈判，给他们制度化影响公共政策的权力以换取纳税人（半）自愿的服从。

这两个版本的叙事，说出了有关税收与治理之间潜在关系的两个极端，税收问题理论家和知识分子长期以来都对此争论不休。从某种程度上讲，这种争议是可以理解的。每一种立场反映了事物二元对立的某一个方面，二元对立在西方社会思潮中可谓根深蒂固，它反映了这样两个方面的区别：即（a）一

[①] 在当代，一些抗税的激进分子常常引用历史上的抗税英雄人物作为榜样，这在美国尤其突出。比如，亚当斯（Adams）在其著作《这些肮脏腐败的税收》（1998）中，就展现了反抗"税收暴政"的英雄形象。更多相似的例证，请参阅 Boaz（1997）的著作。

033

些人(支持双输者)本能地将行使权力解释成从自我利益出发支配他人(将自己的力量凌驾于别人),视制度为行使权力的工具;以及(b)另一些人(支持双赢者),将权力看作一种以实现公共利益为目标的建设性力量,视制度为促进合作的机制。① 人脑在处理复杂的社会现实时能力非常有限,我们每个人都会根据自己的本能和理解偏向于某一种解释,每一种解释在特定情景下都是合理的。本书有两章分别描述了中国(Thomas Bernstein and Xiaobo Lü)和东非(Odd Helge Fjeldstad and Ole Therkildsen)的强制性税收体制。相比而言,杰拉尔德·伊斯特尔有关东欧剧变后的中东欧国家的描述更关注建设性税收谈判,布罗蒂加姆从较小范围对毛里求斯进行了相似的描述。

　　将每一端的认识当作放之四海而皆准的真理,显然会误导他人,这的确要视情况而定,但主要取决于什么因素呢?在此,我主要通过分析两大问题来加以探究。第一个问题是:在什么时候税收最有可能是强制性的?在 2.3 节,我分析了最有可能带来这一令人失望结果的种种复杂情况。第二个问题是:税收过程在什么时候能通过"税收谈判"而促进政治发展——通过用税收(国家获得)来交换对公共政策的制度化影响(公民获得)?这是一个更为复杂的问题。我们可以从两个阶段来看。契约性(或税收谈判)的叙事,主要是通过对西欧历史经验(尤其是 16～18 世纪的英国和荷兰)的描述而得到的,它主要关注战争驱动的税收行为是如何促进税收谈判的,从更长远来看,是如何促进一个代议制的、回应性的、高效的政府诞生的。在 2.4 节,我概述了针对契约叙事的历史性阐释的核心因素以及一些变体。在 2.5 节,我探讨了当代发展中国家这类叙事的相关性。

　　2.6 节是结尾段,主要总结税收谈判的两个主要结论。第一,显而易见,在当代世界,税收谈判非常普遍并且对政府治理能力大有裨益。第二,与"历史上的欧洲"相比,当代贫困国家的经济条件及制度状况为国家与社会之间各种各样的税收互动模式提供了更为广阔的空间。当代税收谈判不像 17 世纪时期英格兰的税收那样清晰易辨,相反,它会呈现各种各样的形式。接下来我论述了对政治因素的关注是有理有据的——因为当代很多政府主要依靠租金

---

① 有关权力的论述,请参阅卢克斯(Lukes,2005);有关制度的基本作用的文献,请参阅莫伊(Moe,2005)。

而非税收作为主要收入来源。从政府有效治理的角度出发,我们应该想出一些办法以减少贫困国家政府对外援及自然资源租金的在金钱上的依赖。

2.2 关注术语

就像大多数政治学中的争议,我在本章谈到的一些术语和表达,其他很多学者也都做过类似的研究,但并没有形成一致的表述。他们所谈的很多核心概念都有隐含的内容,并且很少给出具体解释。当然,我也不能完全避免这些局限,但我会对提到的大家不熟悉的概念逐一做出介绍。

强制性税收处于连续体的一端。税收过程本身就由各种可变因素构成,比如,评估纳税义务就具有任意性;征税过程带有强制性;制定税收政策时纳税人代表会缺席。国家与社会关系的潜在模式并非明显的契约形式:除了希望税收能换来纳税人免遭其他潜在征税者的干扰外,纳税并不换来任何东西。契约性税收或多或少有点像用纳税行为来换取各种服务的意味,这种税收过程有以下特征:税收行为制度化、评估与收税时的协商性;纳税人的"半自愿服从"性质以及在制定税收政策时他们享有话语权等。在第三章,我和伊斯特尔一起将这一系列税收评估、征收与政策制定过程定义为收入谈判(revenue bargaining)。

收入谈判有不同的形式。在这里,国家收入就是税收。[①] 谈判既有(a)直截了当的讨价还价以及各类协议("如果你亮出你的底线,我也亮出我的出价"),也有(b)不涉及协商的间接策略性互动和相互行为的调整。智利1990年颁布的财政条约就是最明显的讨价还价的结果,在长达17年的军事统治结束之后,在重获民主的时刻,政府、各政治团体和利益集团在一起谈判最终达成一致协议。在该协议中,明确规定了额外税收的数量以及如何运用这些税收(Boylan,1996;Marfan,2001)。如果税收谈判采取非直接的策略互动和相互行为的调整而不是公共商谈和达成协议,我们如何知道发生了税收谈判?

---

① 在概念上,我们将税收(通常是非自愿性的)与政府对各种"服务"而收的费区别开来,但这种区别是形式上的(Lieberman,2002b)。比如,政府可以通过对开采企业收费或对其利润(或交易和出口)征税而从开采自然资源的行为中取得收入。同样,如果港口设施是属于公共所有,那么进口商和出口商所缴费用跟税收并无不同,尽管这种收费收入是"非税收收入"。

就像其他的政治行为,这种谈判并不易察觉。有几个更易察觉的现象是(a)税收问题出现在公共政策的议程上;(b)纳税人通过选举或其他代议渠道围绕税收问题从事了集体的行动;(c)政府是否愿意就纳税人制定公共政策时表达出的偏好而与他们进行互动或对其做出回应。

如果观察税收谈判不容易,我们如何知道它并不是知识分子理解世界的一种简单构想(至少针对那些没有详细文字记录的案例来说)?[①] 就国家与社会财政关系的潜在契约模式的有效性问题来说,在其背后有更深层次的问题。如果按一些政治学家所言,国家是脱离于社会而自主的,或者相反,认为国家是被特殊的社会集团所俘获的,那么在宣称政治体制是通过国家和社会之间财政和其他资源的交流过程而构建时,我们的自信何来?事实上,最近一些跨国性研究数据有力地证明了财政契约对当代世界有着重要的影响。在对1975～1999年间90个国家进行截面数据分析以及对1975～1995年的18个经合组织成员国进行面板数据分析之后,蒂蒙斯(2005)给政体的契约模式提供了实证的支持。他认为,在一个主要通过向富有居民征税的国家,政府更有可能制定对富人有利的政策(如对产权的强烈保护)以鼓励他们继续纳税。相反,一个依靠向贫困居民征税的国家,政府更有可能制定有益于穷人的政策(如将更多的钱用在公共服务上)。在综合考虑其他可信的解释后,他为这两种观点找到了相关的证据支撑。

另外一项研究关注更为具体的问题,如居民税收负担的大小是否会最终影响政府治理模式。这项研究表明,税收负担的大小与政府治理质量有着更直接的正因果关系,这是那些财政契约的坚信者始料不及的。该研究分两个阶段进行,第一阶段,针对1971～1997年113个贫富国家,迈克尔·罗希(2004)利用两种不同测算方法研究税收负担并发现,税收负担和民主化程度之间有显著相关性,即随着税收负担的增加,在三年、五年、十年之后,民主化程度也随之增加。第二阶段,詹姆斯·马洪(2005)认为这一分析有局限性,他认为由于缺乏一系列标准数据,迈克尔·罗希并没有很全面并直观地衡量政府部门靠自然资源如石油和天然气等获得的收入。于是詹姆斯·马洪进行了

[①] 具有详尽记录的当代案例,请参阅乔德利有关沙特阿拉伯及也门的著作(1989,1997);以及伊斯特尔对波兰和俄国的描述(本书第三章)。

大量的基础研究来弥补这一缺陷,他通过使用更直接的自然资源税收[①]重新研究了迈克尔·罗希的分析,与迈克尔·罗希的研究相比,他发现税收负担和民主程度之间有着更强的数据相关性。更重要的是,他发现当政府的治理质量是用自由化程度(传统来讲也就是对国家权力的限制)而不是民主化程度来衡量时,这种联系更为强烈。正如我在2.4节解释的,这种解释与相关理论一致。如詹姆斯·马洪所言:"我们可以很好地支持这一观点,即在国家总收入中,国内间接税收收入的比例与石油、矿产及其他资源租金相比,可以更公平地反映一个国家的民主化程度甚至可以更好地反映自由化程度。"

更一般地说,我们可以从个别国家案例研究以及跨国数据分析中发现更强有力的证据来支持当今世界的财政契约的有效性,即政治体制是通过国家和社会团体之间财政及其他资源的互动而构建的。在本章中我对欧洲历史上以及当代贫困国家的税收谈判模式进行了相同性与相异性分析,这一工作并非像追逐野天鹅那样劳而无功,事实上,"鹅"已备至厨中,毛已拔光,正待下锅,我们只需探究如何才能烹制美味"鹅肉"。

2.3 强制性税收

强制性税收的特点是随意评估、强迫征收以及在制定税收政策时纳税人代表缺席。综观历史,大多数税收都是强制性的。在历史上很多有关反抗与革命的描述中,税收格外受人关注,尤其是在农耕社会中。[②] 要了解其原因,我们可以从对社会科学中最典型的统计结果分析开始:从序时分析和横截面分析来看,比较富裕国家中的税收官员,可以更成功地为政府部门征收到更多税收,在农业比重相对较小的国家尤为如此。[③] 一般而言,在更富裕、城市化程度更高的经济国家,税收负担更高,其部分原因也许在于在更富裕、更民主

[①] 他也用了回归分析中的面板校正标准误(panel-corrected standard errors)的方法。
[②] 在当今世界,大多数重要的国家革命都涉及强烈的抗税行为:如17世纪的英国;18世纪的美国和法国。
[③] 有关最近的研究,可以参阅柴巴布(1998)、福韦勒—阿玛尔(1999)、皮安卡斯泰利(Piancastelli,2001)、雷默(Remmer,2004)、罗希(2001)、斯托斯基和沃德·马里亚姆(Stotsky and Wolde Mariam,1997)。早在1887年,这种数据关系就已经体现在瓦格纳定律中。

的国家,人们对公共开支的有效需求更大。① 然而,这种描述中还有重要的一面:(a)要从低收入的农业经济体征税较为困难,因为这些经济体由一些小企业所组成,缺乏正式的管理机构并且没有广泛的银行体制,没有经济交易的文字或电子记录;(b)如果不求助于强制性手段,征税难上加难。因此,在低收入的农业经济国,征税往往是强制性的,冲突行为时有发生,并且,整体税收收入偏低。②

我们先来看看经济结构和组织提供的后勤条件对征税的影响,在当代富裕国家中,税收机构在这方面享有优势。以下四个因素有利于他们工作的开展,也解释了他们为什么从对具体物品的征税(盐、烟草、车厢、个人)转变为根据账户类别征税(所得额、销售额、营业额、增值额、利润额):

1. 广泛的经济交易的文字或电子记录能帮助征税者精确追踪纳税人并能有效检查税收管理机构中滥用或侵吞税款的行为。

2. 绝大多数经济与收入业务不受季节与气候的影响,因此,在全年任何时候都可以采用定期缴税形式。

3. 由于普遍使用了银行和其他间接转账系统,征税人不必亲自面对纳税人收取税款。③

4. 官僚组织机构的普遍存在为非个人化以及半自愿性的缴税过程提供了发展机会,这种模式构成了现代公司税收和员工个人所得源泉征税制度的理论基础。

相比而言,在贫穷的农业社会的征税过程中,可供课税的单位较少,因此,总的征税成本也相对较高。农业收入往往具有季节性并且不稳定,因此,税收往往起伏不定。由于缺乏经济交易记录,再加上银行系统不够发达,这就迫使纳税人与征税人不得不进行面对面的互动交流,而征税人则对税收职责做出草率而无效的决定。由于征税成本占据收入的一大部分,税收行政部门不愿

---

① 阿道夫·瓦格纳(Adolf Wagner)自己解释了有关工业化带来的对公共开支需求的相关定律。
② 以下章节基于阿尔当(Ardant,1975)对为什么要对温饱型农业经济征税比较困难的分析。也可参阅布鲁尔(Brewer,1989:178—190)。
③ 利用商业银行来征税已成为一些拉丁美洲国家近期税收改革的显著特征。

第二章　强制与契约:对于税收和国家治理的两种竞争性诠释

分开以下两种权力:(a)评估税收职责,(b)实际征税行为[①],甚至下达欠税通知的人也将手伸向所收税款。这些组织因素带来了许多问题,如给征税者巨大的自由决定权;催生了腐败现象以及勒索行为;故意纵容"漏税"以便将其收入私囊[②];这引起了纳税人的愤恨情绪以及抗税行为,以致成为政治反叛,在此情形下,政府想要通过税收(尤其是直接税收)从国民收入中获取较高比例的国家收入非常困难。

另外,低收入的农业社会的经济结构有利于强制性税收,这是另外一个更直接的政治因素。促使政府合理征税的一个重要动机是:如果纳税人知道他们未来的纳税义务,并相信他们的产权得到保护,他们就会继续待在这个地方,更加努力地工作、大量地投资,而不是为了找到一个不敲诈勒索的政府而到处搬迁。这让政府和纳税人双方都受益。但是,如果潜在的纳税人是低收入的农业从业者而不是商人、专业人士或者大资本的控制者,这种构想就不太可能实现。首先,土地是固定的,搬迁意味着不得不将土地置之身后,只有在个人利益受到非常大的损失时,农业从业者才会在谈判中利用迁移作为威胁以促使统治者尊重他们的地位。其次,在很多贫困的农业社会,通过私人投资来提高生产效率并增加收入的可能性相对较小,尤其从短期来看更是如此。对小农经济征税的统治者,并不指望通过扩大税基来获取回报,没有很强的动机来停止压榨性税收,这跟应对资本家以及有技术的专业人员不同。对以土地为基础的统治者(agrarian rulers)而言,重要的是找到能使用强制手段来有效征税的当地代理人,这些代理人愿意将一大笔收益交予统治者。一般而言,这就需要统治者招募一些当地经济和政治领域的精英来作为征税者(Daunton,2001:126—127,132—134)。

我们可以理解,为什么强制性税收、较低的总体税收收入往往和贫困、教

[①] 将评估活动与征税行为分开并配以不同工作人员是非强制性税收体制的核心(比如 Brewer,1989:101—114;Daunton,2001),并且是很多当代税收改革的重要内容(见本书第十章)。在分析为什么智利的税收机构要比阿根廷的税收机构更有效时,伯格曼指出,在智利,一个部门收税并管理税款,而另有部门负责评估并执行法律,在阿根廷,所有的权力都集中在税收机构的同一个部门(Bergman,2003:622)。

[②] 要解决这个问题,管理机构内部没有一致满意的监控方案。在有些地方,统治者热衷于税款包征,即将收税行为私人化。然而,包征者贪婪、压迫性的形象已深入人心,因此,包征行为从现代社会彻底消失。在18～19世纪的英国,税收检察官的引入是税收管理机构预防税款挪用的方式之一(Daunton,2001:200—201),但给征税者分配这些角色不可避免地会减少税收收入(Brewer,1989:100)。

育匮乏以及管理落后的农业经济相联系。① 然而,强制性税收不仅仅局限于农业环境。我们可以在世界各地的税收体制中发现相关因素,尤其在那些还处于中央计划经济转型期的国家以及通过控制大量自然资源租金来支撑独裁统治的国家(参阅 2.5.5 节)。另外,税收的强制性程度并不是在所有贫穷的农业国家都一致。在具体的强制性税收实践过程中,会受到各种各样的偶然的政治及体制因素的影响。

在当今世界,最为一贯的强制性税收与下面几个因素的结合密切相关:(a)贫困的农业环境;(b)为地方政府筹集收入;(c)已经发文的各种税收与收费,因此收这些钱总是能找到正式的依据;(d)缺乏更高层政府部门有效的监管。具体来说,地方政府官员不受高层政府的约束,有的走乡串户征集税收,有的设置路障,从当地贫穷的乡村农民身上压榨钱财,他们有时强编借口,有时暴力威胁。这些情况可以从众多作者对各地的描述中看到。如菲耶尔斯塔德和特希尔德森在第五章中描述的当代东非各国状况,伯恩斯坦以及吕晓波在第四章描述的中国农村地区的税收状况,以及 Rene Prud'home(1992)对刚果的研究。

对非洲各国和中国的研究显示,有两种政治因素很可能会鼓励地方官僚机构通过强制性手段向贫民征税:

1. 可替代性税收资源缺乏以及收入方式单一。更高层次的政府部门或者(a)挪用地方政府所收资金,或者(b)如二十多年前的中国,给地方政府下达一些"无资金支持的命令(unfunded mandates)",即在不提供经费的情况下,要求地方政府实现宏伟政策目标。②

2. 在税收关系中,税收的强制性程度毫无疑问受到政治体制的影响,例

---

① 这是一种数据可能性,并非铁律。在当今世界,那些有大量可税农产品的国家就有大量的例外,因为此时政府就可以运用官僚机构获取大量资金,比如在交易地点征税、举办国营垄断性的交易所(state monopoly marketing boards)或者在出口环节收税等(Bates,1981)。同样,相关文字记录表明,还有一些国家,早在几个世纪以前,他们就通过"现代"税收手段获取国家收入(Ferguson,2001:98—99),尤其是在战争威胁下,税收水平(占国民收入的比重)有时迅速地提高(参阅 Brewer,1989)。就当时的政治及体制状况而言,甚至仅能维持生计的小农们也被课以高税。最为典型的案例是印度的英国殖民者,他们设法以土地税的形式向农民定期征税。这就需要从英国之前的统治者开始,就要投资并维持一个非常详细而复杂的土地记录系统,并要求高度重视对土地的记录及土地税收的管理,也要求建立可靠的机制以便在遇到庄稼歉收时降低税收要求(Daunton,2001:126—127)。

② 在中国和东非各国,中央政府都曾经依赖一种后来放弃并转给地方政府的税收(在中国是土地税,在东非是人头税),在放弃这种税收时中央政府可以以其他更好的税源为依靠。

第二章 强制与契约：对于税收和国家治理的两种竞争性诠释

如有效的地方代议制机构、更高层政府的监管，或者其他能抗衡地方政府权力过大的机构。最近，尼日利亚果蔬贸易协会主席抱怨在果蔬管辖权转移的过程中，其会员被课以非法高税，此类抱怨声也在其他很多国家频频出现(《卫报》拉各斯，2006年3月25日)。在东非，从威权统治或者一党专制到多党制的转变，给了从地方选举产生的政治家更多的影响力，这是地方强制性税收衰落的主要原因(见第五章)。在中国，中央政府担心强制性税收引起政治动荡，并且害怕当地政府权力无限扩大，这是引入村级选举的主要原因(见第四章)。

关于强制性税收有两套结论，它们都对后面将论述的契约性税收有启发意义。第一套结论的分析性、概括性更强，即有三种广义的政治、经济因素会带来强制性税收：统治精英不受被统治者(或中央权力)的约束，不需要获取广泛的支持；贫穷的、乡村的、农业的且仅够生存的经济；控制收入源的潜在缴税者，在面临相对于国家公共服务而言的高额税收时，不能发出可信的"退出"威胁(搬迁去其他地方或减少经济活动)。第二套结论更具实证性和局部性的特点，即在当今世界，强制性税收与资源匮乏、管理落后的地方政府间有着密切关系，尤其在贫穷的农业环境下更是如此。当然，这并不是一种必然关系，也就是说，强制性税收和地方政府之间并无本质性联系。然而，后面的材料会更明晰地说明，税收谈判与强制性税收不同，它更有可能发生在全国层面而非地方或地区层面上。

2.4 历史上税收的契约叙事

税收会导致收入谈判——因此，会使政府更具代表性、回应性以及高效性——这一说法来自于对欧洲现代化初期国家形成的历史描述，尤其对荷兰以及一些城市(如威尼斯、热那亚和诺夫哥罗德)的历史描述，当然更受英国经验的支持。[1] 各类文献围绕统治者与社会精英阶层之间的成功税收谈判而

---

[1] 我主要引用了以下作者的相关论述：Bates (2001), Bates and Lien (1985), Brewer (1989), Ertman (1997), Ferguson (2001), Levi (1988), Mahon (2005), North, and Weingast (1989), Rosenthal (1998), Ross (2004), Tilly (1992) and Zolberg (1980)。对诺夫哥罗德(苏联的一个城市名)的描述可参阅佩Petro (2004)。他们的研究方法各式各样，既有正式的、演绎式的推理方法，也有更为传统的对单个案例或对比案例的历史描述法。

展开,不同的作者对同一故事(主要是英国/英格兰)给出了有所区别的叙事版本。① 英国的案例因为以下原因影响更加深远。首先,直接收入谈判(即政治代表权和纳税意愿的交易)在某些时刻非常明显,尤其是在17世纪40年代的内战时期以及精英们在1688年反抗斯图亚特王朝的政变(即历史上所称的光荣革命)时期。其次,这种交易特别来说是英国宪法的支柱、一般来说是有限代议制政府的支柱,这样的观念深植于英国历史以及盎格鲁—北美政治文化与政治话语中(Daunton,2001),并因此在世界其他国家也产生重要影响。

这种叙事的核心,涉及统治者与一些纳税团体之间的税收谈判动机。我们可以说国家的动机在于寻找(a)应对威胁以取得安全,(b)增加收入,以及(c)增强合法性以减少统治成本[有关以收入最大化为目标的国家的概念,请参阅 Levi(1988)]。纳税人的动机主要在于寻求(a)生命和财产受到保障,以及(b)较低且可预测的税收。② 以下是这一叙事的几个主要方面。

1. 背景是国家受到持续的威胁或遭遇到现实的国家间战争,那些不能筹集充足物质资源赢得战争胜利的一方,将被胜利的一方吞并。在这里,军费是国家财政预算中最主要的一项开支(Brewer,1989:40;Mann,1993:373),并且军费需要变化不一、难以预测。③

2. 除了偶尔依靠外国统治者提供"补贴",国王(the Crown)有两种可以代替税收谈判的收入方式。第一种是他自己的收入来源,即国家/王室的财产

---

① 为了统一,我始终使用"英国(Britain)"而没用"英格兰",尽管在很多方面,这里的描述主要是英格兰而非不列颠(Brewer,1989;第1章)。
② 我在此默认采用了莱姆罗德(Slemrod)的分析结构(1992):公民税收遵从度是以下因素共同影响的结果:遵循或逃税的成本、以公共物品为形式的期望收益以及有条件的同意程度("合法性")。有关这一框架的最新支持性研究,请参阅卡明斯(Cumrnings)等(2005)。
③ 有些文章叙述中,低估了收入谈判在一些发达国家中的重要作用,这些国家往往是远距离对外贸易以及海军力量雄厚的国家如英国、荷兰、威尼斯以及热那亚等(Tilly,1992)。纳税人面临各种经典的权责问题(Weingast,1995);如果为统治者投赞成票,让他们收税建立并发展海军,怎样才能让他们相信统治者不会使用武力来对付他们或通过武力手段在未来征收税收? 在英国历史中以下主题反复出现,即要保护"自由"与议会制政府,(部分地)依靠英国武装力量采取海军形式,因为海军力量不适合镇压国内民众(Brewer,1989:9—10)。这样的看法,很可能鼓励了英国纳税者不愿意为所谓"常备军"而纳税。另外,从事日益全球化远距离贸易的商人纳税人,与致力于构建国家海军力量战略的政府之间,有着明显而清晰的利益一致性,双方都从造船业以及港口设施建设中获益良多。人力和船只可以在"军用"和"商用"之间转换。毕竟,国际贸易的成功要依赖国家军事力量的支持:一方面,海军要保护海外贸易点免受欧洲贸易国的侵略;另一方面,海军要通过武力开拓"海外市场"并保护贸易线路免遭各种掠夺者的骚扰。从商人纳税人的角度来看,缴税以发展国家海军力量要比发展陆军更加有利可图。

第二章 强制与契约:对于税收和国家治理的两种竞争性诠释

收入或特权收入①,"自己的收入"的缺点在于获得或保持足够的国家财产时会遇到各种阻力,尤其在有战争威胁时想要扩大收入也有困难。第二种主要依靠单边的强制性税收,但这会产生阻力并带来高额筹资成本,而且强制性税收的征收部门会利用职务之便挪用部分税收收入。换言之,通过强制性税收产生的收入往往较低且不可靠,在应对战争威胁时,无法迅速扩展。那些依靠"自己的收入"或强制性税收的政体经常处于不利位置,他们会受到那些有更好筹资方式的国家的威胁。

3. 那种更好的筹资方式就是源自收入谈判的契约性税收。在各个国家内部,收入谈判为统治者和纳税人提供了双赢的机会。如果统治者和纳税人代表能就税收制度和一套收入分配制度达成一致意见,那么,与其他国家收入方式相比,该收入方式有以下几种优势:首先,由于税收是双方一致同意的,纳税人纳税意愿强,纳税与征税的过程没有那么繁琐,成本也不高,总收入的可预见性强。其次,由于更好地了解到未来可能的纳税义务并可防止任意征税,因而纳税人在经济上做出投资决策时会感到更安全,统治者也可以有效地进行长期规划。再次,有了对收入谈判进行的场所,双方可以各自寻找有利的政策。比如,如果加强(英国)皇家海军可使荷兰商人远离北美,就会为英国商人带来更多安全感以及生意机会,也可为伦敦、布里斯托尔和普利茅斯各个港口带来贸易活动,并且为政府带来更高的收入。最后,如果纳税人也参与或负责公共政策的制定,在面临军费危机时,他们就更可能积极地回应政府为战争融资的号召。

4. 收入谈判带来的各种好处,能够激励统治者在没有纳税人机构的地方建立一些纳税人代议机构,或者使统治者将更多的权力让渡给那些已经存在的纳税人代议机构。

5. 以上概略叙述的几点,首先可以说明**税收**国家的产生,即那些主要依靠一般性税收作为收入来源的国家。在有些情况下,税收国家发展为更高级别的形式,即**财政**国家,即能够利用一种安全、高效、双方同意的税收为收入来源的国家,这样的国家可以以此为基础在私人市场上进行大规模的借贷。历

---

① 从经验上来讲,"自己的收入"来源各种各样,除了严格意义上的王室/国家财产(包括从教会或内部对手所获的财产),还包括(a)出售官职和头衔,以及(b)单方面地向财产拥有者征收各类"罚款"。

史学家们解释了财政国家的兴起以及所起的作用,他们指出,与税收国家相比,财政国家有着更大筹集资金的能力来应对突发状况尤其是战争。即使是最好的税收体制,也不能在短期内带来最大的收入。军事上具有竞争力的优势在于,政府领导人有能够迅速借到低廉债款的能力,并且要让放贷人相信,政府有能力通过将来的税收收入来归还债务。[①][②]

上述核心叙事关注的是收入谈判动机,其结果也不仅仅限于上面提到或暗含的以下内容:更全面、更稳定的税收体制;制度规定(一些)公民享有代表权;对国家权力进行制度性限制;可预见的私人投资环境;国家和(一些)社会利益团体之间在制定政策时的争议与协商。此外,国家主要依靠税收而非"自己的收入",对国家和民族建构带来三个积极的影响。首先,依靠税收的统治者和其公民的繁荣有着直接的关系,因此有着促进这种繁荣的动力;这反过来会带来更多的税收,从而加强其统治。其次,依靠税收会促进一个现代化、官僚化的国家的发展;会鼓励对纳税人及其活动、财产进行可靠的记录;会责成政府投资建设一个相对可靠、廉洁、专业的有使命感的公共服务团队来估税、征税,并将税收上缴国库。[③] 再次,征税使得政府不得不搜集大量信息,这反过来又完善了政策制定的过程(Brewer,1989:尤其第 4 章和第 8 章)。

这不是一个与民主直接相关的故事。利瓦伊(1999a:117)说税收谈判"提供了对原型民主(proto-democracy)而非民主的一个更好、更让人信服的描述"[④],看起来说得对。在 2.2 节马洪报道的数据也表明了类似的情况,即当代政府对一般税收的依赖主要和自由而不是与民主相关(也就是说表现为对国家权力从制度上进行限制)。然而,这又是一个美丽的故事,说到了创建各类国家机构、扩大政治代表权、建立对公民负责制,以及限制国家专制的权力。

---

① 在解释财政国家能力的时候,一些学者强调,制度化的收入谈判在解决被称作是"委托问题"时有作用:投资家愿意以更低的利率,将贷款借给权力受到议会限制的统治者,因为这会保证统治者不会利用强制性权力否认其负债义务(Bates,2001:77)。事实上,要对相同叙事的不同解释版本进行检验,几乎是不可能的。

② 要注意在这一故事的某些版本中,有一些盎格鲁优越主义:英国做对了,而其他国家(尤其法国),做错了。要了解有关修正版本的话,请参阅埃特曼(Ertman,1997)和罗森塔尔(Rosenthal,1998)。

③ Brewe(1989:101—114)对 18 世纪英国的税收组织机构的描述,非常形象地解释了这个论点。或许,在当代,对这一问题的最好的学术研究是乔德利(1989,1997)对沙特阿拉伯和也门进行的研究。

④ 一些撰文研究税收谈判的学者,确实宣称税收谈判与民主的直接关系(例如 Ross,2004)。另外一些学者,相对温和地谈到了与代表权、政府有限权力的关系。赫伯(Herb,2003)对这些文献的批评没能区别"代表权"与"民主",这是其不足之处。

这个故事抓住了欧洲国家构建事实的重要方面,特别但不仅仅与16~18世纪的英国相关。① 这不是一个单一的、规划好的故事:情形不一,相同情形不同学者的阐释也略有不同。在下文考察当代贫穷国家税收谈判情况时,读者不该指望它们将是对欧洲历史情况与过程的精确复制。

2.5　收入谈判的决定因素

上一节表明,对牵涉到的主要当事方来说,收入谈判有很多潜在的好处。但我们知道,有吸引力的社会安排往往拿不到台面上来讨论,即使这些安排看起来符合总体的利益。② 原因在于政治上会有干扰,最显著的是特殊利益以及不同利益动员能力的不平等。我们再来看看,分析一下现代欧洲发展初期有关收入谈判的政治和动机。什么样的条件尤其可能鼓励统治者和纳税人围绕交易机构(政治代议机构)就资源(税收)问题进行协商?在什么情况下,这种交易更具吸引力?为什么这些行动者(actor)会就政治代议制采取谈判而非简单地采用个别政策?下面八个方面对回答这些问题至关重要。

1. 存在收入谈判的那些国家,要么被王朝所统治,要么被自我保持(self-perpetuating)的商业寡头所统治,如果他们能管理良好,就有足够的理由继续留任统治。他们有着足够的长期眼光,为了加强统治的体制,愿意做出让步牺牲某种暂时的权力。

2. 从财政的角度来看,国家在很大程度上是战争机器。在非军事用途方面,他们的花费很少,因而在战争威胁来临时,能转到战争用途的非军费资金

---

① 在英国历史上有两个重要的时刻,第一个时期是斯图亚特王朝和大批地主、商人精英阶层发生一系列冲突的时候,这些冲突在17世纪30年代加剧,最终导致40年代初期的内战。起初,这些冲突核心有:运用议会和更独立的司法机构来保护精英阶层的财产权,限制国王独自增强兵力的权力,只有在议会同意的基础上才能征收更多税收。在独立的新教教派主导下,议会的事业更为激进。在共和派统治一段时期后,斯图亚特王朝于1660年复辟。尽管议会对国家收入的大多数来源、许多宗教问题已经能进行控制,但司法机构和财政权力问题仍悬而未决(Braddick,1996:11—13)。1688年,为了反对国王詹姆斯二世对天主教的强烈认同,大多数精英们开始支持政变(即"光荣革命"),这使国王女儿玛丽二世和其丈夫(荷兰执政)威廉共同统治英国。部分地因为后来一段时期跟法国持续战争冲突的原因,国王和议会之间共享权力开始以体制的形式固定下来。由于新体制下收入来源可靠的名声,在此后长达几十年的时间里,英国可以大量地依靠债务融资。这样英国就成为一个强大的财政军事国家(布鲁尔,1989;唐顿,2001,第2章)。

② 此处原文是"But we know that attractive social arrangements often never get beyond the drawing board, even when they appear to be in the general interest",似乎有误,多了一个never。——译者注

和非军事人员都不多。此时,他们常常会感受到增加收入的巨大压力,并因此常找机会与有组织的纳税人进行协商谈判。①

3. 除了一般税收,各国能大量支配且不断扩张的收入资源很少,因此,他们有很强的动机与纳税人进行税收谈判。

4. 在权力高度集中的国家,实际征税权在中央政府官员的手中,纳税精英有很强的动机参与到国家层面的集体行动中去与国家谈判,而不容易在地区层面受挑拨相互对抗(Brewer,1989:第一章,127—129)。

5. 如果大的纳税人原本有相似的物质利益、共同的文化背景或被置于与国家的相似关系中,那他们更有可能参与到有关税收的集体行动中来。②

6. 如果在国内,对统治者的制度化政治限制较少,那么任何社会团体都有理由担心,一旦时机适宜,统治者会违背其协议。这样的话,各社会团体不仅有动力和统治者达成一致的政治协议,而且还要将他们在代议决策机构(如议会)的权力制度化,以便执行这些协议。

7. 可流动性税基的存在(尤其是在那些资本密集型的跨国贸易企业),为征税者和纳税人从事收入谈判提供了很强的动机。

8. 大多数财政交易都在国家内部进行。特别是,政府获得的税收以及在此基础上的贷款,主要来自本国公民。如果统治者、纳税人以及金融机构之间的协议是可行的,它们就可以被嵌入至全国政治制度体系当中,相辅相成。③

---

① 有关细致描述欧洲历史上收入谈判带来的可能影响的文献,请参阅罗森塔尔(1998)。
② 比如,众所周知,在英国历史上,与很多其他欧洲国家相比,通过贸易、资本主义企业和帝国主义行为获得的财富很容易被农村地主取得,而地主也会参与到各类贸易、资本主义企业和帝国主义行为中来。同样,由于财富资源的相对独立性,英国精英阶层能够参与到集体行动中来。一方面,他们从海外贸易中获益良多。另一方面,从某种程度来说,他们并不是依靠国家服务中的固定职业来取得收入。不像很多其他大国政体,如沙皇俄国(Pipes,1974:尤其第4章)、殖民地下的印度(Washbrook,1981)或帝制中国,在英国并不存在由精英管制的国家官僚机构。苏(Shue,1988:91—102及文章各处)解释了中国历史演化发展的方式,即"绅士"通过他们在官僚机构的角色与国家紧密联系,如作为地方官员或高级职业公务员来参与事务。这种战略地位使"绅士"能够免于缴纳大量税款(Wong,1999:99)。被囿于体制内为获得官僚职位而竞争,又缺乏与国家相关的明确的阶级利益冲突,他们不能进行统一的政治行动。
③ 在18世纪初期,当英国发展成为一个财政国家的时候,政府已能够借用其税收制度的力量,而公共债务的管理成为财政政策和政治辩论的主要问题。政府举债几乎全部来自国内。一些历史学家认为这推动了收入谈判。在个人或家庭层面,精英阶层、较大的纳税人和立法者之间相对统一,与债券持有人大量重合。债券持有人、纳税大户和立法者——这相对重合的三组成员之间能够互通大量的财政、政策以及政治信息。这既能(a)加强纳税人及议会的问责制度;也能(b)提高对政府的整体信任水平,从而能让国家获得低息贷款(Ferguson,2001)。麦克唐纳(MacDonald)进一步论证了这个观点,他指出这种主要向自己民众负债的政体体现了优于民主选举的一种问责机制。用他自己的话来说,就是"公民债权人"是"我们故事的主角"(MacDonald,2003:471)。

我们可以将涉及收入谈判的这些激励因素总结如下：

- 国家：国家精英有着相对长远的眼光，他们掌控着国家机器（也就是战争机器），但缺乏主要的非税收来源。因此，当有战争威胁时，他们特别容易受到压力而与纳税人协商。
- 纳税人：纳税人拥有许多有利于集体行动的条件，并有动机将国家精英锁定在国家体制安排中，以便给纳税人自己持续不断的政策影响力。
- 收入来源：可流动的资本资产是非常重要的潜在收入来源。不管是纳税人还是征税者，在围绕可流动的资本资产进行收入协商时，他们可以得到双赢。
- 政治背景：各国之间战火不断，以及作为财政及政治上独立的单位，给一些政治行动者强烈的动机在民族国家边界内就政治空间达成协议（Mann，1993:31—33）。

对这个故事而言，第九个因素也许更是内生性的：有政策影响力的代议性集会（representative assemblies）存在并形成一定程度的路径依赖。收入谈判的出现及加强是一个渐增的过程，那些已然在税收及财政政策方面有着重要影响的集会，能更加顺利地扩展其权力。[①]

上面所列并不是决定欧洲现代初期收入谈判的前提条件，在更大程度上可把它们看作是有助于结果产生的一长串可变的因素。这些相似的因素，在何种程度对当代贫穷国家也起着同样作用？在很多方面这些国家都与历史上的欧洲各国不同，但彼此相似的是，在生产中资本主义关系已占主导地位但并没有无所不在。当代发展中世界的政体差距极大，政府的正式结构有差异，国家与公民关系的差异更大（Tilly，1992:195），因此，对收入谈判决定因素问题的回答只能是高度概括性的和有所保留的。[②] 然而，我们还是可以列举出一些影响当代贫困发展中国家收入谈判的环境因素，这些因素与现代欧洲早期的影响因素显然并不相同，但有助于我们朝向答案前进。在接下来 2.5.1 节

[①] 与现代欧洲早期一些后来渐渐消失的议会相比，赫伯（2003）发现，从某种程度来讲，那些直接参与征税的议会（包括英国议会）能够存续的时间更长。

[②] 有关围绕税收进行的国家与社会互动的比较研究的文献，以及 20 世纪这种互动与国家形成关系的文献，请参阅乔德利对沙特阿拉伯和也门的描述，以及利伯曼（2001，2003）对巴西和南非的相关研究。

047

至 2.5.5 节,我会分析在这两种大的背景下,程式化(stylized)差异所具有的意义。

1. 战争的性质。
2. 国家机构在规模和复杂性上的扩张。
3. 朝向更容易进行领导人内部更替的制度或政府转变,无论这种更替是通过选举还是通过其他渠道。
4. 以正规化和官僚化为特征的"现代"经济单位(企业)的出现;可移动的经济资产的重要性;商业与资本经济关系的扩展;经济和金融关系的国际化。
5. 当代大规模经济租金的可获得性。

2.5.1　战争的性质

有关收入谈判的已有文献,有很大一部分的产生是为了解释,为什么一些欧洲国家在国家间战争中成功地获胜以及它们以怎样的过程来增强其内部实力。可以理解的是,一些学者提出这样一个问题,即当代一些南方国家在其构建过程中问题重重,是否是因为在合适的历史时期缺乏足够的国家间战争?在今天,国家间战争远远不如欧洲历史上那么频繁,但是国家内的战争在当代贫困国家却非常普遍(Fearon and Laitin,2003)。接下来有两个问题需要探讨。第一个问题是,国家间战争对收入谈判叙事来说是否至关重要?第二个问题是,在当代国家内的战争如何可能影响收入谈判及国家形成?

我们是否需要战争来创造有效且负责的政府?这一问题引起了很多专家的质疑以及情感上的反对。相当程度上我可以回避这样的质疑与情感,只要解释说国家之间的战争实际上对收入谈判的作用是有条件的,与当代收入谈判的关联是薄弱的(peripheral)。分析来看,国家间战争和收入谈判的因果链上,有两个中间环节:首先,战争会带来威胁,正如国家感知到的;其次,这种威胁感会促发寻找更多的国家收入,正如在 2.4 节所列的原因,这反过来在某些情形下促进了收入谈判。这看起来好像是真的,在当今世界上的一些国家和地区,由于缺少外部刺激和威胁,国家筹资的动力大大减弱。比如,现在人们普遍认为在 20 世纪 60 年代和冷战期间,国际上对非洲各国边界的实际保护使非洲国家在地理政治方面意识淡薄:这些国家没有足够的动机积极统治其国土和人口，因此，他们缺乏广泛征税的动机(Herbst,2000;Jackson,1990)。但是，要当代政府精英们感觉到有威胁感或有动力去筹资，既不需要有战争，也不需要有战争威胁，因为战争远不是唯一的威胁。当代世界的国家精英们受制于民众对他们政治表现的期待，他们会被人用民主的或大众的国家合法性及其"表现"(delivery)的综合标准来评判。如果他们的表现不佳，比如，如果政府与基本制度不能减轻饥荒、抑制通货膨胀或保持较高的就业率，就会很容易遇到要求"换人"(displacement from internal sources)的威胁。例如，多纳、里奇和斯蒂特(Doner、Ritchie and Slater,2005)描述了在20世纪末期，要求换人的大众威胁是如何刺激统治精英们在东欧构建有效的发展性政府的。战争威胁在"历史上的欧洲"是强有力的筹集收入的驱动力，因为统治者们当时只将钱花在军事上。现代国家面临着很多其他的压力，他们要筹集资金以保障福利，以及支付各种发展与管制活动的开销。不同背景下战争影响国家构建也有不同，这样的案例在米格尔·森特诺(1997,2002)对有关19世纪拉丁美洲的描述中得到了很好的诠释。

战争驱动的收入需求并不必然启动收入谈判的进程。那么，在当代影响大多数贫困国家战争情况又是怎么样的呢？这样的战争并不是古典时期国家之间竞争，而是一种"新的战争"：武装团体之间的对抗，相当程度上受到了全球性物质资源的支持，同时又是为了争夺这种全球性物质资源[Fairbanks,2002;Jung,2003;Munkler,2005;有关当代非洲的情况可参阅 Reno(2002)]。参战者将冲突看作维持生活的来源，因此他们更关注如何保护并拓展其掠夺的能力，而不是去寻找解决彼此分歧的政治方案。在2.5.5节，我会简单谈论一下支持这些国内战争和跨境战争的资源问题，主要想表达的意思是，这些资源刺激了国家精英(实际的或潜在的)走上战争之路去寻求收入，也就是说这些资源带来了"新战争"，但并没有给收入谈判创造有利条件，摧毁而不是建构了国家。

2.5.2　国家机构的规模及其复杂性

在欧洲历史上，军事上很成功的国家接下来又进行了深度的民用化(civilianised)：他们构建了大量的民众组织机构以及民用的福利项目；受组织化民众利益的影响而更多地向民主政治倾斜;开始汲取与使用更大份额的国民收入(Tilly,1992:206)。至少在组织形式上,这种复杂的、平民化的、高支出的政府成为世界性的标准范式。从财政角度来看,这要比欧洲现代初期的国家更为复杂。常规的财政事务由政府官僚系统中的专业人士来管理(Schick,2002),对普通公民而言无法直接明了一些公共财政的细节。我们可以肯定这影响了国家与社会关系的类型以及潜在的收入谈判,影响大小主要取决于各种具体情形,我在此列出了在总体进程中潜在的三个重要方面。

1. 至此,自由民主国家的财政机构至少在形式和规范上变得非常普遍。在当代很多国家,如果政府不宣布年度收入或开支预算并提交给立法机构审核通过,或组织一些准独立监督机制来监管这些资金是如何开支的,那么就需要对此做出解释。对有关税收问题及纳税人集体行动问题展开公共谈论,就有了强大的动力。

2. 由于当代政府筹集税收已有好长历史,它们往往拥有一个过分复杂的税收管理体制,其特点是税种多变、税率复杂、优惠过多、立法或估税过程模糊不清。税收制度自身会影响纳税人参与集体行动的可能性,尽管影响方式并不确定。[①] 例如,对明显不同的税基课税,或许会导致一个纳税人集团(比如公司)与另一个纳税人集团(比如缴纳个人所得税时的个人)之间的政治冲突。或者,带有明显免税性质的复杂的税收体制会使纳税人忽视集体行动,而依靠个人策略解决他们的问题,不管这种策略是通过贿赂或聘用税收专家。[②] 还有,也许可以设计出一个复杂的财税体制(尤其是政府的财政权力被宪法和法律严重束缚的体制),以便糊弄纳税人使其在政治上陷入消极状态,并使政治家们受益。拉丁美洲以实行累退税制度而著称,主要税收是落在穷人身上的间接税(销售税和消费税)。财产和所得(尤其是个人的而非公司的财产与所得)很少真正被纳入直接税的范围,尽管大量历史记载表明大众及左翼分子曾为此进行了政治动员。要了解中美洲累退的税收体系及其政治原因,可参阅拜斯特(Best,1976)所著一书。由于在政治选举及立法机构中人数占劣势,拉

---

① 在这里暗含的分析框架是以政体(polity)为中心的,对公共政策舞台、公共项目及实施机构的性质的观察,帮助塑造了民众参与政治的方式(Skocpol 1992:47—60)。

② 有关这一观点,我要感谢约翰·托伊(John Toye)。如果这一点是正确的话,那么在过去二十多年,很多国家如此进行的税制简化工作,应该能够增加纳税人集体行动的机会(参阅本书第十章)。

丁美洲的政治精英们无法在原则上阻止公共开支的增长也无法抵制针对所得和财产征税,于是他们利用自己的影响力去创造一个充满法律与政治障碍的税制体系,去阻碍对财产和所得的真正征税措施(Mahon,2004:10)。

3. 或许,最为重要的是,当代各个国家常规性地将更多资金花在那些没有战争那么紧迫的活动上,如大众教育、医疗、养老金、孩子津贴、失业金、工作培训和残疾人补助等。正如 2.2 节蒂蒙斯(2005)在对有关财政行为进行契约解释时显示出的,当代政府往往会与公民就公共开支模式进行协商,这种协商一点也不比筹集收入时少。事实上,只要在哪里有民众不是用税收为国家提供资金,哪里财政支出就会主导整个财政政治进程(Moore,2004b)。当然,财政支出在多大程度淡化、分解还是强化纳税人的政治组织以纳税人身份行事,要取决于具体的情境。

2.5.3 制度与政府的预期存续时间

收入谈判意味着,政府要将有限的政治和组织资源投入长期的制度改革项目中去。它会带来一种政治风险,即牺牲了一些权力(很可能给了那些潜在的直接竞争者)却获得不确定的回报。很有可能的是,等到他以额外税收的形式获得政治投资的回报时,竞争对手已上台。从这个角度来看,有可能形成这样一种局面:一旦政府缺乏安全感,如果其有其他的税收来源,就不会(a)筹集税收,或(b)参与到税收谈判中来(Levi,1999a:115)。在当代发展中国家,很多政府都没有安全感,统治阶层的更替比欧洲历史上更加频繁。[①] 这将如何

---

① 我们无法直接衡量统治精英的安全感。我们可以衡量统治者、国家体制和政府变更的频率,尽管要限制进行跨政体类型的直接对比。然而,与历史上的欧洲相比,有关数据的确清晰地表明当代发展中国家统治者更替的频率很高。在欧洲历史上,三大政体——法国、英国和瑞典——在1500～1800年,在相似的国界范围持续存在。在这整个时期,他们几乎都是君主政体。一般而言,每隔17.5年会换一次君主(或短期替代型统治者,如在伦敦的护国公)。(如果我们详细考察在法国1793～1795年和英国1649～1653年这些政治不稳定时期统治者的更替,会发现平均16年换一次)。在当代发展中国家,我们可以得到的类似数据就是在"第四政体"数据库中描述的国家体制的改变频率。国家体制的改变带来政府体系的改变,至少在原则上,要比君主的更替更激进。从传统意义上讲,稳定的政体可以允许政府的频繁变更。例如,自从1947年开始,印度的国家体制就一直没有变过,但全国政府在新德里不断地变换。但根据"第四政体"的报告,在1960～2004年这段时期,123个发展中国家,平均每12.3年就会有一次国家体制的变化。我们再来看看16个能连续保持民主的政体的变化频率[根据自由之家(Freedom House)]的定义,所谓民主就是一个执政党能被另一个执政党轮替)。在这里需要有一点主观判断,因为政党标签会有变化。我们9年的数据只能说接近现实,但足以证明我们的基本结论:在当今发展中国家统治者的变更比历史上的欧洲更加频繁(我要感谢 Nardia Simpson 所做的这些计算)。

影响收入谈判的范围?

在分析了很多最新跨国数据之后,朱克曼、埃德华兹、塔贝利尼(1992)和福韦勒—阿玛尔(1999)对下面论点的变体进行了检验,即政治上的不稳定使得政府不愿意征税。朱克曼、埃德华兹、塔贝利尼发现,政治的不稳定和铸币税(即通货膨胀税)密切相关。福韦勒—阿玛尔的研究表明,政治的不稳定性和总体的较低税收水平相关。这也许表明,政府向民主转变将会减少对税收的攫取。然而,柴巴希(1998)发现,在征税方面,当代民主政体与非民主政体一样有效率。这并不矛盾。民主体制提高了统治精英下台的可能性,但同时也增加了他们下台后能在未来重新上台的可能性。总体来说,我们并没有理由相信,当代政府相对较高的下台可能性会不利于收入谈判的产生。

2.5.4 经济"现代化"

与历史上欧洲各国的经济相比,当代发展中国家的经济很可能有如下独特的地方:(a)经济结构和企业更正规化、更官僚化;(b)流动性经济资产的作用更突出;(c)商业和资本主义经济关系更普遍;(d)经济和金融机构更国际化。再一次要说的是,这些不同很可能在推动收入谈判的动力和时机上具有不同的和矛盾的意义。在此,我仅仅列出一些最有可能的因果关系。

正如我在2.5.3节所谈,一个组织得更为正式的现代经济体在技术上更容易被征税,因为大型企业往往会有书面和电子记录。然而,流动性经济资产重要性的提升——从最初的工业和服务业到现在的"知识经济(其价值根植于具有高技术的专业人士以及网络型组织结构)"——将会提高政府强制征税的成本,因为可征税资产很可能会被移至其他管辖区。二者能进行良好结合的话,就会增强政府和公民进行收入谈判的动力;若不能的话,就会产生相当模糊的结果。

我们可以将资本主义定义为一种体系,在该体系中,人们的动力是将经济剩余再次投资于新的生产活动。资本主义生产关系的扩展促使政府和资本控制者之间进行间接的策略性互动,而非直接的、公开的收入谈判。资本主义——尤其是对跨境资本流动没有有效限制的全球化资本主义——扩大了资本控制者对过分急切的征税者的"惩罚"范围,而无需面对彼此有效协调或达

第二章 强制与契约:对于税收和国家治理的两种竞争性诠释

成集体行动的问题。在当代市场经济条件下,资本拥有者不需要组织或协调行动以施加影响——尽管他们经常这样做。在很大程度上,他们依赖于这样一个事实,即尽管没有协调行为,在应对同一状况时他们也会有一致的反应。如果政府突然增加税率——或者做了资本家不喜欢的事情,那么大多数资本家可以依赖这一点,即绝大多数其他资本家做出应对方案,就像我们在 5.3 节谈到的一些"流动性"方式的组合:减少生产性投资或将资本移出国外。这样一来,经济活跃度、就业率和税收收入都会锐减,政府因此要付出政治代价①。正是通过这种机制,资本家可以在不直接参与政治活动的情况下"约束"当代政府(Winters,1996)。仅仅纳税人自身并没有这样的半自动化的影响力,单凭集体性地控制着关键的资金资源还不够。如果要行使权力,纳税人需要对如何运用这些资源的方式进行协调。

国际资本的流动能增强资本控制者在和全国政府谈判时的优势,同样地,金融关系和机构的全球化也给政府带来更多机会来寻求贷款,这又减少了政府对本国纳税人暨金融家的直接依赖。但从长远来看——除非这些"贷款"是变相补贴——除非政府有足够的收入基础,否则他们就无法进行合算的贷款。纳税人很重要,但是,如果它们能在国际市场上借贷,政府就在一定的范围内独立于纳税人。这种相对独立的获得,主要通过利用政府特有的信息和复杂的财务计算技巧。与此同时,不可避免地也值得做的是,政府需要加强对一些经济和金融政策的敏感性。② 相反,政府相对于国内纳税人而获得更多的议价能力,也许是以对国际货币基金组织(IMF)的依赖为代价的。很多贫穷国家的政府需要得到国际货币基金组织的批准才能得到在国际市场上合理的贷款条款。在有些情况下,国际货币基金组织承担了人们认为的议会中的纳税人的历史角色:"人们认为货币基金组织扮演着上议院或拨款委员会的角色,它们'代表着'拉丁美洲纳税人,与此同时还拥有设计税收法律的足够的专业知识并具有十足的权力拒绝给行政部门关键的资源"(Mahon,2004:26)。马洪接着指出,作为债权人代表,国际货币基金组织非常希望一国拥有健全的税

---

① 代价大小取决于资本和资本家被锁定在该活动的程度。比如在采矿和自然资源开采业,或在那些主要依靠跟政府有政治联系的企业,资本和资本家如果不付出巨大的长期代价,就无法轻而易举脱身。
② 在此非常感谢詹姆斯·马洪为我提供了相关的详细数据资料。

053

收体制,这样贷款才能得到偿还。然而,如果债券持有人的利益和纳税人的利益有冲突时,他们会偏向债券持有人(Mahon,2004:26),以至于有时为了达到迫切的收入目标而不得不"压榨"贫穷国家的纳税人(参阅本书第十章)。

由此看来,尤其是最近经济全球化发展的二十多年来,正是这种相互冲突的压力合起来让很多政府参与到弱形式的收入谈判中来:改革税收体制以使其有利于大型企业,而不是在选举和立法领域公开地与纳税人重新协商(参阅本书第十章)。①

2.5.5 大规模经济租金的出现

如果统治者能大量依靠其他收入来源而不依靠一般性税收,那么税收谈判就不可能发生。从整个历史长河来看,非税收入曾经非常普遍。在许多强大的欧洲国家,在不远的历史上,用来替代与资产阶级进行税收谈判的主要路径是发展国有企业和运用"自己的收入"。在19世纪,一些主要的欧洲大陆国家,尤其是普鲁士和奥地利,开始发展国有资产(主要是铁路、邮局和矿产等),以作为主要的收入来源(Ferguson,2001:57—58;Mann,1993:381—388)。在本质上,这与20世纪中央计划经济国家所采用的国家财政策略区别不大。在这些计划经济国家,国家收入主要来自大多数经营性资产和企业的盈余积累,税收管理机构非常薄弱。只要政府能排除竞争者提供相同的服务并给管理资产和筹集收入的行为提供组织能力,那么依靠"自己的收入"的策略就可以非常成功。在现代资本主义经济国家,这只有在例外的情况下,才有可能发生。②在当代大多数贫穷国家,国有企业更多的是消耗国家资产而不能提供国家收入来源。

在当代很多贫困发展中国家,政府依靠大量的非税收入,其方式是以自然资源获取租金的形式获得非勤劳性国家收入[关于勤劳性和非勤劳性(earned and unearned)国家收入的概念,请参阅 Moore(1998)]。在历史上,这种情况

---

① 在很多较小的发展中国家,私人商业结构往往会鼓励这种行为。它由一小部分大型公司(经常是跨国公司)所主导,这些大型公司占据大部分可税经济活动并提供大量的(直接税)税收收入。例如,最新数据表明,在秘鲁政府的税收收入中,超过40%销售税来自54家纳税单位(Mostajo,2004:4)。

② 以新加坡为例,政府主要依靠资产开发和垄断营利性的港口、机场和交通服务等获得收入。

第二章　强制与契约：对于税收和国家治理的两种竞争性诠释

比较少见。它起源于当今世界经济两大结构性特征的相互作用：贫穷国家与富裕国家之间收入的严重不平等（Maddison，2001：126）；经济全球化过程——尤其国际运输与通信成本的降低——使得贫困国家通过向世界上其他国家的高收入市场上提供一些稀有产品而获得大量收入，这些产品主要是石油、天然气、钻石和大量的矿产资源。① 由于这些商品非常稀有且价值昂贵，那些控制其生产和出口的人会逐渐累积大量的资金（超额利润）。在20世纪90年代，当国际石油及天然气价格低于新世纪初期的时候，自然资源租金占据里海盆地和中东国家大约1/5的国民生产总值，占撒哈拉以南非洲地区的7%～8%②。政府可以用政治权力征走这些资金，而生产者还是有足够的利润继续开采钻探。③ 这些租金对政府非常具有诱惑力，尤其是在一些贫困国家更是如此。政府控制大多数租金丰厚的自然资源，但政府到底因此累积了多少财富，我们无从知晓。这是因为，政府所收款项具有机密性；政府的账户是秘密的而且往往具有误导性，国家石油和天然气公司常常是秘密的"国中国"（Winters，1996）。然而，我们的确知道，至少在贫困国家，政府会区别对待自然资源企业和资本主义企业，成功地获取高比例租金。

虽然对于以自然资源租金为财政收入怎么影响政体仍有争议，但已经清楚的是，这样的影响是广泛的。可以发现，大量的跨国数据表明自然资源租金会伴随着一系列问题，如高度威权统治、民主程度不高、法律意识不强等。④

当代众多贫困国家可以通过发展援助和军事援助而获得**战略租金**，这在历史上并无先例，至少就当代贫困国家所获得的战略租金水平而言确实如此，

---

① 能够长期获得大量的自然资源租金，这是最近才出现的一个现象，可以追溯到20世纪70年代早期国际石油价格的快速增长。
② 这些数据来源于世界银行对自然资源价值租金的估计（Hamilton and Clemens，1999）。
③ 租金是指在产品销售价值中除去生产和销售成本（包括"正常"利润）后剩下的部分。在一些自然资源开采活动中，租金有时很高。比如，你也许只需花几美元就可从沙漠底下获得一桶石油，而这点成本只占石油售价很小的一部分，扣除这点成本剩下的就是租金。
④ 特别请参阅 Esanov，Raiser and Suiter（2001），Fearon and Laitin（2003），Jensen and Wantchekoh(2004)，以及罗希(2001)等人的研究。请注意在这些研究中，自变量是有关矿产资源生产或出口的数量，也是国民收入或出口的一部分。总体而言，将矿产资源租金看作总体收入的一部分是可取的。读者若对从统计分析中推断因果关系不娴熟，可以选择读Winters(1996)的描述，看看在印度尼西亚，"新秩序"（New Order）下政府可获得石油租金这样的变化是如何影响政府治理的性质的。也有一些研究表明以税收形式获取部分自然资源收入产生的影响，结论是税收努力会松懈（比如，Cheibub，1998：363；Stotsky and Wolde Mariam，1997）。然而，他们还是很难解释，政府通过各种方式（要么明显，要么隐蔽）获取矿产租金（包括税收和非税收渠道）（Cheibub，1998：359—360）。跨国样本数据的精确性，仍有问题，请参阅马洪（2005）。

055

因为有的政府的一多半收入都来自于此。我们能够知道这些资金流的大小，因为至少在援助方这里记录在案。我们完全有理由相信，他们对政体的破坏比自然资源租金的破坏要小。撇开全球性或地方性大国"收买"地方性政府并对其统治这种情况（这种情况正变得越来越少了），援助者们往往对邪恶的或压制性的政权并不那么慷慨大方。然而，大量援助金的流入——很多贫困国家政府主要靠援助资金度日（Moore，1998）——的确减少了税收谈判的必要性。我们无法直接测量但可估计一些相关值。在一段时间后，高援助水平既减少了总的税收收入（Bräutigam and Knack，2004；Remmer，2004），也影响了政府机构的质量（Bräutigam and Knack，2004；Knack，2001）。有关巨额资金援助所带来的影响的最新文献，请参阅莫斯、彼得森和范德瓦尔（Moss、Petterson and van de Walle，2006）。

总体而言，很多当代发展中国家政府部门能够获得大量的非税收收入，这在历史上并不多见。这使得这些国家的政府不再依靠当地的纳税人，尤其在有大量自然资源租金的情况下。而这往往会对其政体产生诸多有害的影响[1]，最为直接的影响就是减少了与潜在纳税人进行收入谈判的必要性。

2.6 结论

本章主要讨论了两个相关的问题。第一个问题多少涉及强制性税收或契约式税收的不同背景，情况还不错，我们发现最具有强制性的税收环境现在变得越来越不多见了。从更广泛的历史视角来看，强制性税收很可能出现在统治精英不受其民众限制的情况下，此时他们没有必要去寻找更广泛的支持；这些国家往往经济落后，往往是农业的且自给自足的经济形式；控制主要税源的潜在纳税人，在面临相对于国家服务水平而显得过高的税收时，不能通过可信的"退出"手段威胁国家（如搬迁它地或减少经济活动水平等）。如果集中关注当代世界的话，那我们会发现强制性税收与贫困农业环境中低资源、低水平管

---

[1] 关于高自然资源租金与政治不良后果之间的因果关系，仍然存在很多争议。我相信，主要的因果关系在于，高租金会强烈诱惑国家精英去控制这些资源并加以军事化，以及用来收买潜在对手，并排除那些有显著政治影响力的国内行动者，因为他们害怕其他竞争者会利用武力夺取并控制国家政权，从而获得那些资金。

第二章 强制与契约：对于税收和国家治理的两种竞争性诠释

理的政府密切相关。①

我的第二个问题更多的是以行动为导向的。当代很多政府的财政收入主要依靠自然资源或发展援助而不是依靠广泛的税收，我们关注它对政府治理质量的影响，我们这样做是否正确？如果得不到这些租金，我们是否可在当代贫困国家找得到有益于治理质量的税收谈判方法（像欧洲历史上采取的那样）？通过结合当代案例和历史材料、分析当代国内外数据②，并应用演绎式逻辑推理，我们发现对这些问题有积极的答案，并且为契约观念找到了很多理论支撑，即国家与社会团体之间围绕财政问题进行谈判可以型塑政体。然而，这种谈判的程度和特点受到各种各样的经济和政体结构特征的影响，也受到历史和政治上偶然因素的影响。现代国家要比欧洲现代化初期时的国家规模更大、体制更为复杂，而且，现代国家的经济往往更加国际化、一体化。在很多情况下，与17世纪时期英国的收入谈判相比，当代收入谈判方式更加多元化，形式更具隐蔽性。

---

① 在很多更为贫困的国家中，对一些高级的、城市的和正式的部门进行征税也存在很大的强制性因素，尤其在那些政府缺乏动机与能力进行广泛征税的国家，税收管理部门主要关注少数几个大型的正规企业。在这种状况下，强制性税收与政府的严重腐败程度密切相关：纳税人直接贿赂征税人；为减少强加于个别企业或经济部门的税收负担，对政府进行腐败性的游说。尽管这些行为对政府治理有一定的破坏性，但其破坏文明或人权的程度却没有乌干达非正式民兵队员那样恶劣，他们在乡村拦截公交查验缴纳人头税的收据，对无正确收据又不能当场掏钱的穷人就紧扼他们的喉咙。

② Gervasdni(2006)研究了阿根廷各个省份最新的政治历史，这些省份主要依靠中央政府的转移支付，在少数几个例子中，地方政府的收入也会来自石油开采业。他发现，那些主要依靠对公民实施广泛征税的省份在其历史上民主化程度更高；那些可以从中央或石油收入中得到财政支持的省份，当地政治领导人能更有效地收买或抑制民主反对派的竞争。霍夫曼和吉布森(2006)对坦桑尼亚各个区政府做了对比研究，在那里地方性征税往往具有很强的强制性。在那些经济流动性潜力最大的地方，逃离地方性强制税收的可能性也最大，因此，地方政府会花费更多的财政收入为公民提供各类服务，而将更少的钱花在自己身上。

第三章 转轨国家[①]：
国家能力、社会同意与税收筹集

杰拉尔德·M. 伊斯特尔(Gerald M. Easter)

3.1 导论

本章从税收筹集的角度来研究中东欧剧变后转轨国家的国家构建问题，我主要尝试着对中东欧剧变后各国与原苏联各加盟国之间不同的结果进行解释。尽管两个地区的国家有着相似的起点，但最后却走上了不同的发展路径。与原苏联相比，中东欧国家在政治决策时更为民主，在发展有效的管理能力和赢得社会赞同方面进步也更大。在本文中，我集中探讨这些国家在早期转型时期为了应对财政和政治危机而形成的收入谈判，以此尝试着解释为了建立新的税收体制而进行的政治斗争是如何带来这些不同结果的。在这些转轨国家，收入谈判对于国家能力、民众认同的发展产生了深远影响。波兰和俄罗斯的经验表明，在这些国家进行国家构建时，中东欧国家和原苏联各加盟国踏上了完全不同的发展路径。我区分出构建新的税收体制时有三个连续的过程：作为所建新税收体制一部分的收入谈判；收入谈判对国家税收能力的影响；为进行税收改革而最后重塑收入谈判。在本章的最后，我简单总结了在这些转轨国家，收入谈判和税收筹集所具有的重要的政治意义。

[①] 转轨国家书中原文为"Post-Communist"，也有人译为"后共产主义国家""前社会主义国家"，是指东欧剧变、苏联解体后形成的国家和东欧国家，马克思主义观中"共产主义社会"是没有国家机器的，这里统一译为"转轨国家"。——译者注

3.2 税收筹集与转轨国家的构建

与其他地方的国家构建经验不同,中东欧转轨国家从旧制度中继承了诸多跟社会相关的权力资源,如强制的、经济的、官僚—法制的等。因此,中东欧转轨国家的构建,要在国家与社会间、国家内部之间进行权力的重新分配。① 这更多是一种国家重构问题,而非传统意义上的国家形成问题。② 在这一过程中的冲突,更多的是国家与社会的行动者不断地竞争旧制度中的权力资源,它最终带来的是权力资源在新的政治形态中的重新整合。

我们可以观察到在这些地区中,尤其在中东欧国家和原苏联各加盟国家之间,国家构建有不同的结果。③ 在中东欧国家中,这些转轨国家发展出了对政治权力的内外制约机制,内部主要是通过机构之间的制衡(institutional checks and balances),而外部主要通过法律机制来保护社会免遭国家压迫。相形之下,原苏联地区的转轨国家在政治权力的约束机制相对薄弱,其典型特征是行政部门强大、法律制度不健全,这使社会更容易受到政治的掠夺。伊斯特尔(1997:184—211)和塔拉斯(Taras,1997)在其著作中强调,在中东欧国家和原苏联国家之间,由于强大的行政部门所受约束轻微,从而对政治发展趋势造成了不同的影响。在中东欧国家,原来的权力资源已得到驯化(tamed),强制资源(coercive resources)已被非政治化(depoliticized)并服从于机构间的制约,而经济资源也被转为受到法律保护的私人资产。在原苏联地区,转轨国家机器仍可以获得并利用强制资源以服务于政治。有一些经济资源已被转化为私人资产,但最有价值的资产则通过特许的方式加以运用(economic concessions),国家并没有放弃其中的权利。总之,就国家建构能力和社会同意而

---

① (Coltonand and Homes,2006)在他们的著作中,强调了转轨国家在重构建时不同于其他国家的特征。与转轨国家相反,西欧与后殖民地国家在构建时的经验是国家权力较弱,国家试图从社会行动者手中获得更多的权力资源(可分别参阅 Tilly 1975 以及 Migdal 1988)。

② 有关转轨国家重组体的体制特征,尤其是经济转型问题,在斯塔克和布鲁斯特(Stark and Bruszt,1998)的著作中有详细描述。

③ 中东欧国家有波兰、匈牙利、捷克共和国和斯洛伐克,原苏联加盟国家有俄罗斯、乌克兰、白俄罗斯、亚美尼亚、格鲁吉亚、阿塞拜疆和一些中亚国家。波罗的海边上几个转轨国家尽管也是原苏联的一部分,但它们的发展路径与中东欧国家的非常相似。虽然属于饱受战争之苦的巴尔干半岛国家,但斯洛文尼亚的发展也和中东欧国家的发展类似。

言,中东欧国家要比原苏联各加盟国更为成功。

在20世纪90年代前期,中东欧转轨国家的建构路径并未显出明显的差异。在最初的过渡阶段里,政治权力仍处于流动状态中,权力资源有必要凝固为新的政治安排。中东欧国家和原苏联各加盟国在渐进性和竞争性过程中获得了不同路径的发展。税收征筹集冲突发生的一个平台,帮助形成了制度变革的不同模式。计划经济(command economy)的解体以及转型经济的出现带来了财政的危机,中东欧转轨国家也因此遭遇到种种的问题(如巨额债务、愈发严重的财政赤字以及逐渐减少的收入来源)。为了避免财政危机,这些国家的领导者不得不寻找、索取并筹集新的收入来源。

建立新税制是中东欧转轨国家构建的主要任务之一,但这些国家受到传统经济结构局限性的影响。首先,他们受限于狭窄的收入基础。这是因为,在设计计划经济时就有意识地让中央计划者能够轻松地通过工业复合体网络获得或重新分配收入,这样国家就依靠一小部分大型企业获得收入。如此狭窄的收入基础对中东欧转轨国家的建构者限制极大,它们不得不从转型经济中培育新的收入来源。这一限制再加上新政府管理能力的不成熟,使其遭遇巨大的挑战。计划经济中的税收管理其实只是附属于中央计划管理的簿记工作,税收管理者只熟悉大型企业的经济活动,而对其他企业活动知之甚少。在转型经济时期,它们需要一定的时间来开发资源,并培养监控经济交易并从事征税的专业人士。

新税收体制的建立也受到社会主义政体解体所带来的政治局限性的影响。政体解体,在不同的地区路径也不相同。在中东欧国家,社会抗议运动帮助反对派精英获得了政权,对于转型的基本方向,他们保持着精英的共识,并努力打破国家过去对权力资源的垄断。至于国家机器,他们继承了下来,并未予以打碎。在原苏联各加盟国,有两种不同的政权解体方式。在斯拉夫国家,反对派精英和旧政权精英在解体阶段未能分享权力,到转型阶段就分解为相互竞争的派系,旧政权的很多精英努力攫取旧政权的权力资源,这样做又导致了国家机器的碎片化;在中亚国家,旧政体精英们没有遇到任何挑战就成功度过了解体阶段。在经历了最初的政体不稳定后,中东欧国家的反对派精英们构建了议会制或复合体制,相反在原苏联各加盟国,旧政权精英们更喜欢强有力的总统制。

在中东欧转轨国家,这些结构上的和政治上的状况各不相同,并成为这些国家的构建者在建立新税制时的限制性因素。新税制是从先进工业化的市场经济国家借鉴而来的,但是先进国家的这些税制是渐进发展而来的,在长时期内经受了各种挑战,因此不能简单地搬用到转型经济中来。这些国家发出的收入新要求激起了各种抵制,并产生政治冲突和财政危机。其结果是,在中东欧转轨国家,国家和社会之间开始进行收入谈判。在转型的初期,这些收入谈判不仅促进了政治和平,并为国家提供了收入的途径,而且帮助塑造了转轨国家的构建进程。

本章的内容是比较中东欧转轨国家中的波兰和俄罗斯在构建新税制过程的经验。波兰和俄罗斯是中东欧剧变与苏联解体后两类国家的两个代表,它们在国家构建中经历了不同的路径。二者开始国家构建的起点相似,但不同的税基和种种政治因素带来了两国完全不同的收入谈判状况。首先,两国新的领导人都继承了僵化的计划经济的体制结构及快速恶化的国家财政体制。由于政权转型时期提供的窗口机会(a window of opportunity),两国领导人都能够进行根本的经济政策改革,以促进私人经济活动的快速发展。相形之下,在税基方面,波兰缺乏能产生大量收入的重要企业,虽然已有一些现成的和发展中的小型私人企业,而俄罗斯缺乏发达的小型私人企业,但在能源、冶金和商品出口等领域实实在在地拥有一些利润颇丰的收入来源。

这两个国家在早期转型阶段的政治状况相当不同。在波兰,国家建构的过程由反对派精英领导。这些反对派精英在当初的抗议政治活动中获得了力量,并成功地取得了政治权力。他们致力于为民主政体和市场经济奠定基础,并受到想加入欧盟这一愿望的推动。尽管存在冲突,但波兰的转型仍受益于精英们在政治与经济总体变革方向上达成的共识。在波兰转型初期,政治制度不稳定,抗议政治仍然是权力资源。相反,在俄罗斯,国家构建伴随着旷日持久的精英内部冲突与两极分化,他们对转型的方向争议不休。另外,由于新旧精英们在社会主义国家时期都抓到了权力资源,在旧政体解体之际国家机器变得碎片化,不像在波兰,俄罗斯政权解体的主要因素并非集体行动和抗议政治,而是旧政权精英的背叛。

3.3 波兰的收入谈判与税收体制政治学

建立新税制的第一步就是制定税法。税法体现了转轨国家全新的收入要求，它要求建设发现税源并汲取税收的管理能力。在转型经济中，可以发现以下几种潜在的收入来源：原公共部门中的国营企业、前国有企业中已私有化的部分、新出现的大多为中小企业的私人部门、家庭及个人。这些不同的经济主体，有他们自己的税收政策偏好。在波兰和俄罗斯，新税法是由一些热衷于资本主义市场经济的年轻经济学家们设计的。在转型初期，有很短一段时间，他们没有受到政治的压力。但是新创的税法不可避免地给了一些人权利而给另一些人负担，于是国家财政很快就成为政治冲突的主要舞台之一。

当波兰和俄罗斯尝试推行其新的税制时，遭遇到纳税人的抵抗。转轨国家的财政规划师要在以下两个方面取得平衡：一方面迫切需要避免财政的崩溃，另一方面要实现扩大税基的终极目标。这两个国家在转型的初期，都受到了重重政治危机的折磨，在其中汲取税收是造成危机的突出原因，而到最后都做出了妥协。实际上，为了换取政治和平并确保能获得经济资源，波兰和俄罗斯不得不精心安排了收入谈判。然而，收入谈判状况在这两个国家又相当不同。

在 1989 年晚些时候，波兰新的团结工会政府实施了一系列激进的改革，旨在打破计划经济并为市场经济资本主义奠定基础。财政部长勒茨克·巴塞罗维茨（Leszek Balcerowicz）是经济改革的总设计师。作为自由市场的坚定支持者，他倡导"休克疗法"，希望通过快速而全面的结构改革迅速将经济推向资本主义。然而，这一政策使已处于危急关头的财政状况加速恶化。[①] 他的改革目标是摧毁国家管理的工业部门，而这又是税收收入的主要来源。此时，国家正从社会主义政体的权力中渐渐撤退，利用这一政治机会，新政府推行了一套紧急的财政措施：大幅裁减公共开支、冻结政府投资、贬值货币，想方设法减免外国债务。但这还远远不够，因为需要新的税制来弥补预料之中的来自国有企业的收入的减少。

[①] 有关市场经济改革过程中固有的"财政陷阱"对转轨国家的影响，请参阅 Kornai(1995)。

第三章　转轨国家：国家能力、社会同意与税收筹集

在经济转型的第一年，波兰的国家收入下降了接近25%，预算赤字几乎翻倍[①]。新的税法是逐渐颁布的：公司所得税（CIT）法（1988）、个人所得税（PIT）法（1991）、增值税（VAT）法（1993）。新税法的基本条款，主要借鉴自西欧；而在西欧，税制历经了近几个世纪的发展。在新税法中，那些旧体制的税基无法轻易地提供可供利用的收入来源。因此，在剧变后的波兰，财政设计师面临着寻找新收入来源的挑战。税收管理机构能力的薄弱，无疑使这一任务更为复杂。此时的税收管理机构，缺乏有效的机制来监控家庭收入或追踪新兴私有企业的交易记录。

设计新税制的目的，就是鼓励企业家积极从事经济活动并将税负转嫁给在公共部门工作的个人家庭（the households of public sector workers）。政府力求培育私人部门，使其最终能提供广泛的收入来源。这就需要为企业家提供税收方面的激励，以便其创建中小规模的企业（SMEs）。[②] 在转型阶段，刚刚成立的中小企业免缴公司所得税，同时，这一政策也包括对公有企业的惩罚性税收，特别是，在公有企业的工人中，实行超额工资税（excess wage tax），就是说向那些工资超过政府规定上限的工人征税。超额工资税的最高边际税率确定在500%，其主要目的是抑制通货膨胀压力，并推动公有企业员工向私营部门流动（Tait and Erbas，1997）。

截止到1992年，私人企业创造了将近350万个工作机会。然而，新税制在数百万仍工作于国家部门的员工中挑起了冲突。与新兴的私人企业不同，税收管理部门对国有企业非常熟悉。超额工资税在国有企业得以广泛实施，不久便成为一项重要的收入来源。在1991年，政府收入中超过20%来自超额工资税（Easter，2002：619，表3）。但是工资税好像并不公平，因此遭到公有部门员工的强烈反对，他们动员起来表达抗议。他们加入到抗议政治中，反对政府的总体经济政策，并特别地反对超额工资税。由于缺乏可行的问责机制，公共部门的员工再次采用集体行动这一权力资源来表达不满情绪。他们举行集会，提出请愿并实行罢工。波兰最大的工会组织还组织了一场全国范围的

[①] Rosati（1998：146，表4.1）。在1991年，预算赤字占国内生产总值的3.8%，而在1992年，占国内生产总值的6%。

[②] 基于员工人数，可将中小企业分为三类：微型企业（1~10名员工）；小型企业（11~49名员工）；中型企业（50~249名员工）。

抗议活动，以反对超额工资税（Ekiert and Kubik，2001：118；Slay，1994：157，158）。

抗议政治的回归威胁到波兰转型时期脆弱的民主政体，增加了不稳定因素。政府推进市场经济改革的雄心壮志，将团结工会运动分裂为右翼和左翼两个政治集团。1990年的选举将瓦文萨（Lech Walesa）推上了总统宝座，他以前是团结工会斗士，现在却批评支持市场经济的政府。在1991年的议会选举中，从共产党分离出来的人和反对运动参加者组成了一个政治上分裂的立法机构，总统和议会之间就制度上划分权力展开了争斗，但这一冲突很快就通过协商予以解决。在协商中，波兰的政治精英在政治转型的一些重要方面，展现出了达成共识的能力。在1992年，"小宪法"（Little Constitution）设立了一项复合制度，规定议会控制政府，总统则享有明定的制约权力。最终，在1993年的议会选举中，社会民主联盟上台执政。

新上任的左倾政府面临的挑战是，他们需要建立一套在财政上和政治上可行的税制。在选举运动中，他们公开反对超额工资税。现在一旦上台，社会民主党人希望能迅速行动以安抚工人对歧视性税收政策的不满情绪，但他们还又因财政上的必要性而不得不维持对家庭收入的征税，其结果是国家和劳动者之间不得不展开收入谈判。谈判成功地分化了加入抗议政治中的工人，与此同时又使新的收入需求合法化。原来旨在促进私营企业快速发展的税制，不得不加以调整。更显著的是，超额工资税被逐步淘汰了。从1993年开始，利润丰厚的国有企业可以通过协商来豁免部分超额工资税，对那些超过工资上限的公司的惩罚性税收比率从500%降到了300%。另外，对那些工资超过规定标准而缴纳了惩罚性税收的企业，开启了为返还惩罚性税款的谈判进程，尽管这样操作会有损失。在1995年年初，官方决定正式取消国有企业的超额工资税并冲销了大量贷款（OECD，1994：63，64）。但是，此时的政府急需一种收入来源来替代超额工资税。

收入谈判让国家能够通过新的个人所得税（PIT）和社会保障税来获取源自于居民家庭的收入。个人所得税尤其值得注意，因为来自家庭的收入以前并不是很重要的收入来源。在波兰早期政治危机之时，个人所得税就已引入，并在1992年生效。很快地，它就成为国家扩大其收入基础的方式。在个人所得税实行第一年,它提供了 20% 的国家收入,因此被证明是替代超额工资税的合适收入形式。在接下来的一年,也就是 1993 年,个人所得税占到国家收入的 25%。政府还将工人工资按通货膨胀以及因新税收政策而带来的薪酬预期损失进行指数化,以此减轻这些家庭的负担。除了个人所得税,新政府还增加了纳税人个人的社会保障税。

在 20 世纪 90 年代初期,政治方面的限制和财政上的需要共同造就了国家和劳动者之间收入谈判的发展。剧变后国家所面临的财政困境,迫使它去拓宽税收基础,甚至社会民主党政府也承认需要对工人的收入征税。能力薄弱的税收管理者,对国有企业比较熟悉,于是他们主要通过国有企业的员工来获得工人的个人所得税。然而,这一早期对国有企业员工强加的税收负担遭到了集体的抵抗。这样,收入谈判发展起来,在谈判过程中必须为那些工人提供某种切实的东西才能获得他们的同意。

社会民主党政府的策略是,重新分配税收负担,邀请工人进入政策制定过程中来,以及保证一个最基本水平的社会福利。这样一来,国家获得了对家庭收入征税的途径,也确保了政治和平,与此同时国有部门员工也在新兴市场经济环境中得到了保护。国有企业私有化的进程因此减缓[①],对公共部门惩罚性财政措施也被取消。在新财政部长格热戈日·科沃德科(Grzegorz Kolodko)的领导下,社会民主政府为国有企业提供补贴,而不是让其饿死(Kolodko,2000:213,214)。就工资和税收政策,公共部门的工会开始与政府展开临时性的谈判。到了 1994 年,随着"三方委员会(政府、管理方、劳动者)"的成立,这一谈判过程开始正式化。然而,在新的税制中,仍然看得出私有企业家和国有企业员工之间存在着天然的经济利益冲突。

3.4 俄罗斯的收入谈判和税收体制政治学

作为转轨国家的俄罗斯,其财政设计师同样面临财政的危机,尽管这种危机不像波兰那么悲惨。1991 年 12 月苏联解体,与此同时预算赤字上升,通货

[①] OECD(2001:80—83,90)。在 1992 年,国有企业员工占劳动力的 42%;到 1996 年,这一数字变为 38%;20 世纪 90 年代后期,私有化进程步伐再次加快。

膨胀螺旋式增长,税收收入锐减,在这种经济状况下,政府步波兰后尘发起了一场激进的经济改革,包括实行了新的税法。新税法的主要特征有:用增值税来代替对企业征收的营业税;对家庭征收个人所得税;保留对企业利润征税;对商业部门尤其是能源出口企业征收新的货物税等。

新税法的设计宗旨,主要是为了从转型经济中筹集收入。然而,新的国家并无能力将其真正予以实施。与波兰相比,俄罗斯的税收管理机构更加不能有效地监控新兴的私人企业。俄罗斯税收管理机关的建立,来自一个官僚主义的突发奇想。在1991年晚些时候,俄罗斯突然宣布,原苏联财政部的收入办公室从此以后改组为征税机构。由于命令分散、资源紧缺、技能缺乏,原收入办公室的官员无法胜任新的任务。这是因为,他们长期以来主要关注的是计划经济中工业巨头的财务事务。然而现在,领导大笔一挥,这些官员就不得不在新兴的非国家部门去寻找税源、监控交易、筹集收入。

在1992年,俄罗斯财政危机已隐约可见。中央政府的财政收入,以占GDP的比重来衡量,下滑了1/3。为了应对这种状况,国家就想方设法对最熟悉最可靠的收入来源征税,那就是能源部门的大型出口商。于是,新税法对这些公司加重了税收负担。在1989年,营业税和利润税占财政总收入的64%;而到1993年,在经历了第一年的激进改革后,增值税和利润税占了财政总收入60%以上(Nagy,1997:235)。其实,这里没有多大变化。和波兰一样,新的税制渐渐接入税收管理部门熟悉的那些收入来源,它使得俄罗斯政府依赖一批经过选择的大型企业和富有地区来提供财政收入,但这些企业和地区又抵制索取财政收入的要求。于是反过来,俄罗斯国家不得不与这些企业与地方精英进行收入谈判。

不同的政治和经济环境,使俄罗斯的收入谈判与波兰的收入谈判截然不同。俄罗斯的转型,在基本制度设计与转型政策方向等方面,并没有受益于精英的共识。从1992年夏天开始,俄罗斯就陷入政治危机的剧痛之中,其典型特征是:意识形态两极分化、制度陷入僵局。到1993年秋天,叶利钦总统强制性关闭议会并颁布了新宪法,将强制性与经济性权力资源集中在行政部门。不过在行政部门,决策权并不集中,而是分散到总统办公厅、政府各部门和无数的委员会之中。正是这种多元的途径,为特殊利益集团创造了机会,使其可以渗入政策过程以进行个别的谈判(strike individual bargains)。①

尽管新宪法解决了制度性的权力之争,但并没有化解政治精英之间的分裂。在叶利钦任期内精英之间的冲突仍然存在,只不过受到了宪法边界的约束。但是由左翼分子控制的议会,并没有充当忠诚的改革派,而成为反新体制的对手,其主要目的是让总统下台。结果,叶利钦部分地通过慷慨地给予经济特许权(economic concessions)的方式,跟地方的和经济的精英阶层组成联盟。令人意外的是,他不愿意强烈采取强制手段。相反,叶利钦更愿意让那些挑战者加入谈判过程,对中央政府是否放弃索取某些资源进行协商。这样的谈判过程,最终让强大的地方和经济精英得以崛起。在叶利钦统治期,俄罗斯就像由各个互相竞争的政治和经济采邑拼凑而成的中世纪封建国家。

上述这些政治上的局限,塑造了这些国家获取税收的策略,那就是必须进行精英谈判。经济和地区精英因此成功地获得有利于自己的税率让步和其他特权,而游说活动大多在个人层面上进行。要获取税收特权,主要是通过与特定的国家机构代理人进行个别的协商,常常无需取得参与税收政策过程的其他国家机构的同意。在新的国家中,精英谈判可以在政策过程的无数个环节进行,比较方便。政府的主要职责是递交预算并起草税法,而立法部门在审批预算和税收政策时有正式的权力,也有权自己提出关于国家财政的议案。同时,地区政府努力将自己对地方收入的要求整合在一起。精英谈判带来了由特殊偏好交织而成的网络,它最终削弱了国家筹集充足财政收入的努力。

精英谈判策略对税制产生了直接的影响。这样的税制被比作"瑞士干酪",因为它充满各种漏洞(Tanzi,2001:56)。由于可以多途径介入政策制定过程,经过不断的、片段的修改,税制变得无比复杂。截止到1997年,俄罗斯税法包含了近200种不同的税收,再加上1 200条总统令和政府令、3 000条议会法案、4 000条来自各个部门和机构的规章和指令,无比复杂。除此之外,地区政府还给这一税制增加了100多种地方附加税(Tolkushkin,2001:312,313,《圣彼得堡时报》,1997年3月2~8期)。

在纸面上,波兰和俄罗斯的新税制看起来相似;但在实践中,它们根本不

---

① 在他的回忆录中,叶利钦提到在他第一个任期内,经济和税收政策是如何受到"多元权力中心"影响的。

同。波兰由于缺乏丰富的可供利用的收入来源,于是新税制通过促进私有企业的发展以及开发家庭收入的方式,来打破原有狭窄的税基形成的结构限制。新的税法为私营企业主提供激励,对国有企业则进行一定的制裁。这种基于企业的收入策略激起了工人领导的抗议活动的复兴。随着政府的变换,最初的税收谈判不得不向劳动者妥协以满足他们的需求。作为不断收入谈判的结果,波兰能够通过对工人家庭征收个人所得税而扩大了税基。然而在俄罗斯,国家并没打算通过培育新兴的私营企业来扩大税基。相反,得益于自己丰富的自然资源在世界市场上价值颇高,俄罗斯政府将目光投向能源领域的一些大企业。这一做法引发了国家与商业精英、地区精英的冲突,因为他们也想从传统的命令经济中获取这些宝贵的资产。由于政治上的方便与管理能力的薄弱,国家不得不与这些精英行动者进行收入谈判。因此,税收体制主要依赖于这些精英的合作。

3.5　国家能力、社会同意与税收筹集

原中东欧国家和苏联在征税时并不需要有税收遵从策略,相反,它们通过计划经济的行政结构间接地汲取隐性税收。中东欧剧变及苏联解体后,国家将税负公开呈现出来,并将税收义务直接加于纳税人身上。由于受到薄弱的管理能力的困扰,为了满足新的税收要求,这些转轨国家必须培养社会遵从的意识。一般而言,对税收的遵从与三个条件有关:换取公共物品;遵从或逃避的成本;纳税人视情形而给予的同意(Slemrod,1992;Weberley,1991)。当这些条件有利于他们时,纳税人就更可能遵从税收制度。波兰和俄罗斯设计出截然不同的遵从策略,这些策略又反过来直接影响了国家能力的提高与社会同意的发展。1998年这两个国家的新税制接受了考验,当时,世界范围的新兴市场金融危机波及东欧,基于收入谈判的波兰税制,让这个新国家经受住了金融危机的考验;但在俄罗斯,1998年的金融危机则暴露了精英税收谈判所具有的种种弊端。

在波兰,国家与劳动者之间的收入谈判帮助培育了促进税收遵从的一系列条件。波兰成功推行了个人所得税并成功拓宽了其税收基础,从而成功地

获得了新的收入。税收遵从行为在波兰也获得了增强,尤其是在以税收支付来换取政府服务或提高同意的可能性两个方面。

首先,在东欧剧变后,波兰纳税人享受到了持续不断的公共产品与服务的供应。但在一开始,情况并非如此,因为支持市场经济的政府减少了预算开支以淘汰国有部门工作岗位并减少社会补助。由第一届倡导市场经济的政府所确立的税制引起了人们普遍的抗议和不服从,后来的社会民主党政府扭转了这些政策,波兰工人开始以缴税而换取相应的公共产品和服务。社会民主党政府不再强迫公有企业的工人进入私营部门,反而继续投资于国有企业。公共部门也因此可继续为大量的劳动者提供了谋生的方式,其员工可以准时拿到工资,工资也按通货膨胀指数进行了调整。在20世纪90年代后期,公共部门的平均工资超过了私营部门(OECD,2002:33,34)。

与此同时,政府继续向退休人士、失业者和残疾工人提供慷慨的社会救济,退休金和残疾人补助金根据通货膨胀指数进行调整。实际上,在1998年,退休工人拿到的退休金相当于他们工资的67%,而1989年的退休金只有工资的53%。领取养老金的人数从1990年的700万增加到1998年的950万(Lenain and Bartoszuk,2000:3)。上述这些资金主要来自社会保险基金,而社保基金与一般预算分开使用,来源于由个人纳税者缴纳的社会保险费。总而言之,国家有能力在不受剧烈的或长期的干扰条件下维持公共服务,比如交通、医疗和教育等。

其次,税收遵从的实现,依赖于纳税的人的有条件同意(contingent consent)。当支持市场经济的政府对公共部门的工人实行歧视性税收时,这些人就会大规模逃税并进行了抵抗和抗议。但在实施个人所得税时,情况并非如此。超额工资税被看作一种不公平的负担,因为这种税主要针对社会上的特定人群而不具有普遍性。宪法法庭后来同意了这一看法,并命令政府给工人支付所欠工资(OECD,1998:55)。在短时期内,超额工资税导致私有部门和国有部门家庭收入出现巨大差距。相形之下,个人所得税的实施,在所有的经济体中大体平等,也因此没有带来类似于超额工资税实施时的愤慨或抗议。超额工资税的终结,使国有部门的生产效率提高,也使私有部门和公有部门的分配趋于均衡(Kolodko,2000:156—159)。因此,公共部门的工人视个人所得税为一种更合法的税收项目。当然,雇主也会代扣个人所得税和社会保障费,这样就减轻了工人申报收入的责任。同样是这些工人,他们曾经同样有义务缴纳超额工资税,但大多不去做。

最后,政府部门努力地降低了税收遵从的负担。公共部门员工收入提高,工资根据指数调整。尽管个人所得税最高税率达到40%,但只有1%的纳税人适用这一税率。大多数纳税人适用最低一档的税率,在这一档还为家庭进一步设置了个人扣除项目。在高收入的税率档,避税和逃税的情况明显严重,但政府部门并没有施加很多强制手段,这意味着纳税人逃税的风险并不高。

在俄罗斯,培育税收遵从的条件不像在波兰那么有利。俄罗斯国家并没有为税款提供相应的交换物,民众的税收负担不均衡,税收遵从的成本非常高。首先,政府大规模缩减了公共服务和公共产品,而这些长期以来是家庭福利的主要成分。比如,公共医疗水平下降,例如值得注意且警惕的是,新老疾病在扩散,人均寿命在缩短。另外,在20世纪90年代中期,随着预算收入的减少,公共部门员工的工资经常拖欠甚至干脆不支付。困扰20世纪90年代中期公共部门的是,员工经常因工资被拖欠而怠工或罢工,甚至连税收管理机构的员工也因工资未付而罢工。

其次,缺乏可能的有条件同意。在纳税人中广为流传的说法是,别人都在逃税且未被逮住。在新闻媒体和政府官员的报告中经常提到的逃税情况,更加证实了这样的说法。因为不习惯缴税,所以员工个人与雇主串通低报他们的收入。不同的税收管理者竞争性地向同一收入来源征税,这也破坏了税制的公平性。于是税收不遵从的现象在全社会成为常规(Perov,2000:157)。

最后,税收的遵从成本也很高。即使一些新兴的中小企业愿意履行纳税义务,但由于联邦、地区和地方政府都要从相同收入中征收一部分税,因而税收遵从的结果就是企业的财务毁灭。如果报告企业的收入状况的话,就会受到税收官员无休止的审查。税率的总体不确定性以及各政府竞争性的税收要求,使许多公司和地区拒绝向中央政府上缴税款,再加上税收管理部门监控和执行的能力低下,使得侦测并惩罚的威慑力大大减弱。这样一来,税收管理部门只能掌握小公司及家庭扭曲的和不完整的收入状况。大公司又通过在其领土范围内建立地方税收管理部门无法有效监控的分散的"空壳"公司,成功地隐瞒其收入(Aitken,2001)。进一步地,在20世纪90年代初期和中期,国家一直未能实现用强制手段来打击逃税行为的威胁,它高调地从逃税大公司没收资产的做法,最终因征税代理机构(agents)的退让而不得不终止。① 由于缺乏有效的执行手段,新国家的税收要求一直不被人重视。

  从宏观层面的指标比较来看,波兰在新税制下发展国家能力和社会同意等方面更为成功。当然这并不表明波兰就免受逃税和避税的困扰,而是说相对于其他转轨国家,波兰的早期努力更为成功。在俄罗斯,逃税行为在20世纪90年代急剧地增加,隐瞒收入、设法逃税、支付实物而非现金等,成为常态。

  波兰政府在鼓励公民申报个人所得税方面,更为成功。在1992年,波兰就已在1 700万工人中征收个人所得税。第一年,国家从1 000万工人那里收到了的个人所得税申报表;到了1996年,这一数据增加到1 600万。个人所得税就这样成为国家收入的主要来源。相反,在俄罗斯,对为数7 000万的工人征收个人所得税,但直到2000年,税收管理部门才只收到1 000万份所得税纳税申报表(Easter,2002:620)。个人所得税并没有成为俄罗斯国家的重要收入来源。

  衡量纳税不遵从的另一个指标是,个人和企业拖欠国家的税款数量。在波兰,超额工资税被认为是非法的,国有企业的工人普遍地逃避,这样很快就出现了最高水平的税款拖欠(OECD,1994:68,表11)。这些税收欠款,后来在国家和工人之间进行税收谈判时一笔勾销。但在大型国有企业,尤其在煤炭部门,税款拖欠持续地累积。截止到1998年,税款拖欠总额达到将近国内生产总值的3%(Lenain and Bartoszuk,2000:7;OECD,1998:40)。同样地,在俄罗斯,作为国家主要收入经济来源的大公司,拖欠的税款也急剧增加,上百家公司所欠税款占到联邦税款拖欠额的40%(《俄罗斯经济发展趋势》,1997),几家大型能源公司高居税款拖欠榜单之首。到1996年,未付税款达到200亿美元,占国内生产总值的5%;89个地区中只有3个地区能够向中央政府履行缴纳税款义务(Koshkin,1997:33—35;Tikhomirov,2000:66)。

  非正式经济的规模也可以作为反映税收遵从的指标。"影子"经济在所有

---

  ① 在1996年年末,总统设立特殊委员会并授权其用强制手段从最大的那些欠税者手中收回税款。在与能源巨头高兹普罗姆公司发生剧烈对抗并失利之后,该委员会悄然解散,没能给该公司定罪。

的转型经济中都存在,也都隐藏了不为国家所知的大量经济活动。尤其对于小型私营企业来说,这是试图向国家隐藏经济收入的一个庇护所。在波兰,影子经济估计要占据国内生产总值的 20%。不过在俄罗斯,非正式经济占国内生产总值比率在 40%~60% 徘徊(Johnson, Kaufmann and Zoido-Lobaton, 1998:387—432)。

在收入谈判中产生的税收减免和特别待遇,对国家的收税能力也产生了负面影响。如果说可以将俄罗斯的税制比作瑞士干酪的话,那么波兰的税制就有点像圣牛(sacred cows)。在波兰,享有特权的国家工业企业常累积大量的税收欠款,通常社会民主党政府会将其取消。之前团结工会的两大据点(乌鲁斯拖拉机厂和格坦斯克造船厂),在缴纳公司税欠款和社会保障费时,不止一次地被给予特殊待遇(OECD,1998:5—9)。特殊的税收减免,包括慷慨地扣除房租和教育成本,降低了国家从个人所得税那里的所获。税收管理官员估计,在个人所得税中几乎 20% 的潜在收入都以这种方式流失掉了(Lenain and Bartoszuk,2000:8)。在 1993 年,税收减免估计达到国内生产总值的 1%;而截止到 1998 年,这一数据增加到 8%。在 20 世纪 90 年代后半期,超过 40% 的国有企业补贴是以税收减免的形式进行的(OECD,2002:70)。虽然对这些企业和个人的税收减免,降低了税收收入,带来了税收基础的不平衡,但它对收入流的破坏尚未达到使国家陷入财政危机的地步。

俄罗斯国家主要依靠大型公司和富裕地区获得财政收入,但以精英谈判收入策略为特征的特别优惠起了抵消作用。当国家急需用钱的时期,对税收政策的种种操控手法层层阻碍了税收的汲取。根据财政部的统计,在 1995 年,税收减免造成财政收入减收大约 60 亿美元。到 1996 年,税收减免的成本估计达到了 300 亿美元(《生意人报》,20—21,1997 年 2 月)。税收特惠政策造成的损失接近国家总预算中税收总额的 1/3,超过联邦预算中税收总额的 2/3(《俄罗斯财政》,2000:24)。

对波兰和俄罗斯两国收入谈判的真正考验,来自 1998 年从新兴市场开始的国际金融危机。东亚金融和货币市场的崩溃表明,最近对高成长、高风险的新兴市场经济的投资热潮结束了(Kahler,1998)。外国资本与信贷的突然减少,也使得东欧的过渡经济动荡不已。例如,"捷克神话"迅速为货币危机所解体,这暴露了转轨国家在财政方面的虚弱之处。

受到国家与劳工之间的收入谈判的支持,波兰的税制为新的国家提供了可靠的财政基础。收入基础被成功地拓宽到家庭收入,个人所得税在20世纪90年代中期就占到了财政总收入的1/4。企业所得税,原来是社会主义国家依靠的主要收入来源,从1991年占总收入的28%逐渐减少到1997年的11%。新的私有企业部门成为波兰经济恢复的主要动力,到90年代中期,中小企业为国家预算做出了显著的贡献。预算赤字从国内生产总值的6%减少到3%。波兰家庭甚至购买了公债以帮助政府为赤字融资,而债务成本占预算的比重稳步下降(OECD,2004:84)。到1998年,波兰国家所获得的税收和社会保障费,占国内生产总值的41%。波兰不仅渡过了1998年的金融危机,还保持了连续三年经济持续增长的记录。不像其他的新兴市场经济,波兰并未经历外商投资的流失(《华沙之声年鉴》,1998:22,23)。

尽管税收收入情况十分惨淡,俄罗斯还是靠着石油出口和短期信贷成功渡过了金融危机。在1998年,石油和天然气的价格在世界市场暴跌,达到了20年来的低点,俄罗斯国家丧失了主要收入来源。于是政府不得不越来越依靠短期信贷。然而,由于资金短缺,借款成本升高以至于越来越难以承受,利息支出消耗掉了已日渐减少的收入,于是,俄罗斯国家陷入到了财政困境中。到1998年春天,一个新政府建立起来以解决迫在眉睫的危机。它最后的努力是改革税制、迫使大企业缴纳企业税、为不能偿付的债务而与债权人商谈新条款等,都以失败而告终。1998年8月,国家财政崩溃。国家和精英之间就国家能力而进行的收入谈判,本来作用就微弱,现在无果而终。

3.6 对税收谈判的评价

到20世纪90年代后期,俄罗斯和波兰都认识到需要再次改革税制。当时俄罗斯国家已破产,而波兰虽成功渡过了国家金融危机的威胁,但其税制的缺点日益突出,企业家和劳工之间的关系,难以继续予以平衡。在这两个国家,早期过渡时期形成的收入谈判变成了税收改革的障碍,经济增长的希望非常渺茫。可是,想要取消在政治上已牢固的收入谈判,并非易事。最后,俄罗斯和波兰两国都成功地改变了原先的收入谈判做法,并都实施了税收改革。它们采取的不同方法,说明这两个国家已变得非常不同。在波兰,税收改革是在双方自愿的情况下逐渐进行的;而在俄罗斯,税收改革是单边的、激进的。

3.6.1 波兰

波兰成功地避开了1998年的国际金融危机,部分是因为有收入谈判,它使国家能够扩大收入基础并提供稳定的收入源。但是这种谈判暗含了企业家和工人之间在经济利益方面的紧张关系。为了能够源源不断地提供公共物品并补贴国有企业,国家需要获得比能够得到的更多收入,政府以适度的赤字来应对广泛的预算承诺。到20世纪90年代,基于交换的税收遵从策略,其成本不断地转由中小私人企业承担。逐渐增加的税收负担,对企业家的经济活动产生了负面影响,生产效率下降,税收不遵从现象增加。与此同时,有着政治特权的国有企业,仍在设法获得税收豁免特权。税收体制愈加复杂和不均衡,改革势在必行。

1997年的议会选举将联合政府推上台,并逼迫社会民主党成为反对派。执政联盟是由社会保守工会会员和支持自由市场的自由主义者组成的,不太稳定。更为复杂的是,总统是社会民主党人。上一任支持市场经济的部长勒茨克·巴塞罗维茨被任命为副总理,并再次掌管国家财政。巴塞罗维茨提出了一个改革方案,旨在促进私有部门的发展、消除公共部门的浪费、保持预算平衡以及加速私有化的进程。他特别关注修正国家与劳工的收入谈判,目的是让其对私营企业主有利,并减少整体经济的税收负担。新政府推行了"企业家宪法",承诺私有部门和公有部门享有一样的财政地位(OECD,2001:107)。

这一做法最初获得了一些成功。财政部停止向不盈利的国有企业提供宽松信贷和免税政策,巴塞罗维茨也对医疗制度进行了改革,如不再将医疗放到中央预算中、限制医疗资金、将管理权下放到地方层面等(OECD,2001:93—114)。但是巴塞罗维茨没能实施全面的税收改革计划。在1998年,他建议彻底地改革个人所得税(PIT),比如采用单一比例税率,取消几乎所有的税收减免政策,降低税收遵从成本,简化税收管理等。他同样打算消除现存的对许多基本消费品免收增值税的现象。这样的改革,直接挑战了现有的与劳工的收入谈判做法。由于其具有"反家庭"的性质,税收改革建议很快受到了人们的质疑(《华沙之声年鉴》,1998),并使执政联盟分裂、在议会中失败。

　　在1999年,巴塞罗维茨再次尝试比较温和的税收改革政策,如逐渐降低个人所得税税率和公司所得税税率,与此同时保持它们的累进性。由于巴塞罗维茨以辞职来相威胁,执政联盟再次形成。但是总统亚历山大·科瓦西涅夫斯基(Alexander Kwasniewski)威胁说要否决这一改革,认为政府违反了社会公平准则(《华沙之声》,1999年12月5日)。在改革力度被进一步削弱后,总统同意进行部分税收改革,主要内容是:在五年当中,逐步将公司所得税从34%降低到22%,对小型企业的税收管理予以进一步地简化。另外,对一些小微企业免征增值税。不过,在政治上比较敏感的个人所得税改革,被搁置了下来(OECD 2001:107)。最终波兰开始实施税收改革,但最激进的改革措施并未出现。

　　不久,出现了新的威胁政府与劳工之间收入谈判的力量,这股力量要比好斗的巴塞罗维茨更强大。波兰的政治精英为了加入欧盟而联合起来,但要加入欧盟财政上需要满足一系列条件。2000年欧盟公布《波兰准入欧盟的进度报告》,该报告表明波兰在税收政策和税收管理方面还需要有"巨大的改进"。特别地,欧盟要求波兰对增值税和消费税进行改革,并要求它证明自己的管理能力足以监控交易过程。欧盟对直接税问题只给了很少一些要求,因此个人所得税和公司所得税不是税制改革的主要内容。然而,对国有工业和农业的免税政策,被指明是波兰加入欧盟的一个潜在障碍(Kosc,2000)。波兰的精英们回应,对这些要求再次表示同意。总统科瓦西涅夫斯基和联盟政府一起进行财政改革,并将其作为优先目标。经过共同的努力,各政党梳理出了税收改革的各个细节,既可以满足欧盟的条件,也可以尽量维持收入谈判。

　　由于经济发展停滞、失业人数增加、预算赤字攀升,2000年夏天联合政府最终瓦解。2001年的议会选举,再次将社会民主党推上执政地位。在2002年,科勒德克(Kolodko)被再次任命为财政部长。但现在即使是科勒德克,也同意对国家与工人的收入谈判进行温和的改革(《华沙之声》,2003年3月7日),不过经济状况在持续恶化。当预算赤字超过国内生产总值的5%(自原先过渡时期的财政危机以来的最高数额)时,重新考虑收入谈判问题就不可避免了。现存的政治集团内部进行了重新分组和洗牌,到 2004 年,一个新的自由主义党派"公民论坛党"作为右翼联盟政府的一部分出现,同时支持市场经济的米洛斯拉夫·格诺尼克(Miroslaw Gronicki)担任了财政部长。2005 年春天,格诺尼克提出了一个激进的税收改革方案,包括对个人所得税、公司所得税和增值税实施统一的 18% 的比例税率。不过,对该方案全面实施一直推迟到 2008 年的预算。一方面,这项激进的改革提案是刺激经济发展的一种尝试;另一方面,它也是对东欧邻国减税措施的回应。尽管这一税收改革可能会从根本上重新定义国家和工人的收入谈判,但还需观察的是,政府能否通过该提案,或者执政联盟是否会瓦解(《华沙商业杂志》,2005 年 7 月 22 日)。与此同时,财政管理机构的领导人再次确认了工人在收入谈判中的持久力量,他保证"会继续保持波兰税制关怀社会的性质(pro-social character)"(Ciesielski,2004:5)。

3.6.2 俄罗斯

在俄罗斯,1997 年税收改革被放在政府政策议程的首要位置。当时税收改革的一个方案是尝试着简化税制,主要措施有:把税种从 200 个减少到 30 个,降低税率以激励企业走出影子经济,减轻大公司的负担,拓宽税基,以及消除特殊的税收豁免。[①] 税收政策是总统无法用总统令来进行管理的领域,因为他必须取得立法机构的同意。那些受益于现存税收体制的企业精英和地区精英,也利用立法机构来阻碍政府的改革努力。1997 年秋立法机构最终接管了税收改革,并对政府的改革方案增补了 4 000 多条修改意见,几乎抹掉了政府方案中的新意。

对政策过程而言,精英主导的收入谈判成为一种政治约束。普京继叶利钦之后成为总统,创造了重新界定这种约束的机会。更为重要的是,总统和左翼主导的立法机构之间的政治僵局,也随着性格极端的叶利钦离开舞台而被打破。普京的领导风格和前任完全不同,他偏向实用主义并提倡爱国主义,普京不太受叶利钦在动荡时期建立的政治联盟的约束,相反,他随时准备利用总

[①] 《独立报》1996 年 10 月 23 日;《俄罗斯报》1997 年 7 月 17 日;《圣彼得堡时代报》1997 年 4 月(21—27)。

统职位固有的权力,特别是强制权力。

对税收政策的政治约束改变了。普京在立法机构建立了支持自己的集团,将左派反对势力边缘化。他领导的政府还成功地打破了就税收改革形成的行政部门与立法部门的僵局。而且,通过制度改革和政治策略,普京还减少了参与税收政策制定的人员数量。他简化了政策过程,限制了特殊利益集团影响税制的可能环节。通过与立法机构的合作,他进行了相关的宪法改革,以大大降低地区负责人在政策制定过程中的作用,并使总统有权撤换那些个人主见比较强的地区负责人。普京表示,他愿意放松针对公司精英的国家强制性力量。在他上任初期,刑事诉讼常被用来对付那些野心勃勃的大亨们,逼得他们不得不逃离俄罗斯。[①] 后来,他用警察和税务当局来监禁尤科斯石油公司老板,并进而获得该公司的资产。尤科斯石油公司一案,有效地展示了中央政府对公司精英的强制性力量。

这些制度改革和强制行为削弱了地区精英和公司精英的谈判实力,国家与精英之间的收入谈判策略不得不重新构建。普京寻求让精英参与制定税收政策的过程常规化,而不再靠特殊的、个人化的谈判过程。公司的利益并没有被忽视,但要求到集体论坛上去表达,在那里可以与总统和政府定期会面。国家与企业之间就税收政策进行谈判这样的事情仍有发生,但是现在国家主导了话语权,其结果是全面的税收改革。

在2000年,政府成功实施了"俄罗斯税收革命"。[②] 这次税收改革降低了税率,消除了很多税收特权,并简化了税收法规。另外,这项改革也降低了纳税人的遵从成本,减轻了税务稽查员的工作量。个人所得税实行13%的单一比例税率,公司所得税从35%减少到了25%(同时取消了很多免税政策),并以单一的社会保障税代替了以前五种不同的税种。曾经由中央以及地方政府单独分别管理的三种不同的税种,被现在统一的、税率确定的原矿资源税替代(《俄罗斯报》,2001年10月17日)。增值税的改革更复杂,它的税率从原来的20%降低到2003年的18%。考虑到收入会减少,财政部拒绝进一步降低增值税税率。

[①] 鲍里斯·别列佐夫斯基(Boris Berezovsky),商业大亨,叶利钦领导下的前任安理会的领导,现居住在伦敦,而曾经是独立媒体公司老板的古辛斯基(Boris Gusinsky),则逃往了西班牙。

[②] 要了解税收改革的详细过程,请参阅 Iutkin(2002:529—541)。

这一税收革命增强了国家的汲取能力。在成功展示了其强制性能力之后，俄罗斯国家开始努力采取正激励措施来减少逃税现象并提高税收遵从度。在税收改革的进程中，税收收入猛增。能源部门尤其利润丰厚，因为原油价格从1999年每桶不到10美元的低点涨到2001年的每桶30美元。总体条件对普京领导下的经济非常有利，税收改革也对税收收入的增加有促进作用。例如，单一比例税率的个人所得税实施时，申报的个人收入恰好也在增加。Ivanova、Keen 和 Klemm(2005)注意到，单一比例税率的个人所得税实施和个人所得税收入增加之间有着强相关性，但他们很谨慎，并没就此得出一个结论认为税收收入的增加就是由于实施了税收改革。自从实施了这些改革之后，俄罗斯的总税收占国内生产总值的比重从35%下降到31%，到2004年为止，国家财政预算连续五年获得结余。相对于地区政府，税收改革改善了中央政府的税收汲取能力，使中央政府在中央—地方政府共享收入中获得了更多的收入。2001年，中央政府总收入的98%是从以下四个利润最多、征收最容易的税种中获得的：42%来自增值税，22%来自消费税，18%来自企业所得税，16%来自原材料使用费（《证据与事实》，2002年6月12日）。

税收改革尽管获得了巨大成功，但在一个关键领域没能成功，俄罗斯国家继续严重地依赖一些挑选出来的大型企业来获得收入。根据税收管理机构的数据，20家最大的纳税企业提供的税收，占据了联邦政府总预算收入的1/3多（《俄罗斯商业日报》，2001年2月1日）。特别地，税收改革还没有显著地将石油和能源部门的税收负担转嫁出去(ITE, 2001: 61)。[1] 尽管俄罗斯国家主要依靠大型企业获得税收收入，而商界精英们也仍然依靠国家恩惠来获得财富和地位。国家造就了俄罗斯的公司精英们，但他们在经济方面并没有获得彻底的自主权，普京政府反而加强了公司对国家的相互依赖。

3.7 结论：能力、遵从与转轨国家建构

中东欧各国和原苏联各加盟国在国家构建中经历了两条不同的路径，而

---

[1] 在2003年，当增值税最终从20%降低到18%时，政府为了弥补收入损失，提高了石油和天然气的消费税，将天然气的出口税从5%增加到30%（《莫斯科时报》，2003年6月23日）。

波兰和俄罗斯是二者各自的典型代表。我已表明，围绕着创建新税制而发生的斗争与谈判，对国家构建的不同结果产生了影响。但本文并不是说，在中东欧剧变后的转轨国家构建过程中，为获取新的财政收入而发生的冲突是唯一的影响因素。国家构建的影响因素，还有其他方面，如历史的、地理的和社会的因素等。我也不会天真地认为，如果俄罗斯努力地推行个人所得税的话，那么今天的俄罗斯就会是一个稳固的民主国家。我也不会接受这样的观点，即不同的国家构建路径是命中注定的。国家构建的进程由一系列政治冲突塑造，这些冲突曾经导致了旧制度的瓦解，并持续存在于转型早期的权力资源再分配之中。对经济资源的政治争夺是国家构建过程中的主要战斗之一，而这种争夺在实施新税制的过程中也逐渐展开。总之，我主要从三个方面总结了税收筹集对波兰和俄罗斯国家构建的影响：税收政策的制定和政体类型；税收遵从策略和国家能力；税收筹集和国家—社会关系。

在波兰，新税制是由无关政治的一些支持市场经济的技术专家首先推行的，他们尝试着对国有部门的工人增加不相称的税收负担，于是引起了抗议和罢工，国家领导人并没有采取强制的手段，而是最终满足了抗议者的要求。一个更具有同情心的社会民主政府，创造了一个更统一、更少歧视的税法，同样重要的是，成立了一个正式的谈判机构——三方委员会—给国有企业的员工发言权，让他们参与到和自己直接相关的税收政策中来。税收政策引发了政治冲突，国家通过积极地回应社会利益的要求化解了冲突。从这一点来讲，如果没有协商与谈判的过程，国家就无法提出新的收入要求。通过将抗议政治纳入到包容性的政治制度（inclusive political institutions）中，早期在新的财政收入要求方面的冲突帮助波兰巩固了民主政权。

在俄罗斯，新税制主要瞄准利润丰厚的出口企业和经济最发达的地区。这一税收政策受到了新获权力的企业精英和地方精英的抵制，他们要求获得旧的命令经济时代的有价值资产，因此一种精英谈判的收入策略得以形成：中央政府代表和企业/地方精英，通过断断续续的交易而操弄税收政策。在精英特权的基础上，有一些特殊的权益进行了少量分配。由于国家能够接触到较为集中的丰厚的收入来源，它就不必与工会、政党建立谈判机制。税收政策中的争议是精英内部的事，就像更广泛的俄罗斯政治一样。最终，通过对精英们采用强制手段,第一次收入谈判形成的条款被推翻了,税收政策的过程也因此发生了改变。国家取消了很多特殊的税收交易,为公司利益创建了更为常规的表达渠道,并增强其实施税收政策改革的能力。1993年的俄罗斯宪法,包含了不发达的民主成分及潜在的威权主义因素。就像在尤科斯事件中表明的,税收筹集方面的政治冲突最终导致了威权主义的形成。

其次,税收遵从策略影响了转轨国家的国家构建。从税收遵从的宏观指标来看,波兰的表现要比俄罗斯好。社会的交易感和有条件同意,非常好地解释了税收遵从的发展。在利用强制性手段让公民纳税方面,波兰政府并没有花多大的精力和资源。事实上,在新税制实施的过程中,国家成功地发展了"半自愿"的社会遵从;社会遵从反过来又促进了国家财政能力的提高,因为它顺利地扩大了税基,开发出了可靠的(虽说不是太丰厚的)收入流。在这些新收入来源的基础上,波兰扛过了20世纪90年代晚期国际金融危机对新兴市场的冲击。这些来源提供的收入,也使得波兰政府提高了供应公共物品和公共服务的能力。由于收入要求变得更为合法,波兰政府的政治能力也有了相应的提高。

从一系列税收遵从的指标来看,俄罗斯做得没有波兰好。在俄罗斯,逃税现象非常普遍。税收遵从的策略,两者也有所不同。俄罗斯没能培养起交易及有条件同意的观念。相反,俄罗斯的纳税人看到的是公共物品和公共服务供应系统的崩溃,以及不公平、不均衡的税收负担。作为回应,国家尝试通过强迫和威胁的方式提高逃税的成本。在20世纪90年代中后期,国家针对纳税人采取了"官僚强制性"(bureaucratic-coercive)税收遵从策略,目的是加大逃税的威慑力。但至少在最初,这一策略没有效果,也没能改变人们不遵从的趋势。俄罗斯的财政能力一直比较脆弱,尤其是在1998年,俄罗斯国家遭遇到了财政崩溃。初步的证据表明,由于最初的收入谈判没有成功,后来的强制性策略主要针对大型企业的巨头。与此同时,一次激进的税收改革降低了个人和小型企业的遵从成本,并因此取得了某些成功。在税收改革之外,能源出口获得的大量收入有利于国家能力的构建。多亏了这部分丰厚的收入来源,在过去五年中国家预算一直有盈余。然而,俄罗斯政府还是没能扩大其收入基础,继续依赖少数大型公司和富裕地区获得收入。

最后,转轨国家的构建关乎国家和社会重划边界。在波兰,1997年宪法正式宣布,如果没有法律的支持,波兰政府不能提出财政收入要求或征收经济资源。这一条款在制度上的表现,就是宪法法庭(The Constitutional Tribunal)的成立。波兰政府还建立了法律机制来解决财政收入的争议。国家与社会之间无数次的税收冲突,累积而确定国家与社会的正式边界。在波兰,有一个非政府组织的网络被用来监控并检查国家的税收政策与实践;同时,波兰政府也确立了自主经济活动的领域。通过以上种种方式,私有财产成为巩固转型后市民社会的基础。

在俄罗斯,最初的税制授权给国家向社会提出收入要求,并将一系列关于纳税人地位和义务的命令强加给社会。但这样的税制并未给社会提供合法权利或制度保护,以应对国家的收入要求。国家不愿意制定正式规则来限制国家向社会提出要求,尤其是对经济资源的要求,这成为俄罗斯政体的长期特征。经济资源经常被看作国家给予私人的使用特权,而非受保护的私有财产。国家拥有的强制性与官僚－法律资源,并未受到强有力的市民社会限制;它们更多地受政治执行机构做出的决定的限制,而不是受制于合法的机构。在俄罗斯,国家和社会在税收筹集领域的界限仍然模糊不清,对国家权力在机构和法律上的制约仍比较虚弱。

沿着这些线索,我们发现涉及新税制构建的政治谈判和冲突帮助塑造了波兰和俄罗斯。这两个国家选择的不同国家构建路径,在中东欧国家和原苏联加盟国中是具有普遍性的代表。

第四章　乡村中国的税收和强制[*][①]

托马斯·P. 伯恩斯坦(Thomas P. Bernstein),
吕晓波(Xiaobo Lü)

4.1　引言

当代中国正面临着两大根本的挑战：一是建立适应于社会主义市场经济发展的管理能力；二是不断地调整，以适应因政治参与和政治问责而日益增长的压力。在发展政策与激进性地方政府行为共存的中国农村，这两大挑战并存且正发挥着作用。这一章主要讨论引起农民反抗的那些负担沉重的税收，它们是非常规的、不可预测的，而且与中央政府的目标正好相反，因为中央政府正致力于构建一个收入征缴体系，该体系能为公共物品供应资金而且能最大限度地防止地方政府滥用纳税人的资金。

在中国，因农村税收问题发生冲突，已有很长一段历史了。早在80年前，托马斯·米勒德(Thomas Millard, 1926)就说过"在中国，革命从征税人开始"。革命和暴力抵抗，是针对滥用税收权和随意收费等行为可能做出的一连串回应的顶峰。强制收取税款可能会给国家带来财力资源，但与此同时，也让纳税人产生不公平和霸道的感觉。然而，在建设有财力保障的国家以及促进政治参与和问责制方面，政府工作人员表现出的公正与可预见的行为(以及某种比较明确的以税收换服务回报等表现)，是至关重要的。如果征集收入是为了使国家能力真实地、持续地增强，政府就需要约束自己的资源汲取行为并确

---

[*] 这一章的写作，基于伯恩斯坦和吕晓波(2003)、伯恩斯坦和吕晓波(2000)以及最近的研究而成。
[①] 本文内容有删减，完整内容请直接参考英文原作。——译者著

保社会的合作。

在过去的 20 年中,中国农村已经发生了巨大的变化,但是与这些变化一同出现的利益却不曾均匀地加以分配。在 20 世纪 80 年代和 90 年代,中国东部省份的乡镇工业经历了惊人的发展,并使地方政府能够大幅度减轻农民的负担。地方政府用来自于当地工业的利润,来承担公共物品供应的费用(Oi,1997;Whiting,2001;Zweig,1997)。然而,中部农业省份的工业化步伐则较为缓慢,西部省份则比中部更慢。在中西部,农村收入增长得更加缓慢。由于得不到来自于非农产业的税收,地方政府不得不从农民那里强制性地收钱。在很长一段时间内,当地政府用强制方式获取资金的行为,激起了广泛的抵制,并逐渐成为不满与反对的主要起因。与此同时,中央政府试图控制地方政府的任意征税行为,它命令地方政府减轻农民负担,却不曾提供充足资金给地方政府去完成自己指令的公共物品供应。

接下来的一节讲述中国农村税收与征收财政收入的简要历史。4.3 节将讨论造成高税负问题的结构性原因。4.4 节探讨中央政府对于农民抗议的反应,重点在于中央政府同意减轻税收负担的程度。4.5 节阐述中央政府的回应以及一个新的可以解决中国农民问题的办法。4.5.2 节是总结部分。

4.2 农村税收的历史透视

在封建社会的帝制中国,国家和社会都渗透了儒家思想。这种思想强调稳定、和谐与节制,在原则上它包含了一个承诺,即保持低税收以维持民众的支持,尽管这承诺实际并未兑现。正式的税收(农业税是其中最主要的),实际上不足以弥补地方政府的开销。于是一整套非正式的附加税、费和摊派就出现了,而且难以对它们进行有效的管理与控制。当这种状况失去控制时,民众抗议就会爆发,农民们就会寻求在国家要求和自身需求之间恢复平衡(R-Bin Wong,1997:235—236)。国家与农民间相对稳定的关系不时地被打破,并导致大众的叛乱。比如,19 世纪的中国就爆发了大规模的起义,这说明统治王朝正逐渐失去了民众的支持,而这又是 1911 年帝国最终瓦解的先兆。

在 20 世纪上半叶,一些省份的现代派官员尝试建立一种现代农村政府体制,以便能为民众提供现代服务(Remick,2004)。但是这些努力被当地政府与社会精英的掠夺行为所淹没,这些人现在并不接受儒家节制思想的约束。正如卢西恩·比斯科(Lucien Bianco,2001:18)所说,农民的不满主要来源于苛捐杂税而不是地主所有制。

中国共产党的根基在农村,于1928年至20世纪40年代末发动了革命运动。共产党试图寻求民众的支持,但因自己对农民也有不可避免的需求而使事情复杂化:需要向农民征募新兵、维持地方民兵、为战争提供运输、为政府和军队提供粮食(也就是交税)。当局势足够稳定了,共产党试图建立一个依据家庭收入逐级征收且合理公平的实物税收制度。与他们的敌人(即中国国民党和日本占领者)实行的严酷残暴的剥削相比,共产党的做法明显不同。总的来说,共产主义革命推翻了旧式精英,终结了地主制度,并重新分配了大片土地。这一切,赢得了受益人(即贫困农民)的支持。

4.2.1 改革开放前(1949～1976年)的国家征收制度

这场革命最重要的制度性成果是,它使中央政治权威(即中国共产党及分支机构)历史上第一次渗透到乡村。这就允许中国新统治者能够以一种史无前例的方法动员起广大农民来实施社会主义改造,以便开展彻底的社会转型任务。对农民而言,这就意味着生产工具的集体化;对普通家庭而言,他们失去了大部分生产决策权与分配权。这一根本的变化,大大削减了农民相对于国家的权利。而国家,通过在当地的代理人的工作,控制了收获物。对于国家在实践中如何具体实施这些措施的分析,请查阅奥伊(Oi,1989)。

同时,集体化也伴随着农产品买卖的国家垄断,尤其是粮食的买卖。[①] 交货定额一开始由家庭,后来由集体来完成。国家需要这样的控制方式来吸取农业剩余(剩余有多少由国家决定),以此来资助全面的工业化,而全面工业化又是一个强大的发达国家的关键标志。无偿的农业税(公粮)和有偿的粮食(余粮),一同上缴给国家。在实践中,上缴部分无偿的税收比重相对而言下降了,因为即使税率不变产量也在上升。在粮食征购制度不断实施过程中,直接

[①] 在20世纪60～70年代,许多发展中国家,尤其是撒哈拉以南的非洲,引进了类似的政策。这种政策,实际上是通过销售部门征收隐形税收。见贝茨(Bates,1981)。

征税手段很大程度上在消失。

在原则上,对农民剥夺程度,受到国家确保农民的积极性(例如生产热情)这一目标的限制。销售给国家的农产品数量,受到维持农业生产和农民消费之需的限制。中国共产党对农村的资源汲取,没有斯大林统治下的苏联那般冷酷,破坏性也没有那么大。正如毛泽东所说:"斯大林的做法太过分了,他竭泽而渔"(毛泽东,1976年7月18日)。与此同时,正在发展的城市需要有越来越多的粮食,而且频繁发生的自然灾害也需要粮食救济,在无灾的地区也需要额外购买更多的粮食。在改革开放前,国家汲取虽然有所减轻,但它仍然是国家与农民的主要冲突根源。自始至终中国共产党一直在努力争取农民的支持。

4.2.2 改革时代(1978年至今)国家汲取与税收的变化

在这个新时代,理解税收实践一定要放在更为宽泛的经济变革背景下。改革的领导者们坚决地否定了激进的毛泽东思想,比如阶级斗争长期化概念,而代之以现代化这一概念。一段时间之后,领导者们认识到经济要发展就要逐步摒弃中央计划和国家直接管理经济,他们用以代替的概念是"社会主义市场经济"——国家需要有宏观调控能力而不是直接管理经济。对社会及个人而言,改革者试图解放个人以及家庭企业。他们接受了必然扩大的不平等(至少在短期内)。改革的领导者们鼓励争论与开放。有证据表明,他们都愿意在最低层次的村权力机构引进有限的自由选举,目的是解决当地干部与农民日益紧张的冲突。

引用一项重要研究的标题,"在计划外生长"是一个长期的过程,某种程度上现在仍旧正在进行,尤其是在辅助制度与行政改革方面(Naughton,1995)。改革者的第一个目标是中国农村,他们用有限的家庭农场(土地依旧归集体所有)逐渐代替人民公社。恢复家庭有限自主权的做法激发了农民的积极性。国家采购的配额虽然继续保留,但由于国家采购价格的大幅上升而使该行为变得更加有吸引力。在计划体制之外,生机勃勃的自由市场更进一步刺激了农民积极性的提高。到1984年,农民的收入翻了一番。

然而,到20世纪80年代后期及90年代,农民发现要增加他们的收入越来越困难了。事实上,农民的收入好几年没有增长了。政府发现用国家采购的办法增加农民收入代价太昂贵,因此调低了国家采购价格。于是,对农民来说,国家采购制度比起1984年前差多了。与此同时,农民越来越暴露在不测的市场风险中。工农产品的价格差依旧存在,它们事实上是一种间接税,可以让乡村耗尽资源来满足城市的快速发展。渐渐地,保护性价格的理念开始为人接受。

4.3 农民税收负担的结构性根源

从1985年前后至今,国家与农民之间关系的核心,是农民普遍认为某些税费负担过重而彼此产生冲突,冲突还导致农民采取了虽零星却严重的抗议和抵制行为。问题的根源在于发展的政策,在于财力分散但权力集中的体制,以及落后的政府管理能力。

中国的领导者们充分致力于经济的快速发展,经济发展这一目标优先于其他目标(例如限制破坏环境)。在领导者看来,加快发展的一个策略就是将决策权分散给省级或省以下级别的党委与政府。在20世纪80年代,这个策略的一种形式是,赋予有巨大快速增长潜力的省份以特权,比如广东省(与香港相邻)、福建省以及后来的上海、东部省份(在上海以北)。在这样的"沿海地区发展战略"引导下,这些省份被允许保留更多的税收收入和国有企业的利润。这些省份因此能够完善诸如港口设施等基础设施建设,以吸引地方的尤其是外国的投资者,外国投资者还被赋予较多的税收减免权(尤其是在经济特区的外国投资者)。此外,在省级与地方当局的保护下,企业家能够少缴或者不缴税收。因此,有很多年经济发展最迅速的部门,缴税却是不足的。

这些政策实际上促成了中国东部省份的经济奇迹,它们还带来了东部乡村的日益繁荣。在那里,开放的市场和海外华人进行的投资,为"乡镇企业"惊人的迅速崛起创造了机会。在集体所有的乡镇企业,当地的领导人(通常是党委书记)充当了企业家的角色;这些企业的存在,使当地领导人有能力为公共服务及公共货物(包括公路、教育以及医疗)提供资金。有时候,那些继续务农的农民被完全免除了税收。相反,这些优势在中国中部与西部的农业大省普遍地缺乏,于是形成了中国农业农村与工业农村(agricultural and industrial rural China)这两个地区的差异。这一章节要讨论的税费问题,主要是中国农业农村地区的问题。

到20世纪90年代初,有利于沿海省份的政策缺陷以中国税收收入急剧下降这一形式明显地表现出来,税收的比重从1980年约占GNP的37%下降到11%,明显低于其他发展中国家税收占GDP的比率(Wang Shaoguang and Hu Angang,1999)。更进一步地,属于中央的那部分税收收入出现了惊人的缩水,这就严重地制约了中央政府把财政资源再分配给内陆省份(以便让它们与东部邻居之间的财政能力平等一些)。

在1994年,一套新的税收制度被启用,该制度旨在增加中央的财政收入并提高财政收入占GNP的比率。但是,这一改革并没能够达到为内陆省份提供更多财政资源的目标。在相当程度上,这是因为较富裕且更成功的省份具有较强的谈判力量,这种力量使得它们能够获得税收返还,以抵消他们可能应该增加的上缴税收(Lee,2010)。此外,新的税收制度实际上剥夺了地方政府的大量税收收入,这些税收收入现在都归中央政府所有。地方政府因税收收入的这一减少,不得不以某种方式去寻求其他资金来弥补,因为从北京来的转移支付没能抵补这些损失。

不均衡的税收政策给中国中西部农业省份的发展带来极大的困难,因为它们在地方层次上的财政收入不能够满足正常行政管理工作、发展项目以及公共货物及服务的资金所需。再加上由于分权措施,中央对农村教育及其他社会服务的投入大大减少,这就更进一步加剧了农业省份的困难。支出责任被下放给低层级政府,但却没有给他们配置相应的收入。[1] 于是,那些无法获得本地工业利税的地方政府机构,只能想法从农民那获得资金。所以说,日益增加的农民税费负担,主要根源是地方政府存在巨大的资金缺口。

尽管支出责任向下转移,但中国仍然是中央集权的国家。在这样的制度下,中央往往不能及时根据各地的经济情况来调整任务分配,而地方当局常被要求不管接受任务时手头有什么资源都必须提供统一的服务。就像中国人常说的,政策在推行时"一刀切"。评价最低级别的县乡政府官员的表现,是根据

---

[1] 参阅克里斯汀·王(Christine Wong),"中国能否改变21世纪的发展范式吗?20年艰难历程后胡锦涛和温家宝财政政策的选择",未发表的论文(2005)。

他们完成上级分配的任务的程度来进行的。因此,他们对寻找必要的资金来完成任务感受到巨大的压力。例如在教育方面,国家目标规定任何地方对儿童都必须执行九年制义务教育,可对地方官员而言,这项任务没有资金支持,如果不向村民收费来提供教育经费、建造和维护学校设施的话,那就完不成任务。于是,教育经费成为导向那些农民新负担的一个主要因素。①

中央集权之僵化表现在另一个方面,就是公务员薪资结构是统一的。这就意味着在一些生活成本低于平均值的地区,国家干部的收入通常要高于国家对薪资的预算。在这些地区,人们有很大的积极性成为国家干部以便"吃皇粮";1999年后公务员工资翻倍,情况尤其如此。在1980年,每个公社需要8名全职干部;到了20世纪90年代,人民公社的继承者乡镇,平均有30名公务员;而到了2000年,这个数字膨胀到300名(Wen Tiejun,2000)。大多数政府雇员的工资来自当地的资源,也就是所谓的预算外资金,在农业区,它来自于农民(Lü,1997)。据估计,大约有40%来自于农民的税收被用作乡镇级的行政管理,平均每68个农民供养一个国家干部。②

4.3.1 地方税费

表4.1总结了各种强加在农民身上的税收。在这当中,乱收费、乱罚款和乱摊派这三乱是最容易引起愤怒的,因为它们毫无根据且不可预知。收费和摊派都是由于无资金支持的任务造成的,这些任务由中央机构下达到农村,往往授权地方当局为完成发展或管理的任务而收费或筹款,在此基础上产生了杂费和摊派。1991年,农业部发现48个部委颁布的148份文件都批准了收费或筹款,这些部委包括农业部(具有讽刺意味的是它正在负责实行减轻农民负担)、公安部、水利部、卫生部、民政部等。此外,由中央机关启动的项目,通常都给地方当局规定了目标,而为了达成这些目标就会要求由农民提供现金、物品和劳力来完成,比如建造老年之家和学校(Li Qin,1992)。

---

① 参阅 Han Hongjie(1997)对于成都乡村九年制教育政策的财政影响的分析。
② http://news.163.com/2004w03/12478/2004w3_10781149674351.html(访问于2007年5月26日),原始信息来自新华网(新华社)2004年3月3日的报道。

表 4.1　　　　　　　　　　　　加在农民身上的税费和摊派

税费和摊派的类型	项目说明
国家税收	农业税及其附加,农林特产税,屠宰税,耕地占用税,契税,牧业税,教育费附加
乡镇收费(包括乡村留成和乡镇征收综合费)	乡村征收的费用:为了三个目的——集体投资、福利、干部补贴
常以货币计价的强制性劳动	5～10 天的防洪绿化、道路和学校建设劳动; 10～20 天用于国家水利、植树造林项目的"累积劳动"
不论收入高低都要征收的杂费、集资和摊派款	比如道路和学校建设及其他地方的修缮项目;订阅报纸,购买保险,结婚证工本费等
罚款	征收于各种政府机构认定的违规行为,例如违反计划生育政策罚款
农民向国家销售农产品产生的负担(隐性负担)	强制农民以低于市场价销售粮食给国家;同时工业品定价又相对较高;当地机构又通常打白条而不是现金支付

中央确定的收费项目通过官僚层级下达,下级单位可能在上级或本级收费项目上加码,因为它们相信农民的收入增加了,多收一点也是无妨的。1985 年,在松花江地区(位于黑龙江省)的农民要支付 95 种不同的费用:58 种缴给省级部门,10 种缴给地区部门,27 种缴给县乡部门(《人民日报》1985 年 11 月 17 日)。1993 年,农民的不满与骚动引起了中央的关注,政府下令削减大量收费项目,并要求停止"搭车收费"项目(target-setting programmes)。这些措施奏效了一段时间,但是收费行为很快就反弹回来,因为对农村地区官员的绩效要求并没有相应降低。在 20 世纪 90 年代后期,像 1985 年的黑龙江那样花样繁多的收费项目已成常态。所以,各级官员之间缺乏协调而造成的政府治理低效、不能设定优先发展的目标、不顾当地资源限制而无节制地追求最大发展速度等,这些都成了农民负担增加的主要因素。

"三乱"使得地方官员能够超出法律限制设立很多收费服务项目,比如出生登记和发放许可证。当国家试图强制执行一项规定(乡镇和村的征收不得超过农民收入 5%)时,当地干部就会改变收费方法或者提高罚款(Li Qin,1992)。募捐应该是自愿进行的,但经常有对所有家庭实施强制募捐的事情。官员们经常对许多细微的违规行为而罚款。民众违反计划生育的行为,给官员们带来丰厚的罚款:如果第二个孩子出生在第一个孩子出世后的五年内,就能够处以2 000～5 000元的罚款。① 至于官员使用很多方法来改变款项用途，更是司空见惯，例如采购公务车、建造豪华的政府办公大楼或者公款吃喝。无论官员把款项用在何处，收费、罚款和估征（assessment）都占据了地方财政收入的很大比例。1996年财政部发现，在中国北部地区的河北省，一个县的农民总共缴了2 770万元的税费，其中，各种收费竟达到了令人震惊的71.5%（Gu Kang, Bai Jingming and Ma Xiaoling, 1999）。

4.4　地方税收对农村人群的影响

鉴于上述这些征收项目中大部分是非正规的，因此农民实际付出了多少税款，很难获得准确数据，地方官员自然也有向上级隐瞒的动机。2001年，朱镕基总理报告说，每年从农民那里征上来的税费有1 200亿元或更多，其中300亿元是国家税收，600亿元是乡镇和村级征收的各种费，剩下的都是未经批准的收费。② 一种被广泛使用的估计是，农民收入的大约20%被征缴。但是，在中国不同地区存在巨大的差异。在拥有乡镇企业的富裕地区，税收负担是微不足道的；然而与此形成鲜明对比的是，在中国农业地区有不少家庭仍感税费负担较大，尤其是在征缴税费的同时还非法减少支付给农民的粮食收购款的地区。不管怎样，负担与日俱增，它的增长速度超过了农民收入的增长率，尤其在1997～2002年农民收入增长停止之时。

很重要的是，表4.2显示出的税收负担是累退性的。基于从1988年到1995年收入分配的情况，Khan and Riskin（1998）总结说，"在总体上，净农村税费大部分是由那些贫穷的甚至是极度贫穷的农村家庭承担的。因此，农村家庭净税费的减少会产生强烈的公平效果"（Gu Kang, Bai Jingming and Ma Xiaoling, 1999: 249）。此外，他们还表明，与1988年相比，1995年农村税费的累退性更强。"最贫穷的10%的人所承担的净税收比例是他们收入比例的12倍，而最富有的10%的人所承担的净税收比例竟然是负数（从国家或集体征缴款中得到了正的净转移支付）"（Gu Kang, Bai Jingming and Ma Xiaoling,

---

① 1998年9月对吴晗的访谈。
② 《人民日报海外版》（2001年3月16日）。当时汇率1美元＝8.2元。

1999:240)。国家层面的数据显示,像表 4.2 显示的税负累退的情况是真实的。表中这些数据可能剔除了收费、罚款和摊派:"收费清单是值得关注的……在大多数情况下它是统一规定的,不考虑一个家庭是否富有或贫穷。"(Wang Yushao,1997:30)

表 4.2　　　　　　　　1996 年中国农民人均税负占收入的比例

收入档次(元)	税收占收入的百分比(%)
400~500	16.7
800~1 000	8.7
1 500~1 700	6.7
2 500~3 000	4.9
4 500~5 000	2.8

资料来源:Sun Meijun(1998:7—12)。

很明显,区域性税收负担是高度累退的。沿海省份的农村收入最高,中部地区居中,西部地区最低。然而,相对税负在比较富裕的东部却是最低的,大多数产粮省份的中部地区税负是最高的(参见表 4.3)。

表 4.3　　　　　　1996 年中国农村人口税收负担的区域性差异

人均	东部	中部	西部
净收入(元)	2 549	1 763	1 289
税收负担(元)	100	141	73
收入所占百分比	3.9%	8.0%	5.6%

资料来源:Wang Yaoxin and Lu Xianzhen 1997:7—12。

很多最贫穷的村庄(往往位于西部),没有能力支付任何税收,也享受不到任何服务。中国东部和西部的差距是十分显著的:在东部山东省曲阜一个村庄,它从乡村企业获得的收入,可以让政府大量地再投资于乡村企业的时候,"仍能够为公共支出提供 40 万元的资金"。相反,在非常贫困的西部省份,如贵州省的农村,"在教育与医疗上没有花费;他们的公共支出仅限于为乡村公务人员发放名义工资,而这也是由每一个村民的税收所提供的资金"(C. Wong,1997:199)。不奇怪的是,决策者以及研究人员都发现,解决税负问题以及农村普遍贫穷问题的最终方法是,在农村推进工业化。

4.4.1 征收成本与方法

毋庸置疑,税和费交易成本很高,这是由于干部们花费了大量时间来征收税费(上海零点市场调查有限公司,1998:24—28)。中央的指令是曾经在征收过程中使用过强制力的证据,指令说"我们应该严厉禁止强制性征收行为,比如动员和组织来自于城镇的远征小分队、工作组或者突击队,没收粮食家具或者牲畜"。由于家庭常缺乏现金,这些就可能不再归还。"严厉禁止使用强制手段与独断专行的方法从农民那里征收钱财和物品"[①]。

村民们对一些特定收费项目的合法性,也有很大的看法。1983 年,被沉重的税费负担困扰的湖南省桃源县的村民们,他们同意支付农业税,并答应缴费资助军人家属、帮助没有家庭支援的贫穷、病弱和年老的人,但是他们极力反对为干部薪酬、党员培训和高成本的集体投资付款。他们也反对为建造一个发电站而付钱,因为这个发电站的建造已经一拖再拖,而且该电站即使建成后投入运营还会再向村民收取电费。此外,村民们还认为应该由国家给教师和单亲家庭发放津贴(Chen Yimin,1983:19—20)。

对税费负担的不满,根源于对公平、公正和正义的渴望,这种渴望甚至在帝国时代就已发源。在原则上,国家对这些不满抱有同情心。根据自己对什么是可容忍的以及什么是公平的看法,它定义了"合理的"税费负担。1993 年在对《农业法》做出的一个说明中,国家为对 5% 的乡村税费负担做出了解释,说这个比率是在广泛的统计和调查之后得到的,是基于农民的实际收入水平以及他们能承受的负税能力而确定的(Luo Yousheng and Sun Zuohai,1993:56)。问责制的缺乏,是主要的不满。"农民支付粮食税是合理并且合法的,我们农民对这点没有困惑。但他们是以一种混乱的方式从我们这里拿走钱财。我们上缴了粮食,但是却不知道最终会落入哪个领导的口袋"(《农民日报》,1998 年 1 月 20 日)。问责制的缺乏使得官员可以凭借自己的权力来捞取个人利益,这是因为怎么使用这些资金,在决定时通常是主观的、由地方当局随

[①] 参阅《人民日报》1997 年 4 月 1 日和新华社 1996 年 12 月 8 日发布的文件。需要看更早的文件,可参阅 1993 年 9 月 2 日中华人民共和国国务院公报第 18:856。

意决定。

4.4.2 农村抗议

当负担真的减轻后,农民往往都是满意的。农民想要恢复的是,国家需要和自身要求之间的平衡。他们想要让更高级别的官员知道,他们信任整体的国家制度。

农村抗议最终产生的影响很小,因为太过分散化和本地化,并且没什么证据说明农民抗议在县以上的行政区之间有过协作。在有些事件中,同一县内的抗议活动蔓延到几个乡镇;而在其他事件中,抗议活动在相邻的或靠近的县几乎同时发生。这些例子也许会让人想起传染效应,"抗争手法"(repertoire of contention)的相互学习,以及农民可能进行了横向的沟通和协调。但对大部分集体抗议活动而言,它们都缺乏切实有效的社会运动所必需的持续协调的行动能力。当局对一些人施以严厉的惩罚,因为他们试图鼓动不同行政区域或者不同社会团体成员聚集在一起。这就解释了,为什么社会各界的抗议活动升级后却没有产生更大影响的一个很重要的原因。

在一些关于革命的文献中,城乡联盟是成功的关键。农村关于税费的抗议活动,缺乏这样的联动。那些在城市地区的学生和知识分子,他们是政治改革运动的天然领导者,但他们并没有对农村的抗议产生兴趣,也没有显示出有与农村地区人民沟通的意愿。正如伊丽莎白·佩里(Elizabeth Perry)所观察到的那样,抗议者未能利用"农民集体运动的能力"(1992)。这些城市的知识分子看不起农民,担心他们产生混乱。

在改革开放前便发展起来的城乡矛盾,在新时代继续存在并成为城乡合作的潜在障碍。农民进城并没有促进城乡团结,反而是一旦因某事发生就会有带来摩擦和冲突(Solinger,1999,主要是第4章)。此外,20世纪90年代中期开始,国有企业改革重组导致大量裁员,潜在地加剧了城乡两地的紧张关系,因为城市工人和迁移至城市的农村人为寻求工作而展开的竞争不断加剧。一些城市开始限制农村人口往城市迁移,并且想办法促使一些人迁回到农村地区。而在农村,也存在着很多对都市人的愤怒和不满。因此,反对政权的城乡联盟一直不可能形成。

4.5 中央的回应

中央政府不能容忍抗议活动,它对此进行压制并对首要分子进行惩罚。但值得注意的是,在税负问题上中央是站在农民一边的。在中央看来,沉重的税收负担会危及农民对党和政府的支持,并且会构成重大的政治问题。一次又一次增加的负担,大大超过了农民的支付能力,并引发了严重的不满,挫伤了农民的积极性,危害了农村地区的稳定(国务院公告,1985:1043－1046)。当农村骚乱愈演愈烈时,党中央、国务院采取严厉的方法来减负。例如在1993年,中央废除了37种收费和集资项目,取消了43种搭车收费项目。在1997年七八月份,发生在江西省和湖北省的骚乱结束后,国务院总理李鹏派遣出一个强有力的工作组奔赴当地调查。该工作组命令当地政府兑现所有的"白条"(官员在收购粮食或其他商品时开出的欠条字据),并且废除了21项税费。与此同时,工作组还裁定,绝大多数参与抗议的农民无需为此负责。紧接着,朱副总理也承认了抗议的合法性,并指责这两个省的领导玩忽职守,下令迅速惩罚那些滥用权力的当地恶官(Yue Shan,1997:21－23)。

中央领导人采取了许多措施来控制税负,"自1985年来,党中央和国务院一直在强调减轻农民负担的必要性。为此,党中央不遗余力地颁布文件,召开会议,安排领导人出席并发表演讲。然而结果却是农民的负担逐年增加,并且向农民收钱的理由五花八门"(Li Xueyi and Zhang Houyi,1993:26)。通过行政压力来减轻负担,通常没有足够的强度和持续性,也难以改变官员的行为,这是因为他们并没有同时去分析引起沉重税费负担的根本原因并采取针对性措施。

然而,随着时间的推移,出现了一些可以让村民寻求救济的途径。首先,在1979年后建立的法律制度逐渐渗透进了农村。中央努力提高农民对相关法律法规的意识,确保农民知晓他们的权利和提起诉讼的程序。一些村民或村民组对有些官员提起了诉讼,声称这些官员对他们的过度征税严重违反了法律法规。但这些诉讼几乎没有成功的,因为法官是当地政府任命的,因此法官更偏向于当地官员。

第二个潜在的救济途径,是在国家"信访"制度下农民可以向有关机构上访。在每一层级行政机关,都早已建立信访办公室。权益受到侵害的公民,可以以个人名义通过邮件或亲自提出申诉和投诉,集体投诉虽然被设置了限制条件,但仍起作用。上访者总是想让他们的不满和委屈引起更高级别官员的注意,如果可能的话,最好引起在北京的中央领导的注意。信访制度的建立确实解决了一些投诉情况,但效果却不是很明显。官员们接受了投诉信之后,往往只是将投诉信发回到被投诉的机构去。

接触媒体是第三种可能的途径。由于在税费问题上中央同情农民的不满,国家级报刊就会报道他们的困境。对当地机构而言,这是一种压力,因为他们发现自己不受欢迎。在江西的一个例子中,一位被当地镇党委书记压榨得几近破产的农民,打电话给一个专事揭露官员不当行为的电视节目(《焦点访谈》),公开这一事件。电视媒体、传真、电子邮件、手机甚至互联网络能覆盖到中国农村的偏远角落,因而村民能够利用那些原先当地官员想要隐瞒的信息。

第四,自 20 世纪 80 年代末引入村委会选举制度后,村民也有一定可能掌握权力。村级民主使得村民能够参与直接、秘密和竞争性的村委会及主任的选举,还建立了村民大会。到了 2004 年,中国 70 万左右的乡村有约 2/3 举行了选举,这些选举多多少少遵循了保密、自由提名和竞争等规则。[①] 然而,因为国家指派的任务必须通过村干部贯彻实施,所以乡镇官员就对农村选举极其关心(Li Lianjiang,2002)。在乡镇官员看来,一个顺从的村干部是必不可少的,尤其是在征收税费的时候。要改变这种控制关系并不容易实现,它依旧是实现农民自治和真正民主的主要障碍。乡镇往往更倾向于跟乡镇党委任命的村书记沟通交流而不是与民选的村民委员会主任,这样就会与因选举而具有合法性的村民委员会主任产生冲突(Guo Zhenglin and Bernstein,2004)。对此,中共组织部要求村党支部书记参与竞选,如果选举失败了就由其他有能力的人来当书记。这样的结果,对地方民主化的影响尚不清楚。[②]

[①] 与 2004 年进行全国农村调查的 Tianjian Shi 教授的非正式沟通。
[②] 有证据表明,成功的选举鼓励了村民去选举他们需要的、能与乡镇领导周旋的村民委会会主任(Li Lianjiang,2003)。作者之一的托马斯·伯恩斯坦,目睹了 2004 年 6 月吉林省两个乡村的选举,并发现这样的需要确实在候选人做出的简短竞选演说中被提及。

与此相关的是,1998年出台的针对选举和村民自治的法律,要求村务尤其是财务方面公开透明。该法律要求村委会主动向村民告知财务支出的构成,并同意普通村民查账,目的是以此来打消普通村民对当地干部滥用资金的怀疑。然而,法律只允许村拥有有限的财务权力,例如,村委会和村民大会,都无权决定乡镇或者村的征税规模。他们有权决定在村内筹款的方法,村税费的使用去向,尤其是在涉及村干部工资时有决定权。村委会也可以决定怎么使用从集体所有的资产上取得的收入,以及如何筹款修建学校和道路(《法制日报》1998年11月5日)。但是由于大部分税费负担是由上级政府机关强加的(尤其是由乡镇政府强加的),因此当选的村民委员会主任并不能降低税负,除非他们能代表选民向乡镇官员施加压力。

总的来说,公平的选举可能确实会提升农民对自己选出来的干部的信任,并期望干部能够更加公平地分配他们的税费负担。选举是一个渐进过程的一部分,它将村民转化为公民,让他们在自身事务的管理中能够发出声音(Li Lianjiang,2004)。除非选举范围和村委会的权力能够扩大,否则他们能做的非常有限。因此,尽管一些机构的确立能够为进一步改革提供机会,但在现实中这些改革却很少能发生。这样就导致种种农村骚乱在不断增加。

4.5.1 中国农民的新局面

就财政负担而言,早在2000年已试点的一项"费改税"政策就与此相关。费改税的目的,就是以标准化的稳定的税收取代许多混乱的收费与多重征收项目,从而确保征收时的可预期性及有限性。

安徽的纳税人非常高兴,因为"费改税"首先在安徽进行了试点,改革导致农民的各种负担减少了25%。但有一个负面的影响是,税收收入的巨大缺口影响了乡镇政府和村的职能。根据对10个村庄的调查,费改税改革导致村级收入下降了62%(Zhu Baoping,2001:12—16)。结束收费大幅度地减少了当地的公共资金,而乡村学校曾长期依赖于这些资金,结果学费不得不剧增。这清楚地表明,如果没有新的资金来源,减负并不能真正产生效果。2001年3月,中央公开承认,想要费改税改革起到作用,就必须要有资金补助。于是朱镕基总理宣布,中央政府每年将会拨款20亿~30亿元用来填补地方政府收入预算的缺口。

中央转移支付这一决定实施之后，又有一个引人注目的公告，即绝大多数农业税将逐步取消。几千年来，农业税一直都是国家的基础，因而废除农业税是具有巨大象征意义的一步。由于前一个五年计划正在实施，因此部分农业税将在2006年取消。实际上这不会对国家财政产生多大影响：1950年，农业税收入占国家总收入的40%；而到了2004年，仅占了不到1%（《21世纪经济报道》2005年2月23日）。

大量的中央补贴确实开始流向税收收入减少的农村地区。在2002～2004年，取代农村税收收入的专项资金补贴从24.5亿元（3亿美元）涨至近40亿元（4.9亿美元）。中央政府宣布，这些资金能够支持农村地区免费九年制义务教育的普及，并结束富有争议的集资和乱收费（《中国日报》2003年9月20日；《人民日报》海外版，2003年10月11日；《人民日报》2003年10月24日）。

4.5.2 未解决的问题以及新的挑战

国家与农民之间的关系问题是一个非常严肃且长期存在的问题，中国是否已经成功解决了该问题？在对这个问题下结论之前，我们需要考虑以下几点。第一，国家与农民间这样一种分配关系是否能够维持？经济学家克里斯汀·王发现，2002年至2004年，抵补税费减少的财政返回从占全部中央政府转移支付的0.5%增长到了4.2%，但这些返回绝大部分都给了城市。[1] 这表明对国家来说，继续维持给予农村相对微薄的补贴是不怎么困难的。

第二，新的财政资金流能否见效，取决于农村行政机构的大幅裁员实现与否，尤其是在乡镇层面。实际上，这是一个必须完成但很难完成的任务，哪怕是在乡镇行政机关被合并的时候。许多行政机构拒绝减少他们的人员，这些行政机构包括党委、共青团以及妇联。让人担心的还有，被解雇的地方官员可能会组织抗议活动来反击，这将使得已经动荡的乡村状况更加恶化。关于裁员问题的讨论，可参阅伯恩斯（Burns，2003）。

---

[1] 大部分中央转移的拨款给了工资补贴与城市失业人员。参见 Christine Wong 2005 年未发布的论文《中国能否改变21世纪的发展范式？》

与冗员问题一起出现的，还有乡、村两级长期存在的严重债务问题。许多官员建议这些债务应该一笔勾销，尤其是那些执行中央计划所产生的债务，比如普及九年制义务教育计划，它给农民造成了沉重负担，可当地政府又确实无力负担（《南方都市报》，2005年3月16日）。① 乡村政府的财政危机连同冗员供养问题，引起了对乡镇政府存废的争论。一些人认为乡镇政府应该取消，它们的职能应该由县和扩大了的村民自治所取代；另一些人主张乡镇政府应该保留，但是市场力量应该可以免除他们管理经济的主要任务。②

第三，资助资金能否真正地到达目的地是成问题的。世界银行的一项研究（2002a）指出，中国预算和财政管理体系存在着很多未解决的问题。在最低层级的政府，漏损特别普遍（Xu Yong，2003）。新政策规定直接把补贴发给粮食种植者，这意味着有一种隐形的认识，那就是无法信任地方行政机构来处理这些资金。因此，在税费体系的末端，财政控制体系需要非常复杂和困难的制度改革。

第四，转型所需的高成本也是问题。税费减少或总体取消了。但就像2005年那样，中央的补贴专项资金并不能填补村和乡镇政府的大量资金缺口。在其中，有一些乡镇处在破产的边缘，没钱补修道路，没钱支付人工费，也不能维持政府基本职能的运作。（见《南方都市报》2005年3月16日）

最后，取消农业税将对农民的公民意识会产生怎样的长远影响？当公民履行了作为纳税人的义务后，他们有权要求国家提供公共物品和公共服务。在很长时间内，因为强加在他们身上沉重的财政负担，村民发展出了他们作为纳税人的权利意识，懂得拒绝非法的收税行为。因此，税费制度带来的另一个副产品便是，村民开始将自己视为公民。取消农业税，会不会切断国家和公民的互惠关系？会不会把农民降低到依赖国家恩惠的被动接受者地位？③

具体地说，这就演变成农村治理的问题。假如国家愿意支付且能够负担所有的村级公共物品是不可能的，那么该怎样筹集这些资金？应该扩大村民自治吗，以便让村民有权独立决定发展计划和自我筹资的必要性？费改税的

---

① 这是一份对停征税收产生影响的长期调查报告。
② 可参阅 www.finance.sina.com.cn（2005年2月23日）的相关内容。
③ 参阅相关文献，如"农业税取消后，农民国家意识集体观念也消失了吗？"《东方瞭望周刊》，http://net.sohu.com/20050228/n224461388.html（2007年5月28日）。

制度改革者设想,村民大会能够讨论并同意逐项经费支出。但一些观察家提出,农民能否自治并克服"搭便车"的问题？即使大多数村民都同意将资金投给道路建设等项目,可仍有一些村民拒绝出资(见 He Xuefeng 2003 年的论文)。总的来说,税费改革尤其是取消农业税给农民带来了巨大的好处,但在农村治理方面仍留下了许多重要问题有待解决。

第五章 东非的大众税收与国家
——社会关系[*]

奥德·黑尔格·菲耶尔斯塔德(Odd-Helge Fjeldstad),
欧雷·特希尔德森(Ole Therkildsen)

5.1 引言

与过去其他大多数农业社会一样,在东非,地方政府主要也是以人头税形式向多数人直接征税。人头税虽在细节上有所不同,但其特征都是对成年男性以相同税率征税,极少或根本不会根据个人收入或条件的不同而做出调整。在东非和撒哈拉沙漠以南的非洲地区,人头税一直是当地政府主要的收入来源,尽管随着时间的推移人头税在财政上的重要性趋于降低。人头税起源于殖民时代,最初是殖民者用来替代强制性劳动的有效方法。从殖民时期到今天,人头税一直是国家机关和农村居民之间紧张和冲突的来源,也是许多农村叛乱行为的催化剂。

本章有两个主要的目的。第一,通过坦桑尼亚和乌干达人头税的历史追溯,解释人头税是如何影响国家—社会关系的,以及为什么得耗费如此久的时间来废除人头税。在此处可以说的一个宽泛观点是,如果说人头税有助于民主化的话,那么它并非是因为收入谈判(在谈判中国家用代议制向纳税人换取税收收入)(Levi,1988;Moore,1998;Tilly,1992;以及本书中 Moore 的研究成

---

[*] 本章的研究得到了 Chr. Michelsen Institute (CMI)、the Danish Institute for International Studies (DES)、the Danish International Development Agency (DANIDA)以及 the Norwegian Agency for Development Cooperation (NORAP)的资助。本章的早期版本是在 2005 年 7 月伦敦 AEGIS 会议(非洲—欧洲跨学科研究会议)、2005 年 9 月华盛顿特区 ASA(非洲研究学会)年度会议以及 2005 年 4 月达累斯萨拉姆 REPOA 年度研讨会上提出的。我们对参与研讨会的人员以及早期拟稿时提出建设性意见的 Deborah Brautigam 以及 Mick Moore 表示感激。

果)。相反,在东非,人头税动员起农村居民发动政治斗争,以反对他们曾遭受的压迫。在近期引进的竞争性政治制度,已将强制性人头税转变为一个全国性政治议题,民众利用自己的投票权来废除人头税。在这个意义上,坦桑尼亚和乌干达的经历本质上都是一样的,并且和同时期中国农村的经历非常相似(见 Bernstein and Lü;2003 以及他们在本书中的研究成果)。在这两个例子中,高压性的地方税收都引起了民众的不满,并使得中央政府最终废除它。

第二个主要目的是,通过对这两个国家相关地区的比较,来探讨征收强制性地方税的动力来源。有证据表明,地方政治在当选的政客和任命的官僚之间的平衡关系是一个重要的变量:当行政官僚在征税方面比当选的政客有更大的权力时,强制性税收就有可能被付诸实施。此外,国外援助机构若要求地方政府筹集配套资金,并以此作为向地方提供援助的条件,那么官僚的权力也得以强化并加强了强制性征税的行动。

本章首先简要介绍非洲的人头税,接下来的章节将追溯坦桑尼亚和乌干达人头税的产生与消亡,时间跨度从一百多年前人头税的引进直到最近被废除,然后我们再描述并解释这两个国家不同地区间人头税的变化,最后一节结论是针对新兴的竞争性政治制度对地方税收影响的一些评论。

5.2 非洲的人头税

在英国,人头税的历史至少可以追溯到 1377 年,在当年对每个人都征收了一笔固定金额的税(Pepper,1969)。英国在 19 世纪(加纳)及 20 世纪初(尼日利亚东部、肯尼亚、尼亚萨兰、北罗得西亚、塞拉利昂、坦噶尼喀[①]、乌干达)将人头税引入非洲。多年后这些税的目的不断在改变了,但在不同的时期包含着以下这些组合:

● 在殖民时代早期,强迫以自给自足为生存基础的农民出卖劳力或者种植经济作物以供出口。
● 为英国战争提供资金,尤其是在第二次世界大战期间。

[①] 1886 年坦噶尼喀被划归德国势力范围,1917 年 11 月英军占领全境,1920 年成为英国"委任统治地",1964 年 10 月 29 日成立坦桑尼亚联合共和国。——译者注

- 为使殖民地在财政上能够自我维持,并降低对关税的依赖(关税是殖民地另一项主要财政收入)。
- 为社会发展、弥补公共行政运行成本提供资金支持。

把人头税和个人所得税进行对比,最能体现出人头税的特征,同时有助于说明人头税对于非洲国家一社会关系的重要性。原则上,人头税是对一个大的族群里所有个人,特别是身体健康的成年男性征收的统一税(Pepper,1969),①数以百万计的人,都必须缴纳人头税。相比之下,个人所得税只针对极少数人征收,他们从公共或私人正规经济部门中获得可观的薪水或企业收入。此外,个人所得税的缴纳者大多典型地生活在商业城市的中心或周边,而人头税是在整个国家范围内、对拥有不同收入并与国家代理人有不同关系的人征收的。

人头税在概念上简单易于理解,但缺点是不公平且征收困难(Pepper,1969:4),因为它无视实际收入差异和家庭状况。虽然该税对特别贫困的人和老年人往往免征,并且在某些情况下(例如在乌干达),是按评估的收入分级审慎征收的,但因为它是强制征收的,所以这些措施对于人头税的实际归宿影响有限②。总之,人头税是不公平的且累退的,被人民视为不公正,故常有大范围的不愿缴税的情形发生。纳税人不遵从,是人头税制度的一个严峻的问题。

三个其他的因素,扩大了人头税具有的不公平性和武断性缺陷。首先,对于极为依赖雨水的农业经济来说,收入和纳税能力是难以评定的。随着时间和地点的变化,收入可能是不同的。其次,地方政治的压力与冲突会阻碍人头税的征收,并造成人头税实际缴纳者的变化。再次,什么人真正地缴税经常是一个相当不确定的事情,这是由于征收人头税的行政效率普遍低下而且依不同地方行政区而变化。在纳税人和税务人员直接相对之时,通常会动用暴力。税务人员有时会带着武装民兵,在路障或者公共场所(医院、学校、集市、运动场、婚礼上等)搜寻潜在的纳税人。自从一百多年前引入人头税后,这些征税

---

① 在东非,有薪水或因从事经营活动而有独立收入来源的女性也需要支付人头税,不过这样的女性只是少数。

② 某些税收豁免权也经常被写进法案。军人、警察和监狱工作人员是典型的被豁免对象。18岁以下全日制学生、有疾病以及贫困的人也不需要支付。然而,根据应有的权利(1963:7),符合条件的被豁免的纳税人数量受到"不超过总纳税人数量5%"这一原则的限制。

的技术阻碍了农村居民流动的方法,引起了广泛的不满和种种手段的逃避。由于这些原因,人头税对政治与社会产生的不良影响远远大于其可能带来的收入这一好处。

5.3 东非人头税的兴衰

坦桑尼亚和乌干达在政治上、社会上、经济上及很多方面都是不一样的。但是,他们在人头税上的历史,从大约一个世纪前的兴起到最近的废除,倒是非常相似的。

5.3.1 坦桑尼亚

自 1964 年 3 月坦桑尼亚建国以来,政治稳定一直是其主要的特征。① 这可以归因于以下几个因素:

第一,不存在可明确界定的具有足够规模的、权力和文化同质性强的种族团体,所以没有人要求实行联邦制或要求分裂。最大的也是最有可能要求特殊地位的潜在团体是苏库玛族,他们生活在维多利亚湖的东部和南部地区,拥有全国 20%左右的人口。然而,长期以来他们一直分裂为散居的部落,从未对地区自治提出过严肃的要求(Kelsall,2000)。此外,还有超过 120 个其他的民族,但他们都相对较小且无法获得和掌控足以形成区域政治权力基础的自然资源。

第二,英国殖民当局没有将政治权力下放给当地的群落,他们在尼日利亚和乌干达也是这样。相反,他们建立起了区域性的行政机关和土著管理机构(Tordoff,1965)。每个土著管理机构的辖区内都有一个主体的种族,而土著管理机构中的人员都是由传统的领导(酋长)组成(Dryden,1968:6)。在"间接统治制度"之下,土著管理机构被授予了一些行政、立法和司法的权力(Iliffe,1979;URT,1991)。然而,对他们的授权不包括为自己征税,要征税也是作为中央政府的代表来进行(Bukurura,1991:76)。英国的政策是,殖民地与

---

① 坦噶尼喀,这个前英国殖民地,在 1961 年 12 月获得了独立。坦桑尼亚共和国于 1964 年建立,它包括坦噶尼喀大陆以及原来英国的保护国——桑给巴尔岛。

受保护国的行政机构在财政上必须能够自我维持(Katalikawe,1988:179)。

第三,独立后,对新的中央政府的首要挑战就是,要确保国家内部的凝聚力,即进行民族塑造(nation-building)、构建民族认同。坦噶尼喀非洲民族联盟(TANU)作为最主要的政党,成为民族塑造进程中的主角。[1] 在独立斗争过程中,TANU 获得了合法性,而传统的领导(酋长)在公众心目中被认定为曾在税收和实行"现代"农业等问题上进行过殖民压迫。因此,在 1962 年,土著管理机构和他们传统的统治者被废除了(Dryden,1968:117)。中央和地方各级的党政领导者,其获取的地位是根据他们的受教育程度、行政能力以及(特别地)对中央的忠诚决定的(Kelsall,2000)。除了正式薪水外,高级政治官员和公务员总是寻求列席半国营(parastatal)的企业和公司的董事会,从而确保获得大量的额外收入。[2] 这样一来,坦桑尼亚社会中受教育程度最高的阶层,便会向中央投入他们的忠诚,并因此受到中央的奖励。他们认为自己的角色是,动员落后的农村地区为了国家发展的利益而行动。他们没有兴趣去满足农村地区的需求,也不会领导农村地区来反对中央政府。

然而,即使在独立后的早期,TANU 的领导者不仅与官僚们之间的分歧日益扩大,而且与民族主义运动的社会基础即贫穷的农民和工人之间的分歧也日益加剧(Havnevik,1993:40—41)。尽管它有能力避免农民暴动,但坦桑尼亚国家官方缺乏对农民实施全面纪律监督的能力。因此,农民有能力逃避国家,用的手段是他们的"退出"而非"呼声"(Hyden,1980),比如他们可以转移到新的地区从事新的行业以躲避税务人员。

自 20 世纪 80 年代以来,坦桑尼亚一直承受着越来越大的政治和财政压力。为寻找新的收入来源,政府掌控了捐助资金和非国有的机构[包括宗教团体、非政府组织机构(NGOs)和合作社],非国有机构有很多已经接受了捐助资金的注入。对这些资源的掌控常常由当地精英所主导,这些精英往往与国内有声望的家族甚至外国捐助者有关系(Kelsall,2000:550)。此外,1992 年引入的多党政治竞争让当地政治家有了积极性去建立广泛的群众支持基础。[3]

---

[1] 1997 年,坦噶尼喀非洲民族联盟被纳入新的革命党派——CCM(坦桑尼亚革命党)。
[2] 国有企业(或半国营企业)的数量从 1967 年的 64 家增加到了 1977 年的 149 家,1981 年增长到了 381 家(Havnevik,1993:50)。
[3] 首次多党地方政府选举在 1994 年举行,紧随其后的是 1995 年的议会选举。

第五章 东非的大众税收与国家——社会关系

坦桑尼亚曾经的人头税 坦桑尼亚的殖民历史,可以追溯至1885年俾斯麦宰相决定在东非建立德国殖民地。① 在19世纪90年代后期,德国殖民当局对所有成年男性征收3卢比的人头税(Spear,1997:84)。这在当时相当于一个多月的工资,其目的在于迫使非洲人从家庭经济中走出来,从而为了工资而替政府或来自德国和南非的移民个人工作。第一次世界大战之后,英国接管了坦噶尼喀,继续执行德国殖民者有关劳工和税收的政策(Spear,1997:112)。1923年,《茅屋和人头税条例》(The Hut and Poll Tax Ordinance)得以颁布。官方对此的说法是,收税是合情合理的,目的是弥补殖民地公共管理的成本(Havnevik,1993:211)。但是,人头税也用来积极地为地区创造"劳动力储备(labour reserves)"(Havnevik,1993:211),在雇主最需要的时候劳动力就会"涌现出来"(Shivji,1979:4)。

在20世纪20年代,茅屋和人头税的金额相当于普通人一至两个月的收入(按普遍工资水平计算)(Spear,1997:113)。1945年,在卢菲吉地区征收的这一税收,占每个纳税人毛收入的25%(Havnevik,1993:212)。那些不缴税的人,被要求为公共工程工作,这些工作包括清除路边的杂草和为科学考察队充当勤杂工。截至1950年,一些地区强制劳动时间达到平均每人每年10天(Spear,1997:113)。

直到20世纪50年代早期,大多数的茅屋和人头税的税收归中央政府的国库所有,并用来维持殖民政府机构(Due,1963)。例如在1948年,人头税占到了国内总财政收入的15%,而个人所得税仅仅占了不到10%(国际复兴开发银行,1961:49,表7)。10年后,被称作"个人税"的人头税占中央政府来自国内的财政收入的比例不到7%,而个人所得税逐渐成为财政收入的主要来源之一,占到了中央政府总收入的18%。在当时,只有很少的非洲人缴纳个人所得税(国际复兴开发银行,1961:327)。同时,人头税逐渐成为地方政府日益重要的收入来源。在1961~1962年,个人(人头)税贡献了地方税收收入的83%(Due,1963:64)。

---

① 从1885年到1890年,德国东非公司负责管理领土,德国东非因此而被人们所熟知((Iliffe 1979:88)。1891年这个责任被德国国家所接管,直到第一次世界大战,德国战败,德国的统治才戛然终止。然而,其间十多年一直由德国所统治。1920年,坦噶尼喀大陆成为大英帝国的一部分((Iliffe 1979:247)。1922年,大英帝国被赋予了完全的领土立法权与行政权。

105

最初人头税对每个人征收相同的金额。然而,由于在获取财政收入和公平性两个方面都存在明显的不足,自1953以后就不断地引进分等级征收的制度。虽然中央政府鼓励分等级征收不同的税额,但直到20世纪60年代,单一税率的税收制度仍被各地区管理当局普遍采用,只不过各地区的税率却有着很大的不同(Due,1963:65)。

在1969年,政府废除了人头税。一定程度上,这是为了回应公民对于地方当局在征人头税时方式过于严酷表达的不满。特别是在伊莱梅拉(姆万扎地区),有一个监狱里挤满了被捕的未缴人头税的犯人,其中13人被闷死。这件事情,引起了公众的愤怒(Bukurura,1992:79)。此外,在废除人头税的争论中,这一税收的征收与过去殖民当局的高压行为之间的联系,被人们反复地指出来(Kulaba,1989:219)。当然,在这其中也有更加政治性的动机。到了20世纪60年代末,由总统尤利乌斯·尼雷尔(Julius Nyerere)领导的中央政府担心,在地方层面上,TANU及其合作者已经不再具有社会主义理想,而成为追求个人利益的工具。农村的精英们已被人公开指责为"库拉克丝"(kulaks,即农业资本家)、"虱子"、"吸血鬼"等(Kelsall,2000:458)。人头税的废除,不仅剥夺了当地官员一项重要的收入,而且也为1972年农村地方行政机构和一年后城市议会的解散奠定了基础。①(Hyden,1980)认为这是中央绕过农村精英直接管理农民的一次尝试,它让中央政府控制的发展活动延伸到草根层次。

1982年,地方政府制度得以重建,两年后人头税也恢复了。新的人头税更名为"发展税",目的是让公众更容易接受。该提案在国会上引起了轩然大波(Bukurura,1991:80),但还是以两票的微弱优势获得了通过(《非洲研究通报》,1982:6552)。

人头税("发展税")再次成为地方政府收入的最重要来源。1984~1985年,人头税为农村管理机构贡献了超过60%的财政收入,为城市管理机构也贡献了大约50%的财政总收入(URT,1991)。然而,到了12年后的1997年,人头税收入占42个农村管理机构财政收入的比例已经下降到了30%,占10

---

① 在1972年到1980年间,农村发展的特点很大程度上取决于政府的规划。乌贾马(Ujamaa,一种农村社会主义组织形式,于20世纪60年代开始推行。——译者注)或村庄化是农村地区现代化的一个关键组成部分(Havnevik,1993)。

个城市管理机构财政收入的比率下降到了 19%（Price Water House,1998）。此后直到 2003 年,发展税（人头税）在农村管理机构的财政总收入的占比基本保持不变。在城市,因为人头税已经可以被其他的收入代替,所以自那以后,其重要性大幅下降。

20 世纪 80 年代到 90 年代间,人头税在总收入中占比的下降,在很大程度上归因于 1991 年国会决定免除妇女缴纳人头税,而该决定曾激起了激烈的争议和讨论（Tripp,1997:157）。那些支持女人应该缴纳人头税的人认为,在法律上女人与男人是平等的,因此也应该与男人有相同的权利和义务。而那些反对者认为,农村地区的妇女在经济上都是依赖男人的,因此应免除交纳人头税。这场争论显示出不同女性收入群体之间的矛盾与冲突,那些代表较富裕群体的女性议员,坚决反对免除女性缴纳人头税的义务。

2003 年 6 月,政府在没有事先与国会、地方政府及负责监管地方机构的相关部门协商的情况下,废除了人头税。这个决定让很多人大吃一惊,因为人头税是农村管理机构在当地的主要收入来源。政府考虑的是,废除人头税可以让政治反对派在 2005 年的竞选中,无法借此议题获得支持。

5.3.2 乌干达

政治脆弱是乌干达国家一个明显的特征,在 1962 年独立以前它长期都是这样。因此,英国殖民统治者曾经花费了三十多年来确定乌干达作为被保护国的领地边界。例如,乌干达东北部的卡拉莫贾直至 20 世纪 20 年代都没有民政管理机构。同样在北方的鲁道夫省,1926 年被划给肯尼亚,因为殖民政府最终意识到它是不可能受乌干达管理的。第二次世界大战期间,乌干达的边界问题再次被提及,有人提议应该将乌干达并入以肯尼亚为中心的更大的整体中去。

乌干达一直都是脆弱不稳定的。在奥伯特（Obote）和阿明（Amin）统治动荡期（1972～1986）之后,1986 年约韦里·穆塞韦尼（Yoweri Museveni）和全国抵抗运动［the National Resistance Movement（NRM）］开始统治。在非洲,这是首次有集团在丛林中建立武装部队并夺取了政权。正如 Herbst（2000:254）所指出的,"这是一次实实在在的内陆农村反击成功的实例"。但是新政权没有办法掌控国家的北部地区,在那里流血冲突伴随着叛乱还在继续,而且有一百多万人流离失所(国际危机组织,2004)。

布干达王国(乌干达中南部一地区),在传统上一直独立于乌干达,这种关系导致了当前持续的紧张和冲突(Englebrecht,2002)。布干达王国在殖民时期就享有优惠待遇,自那以后它一直试图保有。在独立后,那些曾经被忽视的地区为其在殖民地时期的被边缘化寻求补偿时,布干达就处于它们诉求的中心位置。西部地区的小王国和东部地区较大的布索加区,对于自治的要求越来越强烈(Davey,1974:21)。在奥伯特和阿明统治的动荡时期,布干达王国享有的政治特权被削减。在允许地方管理相对自主的基础上,NRM政权实行的权力下放,已经成为一项策略,它可以在巩固中央专享处理全国议题权力的同时,允许地区当局相对自主。它也让政权能够妥善处理和分化种族要求,并在2005年之前阻止多党选举制的呼声。因此,乌干达的权力下放是为了顺应种族民族主义(Therkildsen,2002b),也是为了削弱和瓦解他们(Crook,2002)。

这是理解乌干达人头税政治的大背景,在这个背景中殖民者势力和独立后的政权都不能居于完全支配的地位。人头税的征收可能使用了强制性手段,尤其是针对更穷的人头税缴纳者而言。但是,乌干达并没有足够的政治和行政能力来维持长期的、全国性的强制性手段。人头税尽管是一个"地方"税,但它一直与全国政治议题紧密联系在一起,就像接下来的讨论会说明的那样。

乌干达曾经的人头税 直到第二次世界大战,在乌干达征收人头税,首要目的就是为了满足殖民地的财政自足。与坦桑尼亚一样,征税也被视作让非洲农民进入货币经济的一种方法——一开始是强迫他们去种植棉花。1900年开始先征收茅屋税,紧接着1905年征收人头税。起初,税收收入都流向了坎帕拉的殖民政府。不是非洲人就不用缴纳这种人头税,直到1919年开始执行一种针对他们的人头税。1940年,一项针对不是非洲人的分级人头税制度开始执行,紧接着,1945年个人所得税也开始执行。1925年,土著人地方行政机构第一次获得了征税的权力,在当时允许当地人将强迫性劳役(被称为"lu-walo")改为缴纳现金。但完全地由地方政府征税第一次出现在1954年至1960年间,当时将人头税更名为分级个人税(GPT)并在所有地区内开始征收

(Davey,1974:35—38)。

直到第二次世界大战开始,乌干达保护国政府仍一直在"担心和犹豫"是否对非土著居民征收个人所得税,而考虑对那些已缴纳沉重人头税的非洲人增加税收就更加"不情愿,甚至令人惊慌"了。总督认为非洲人需要保留一定的支出能力以增强已货币化了的农作物生产(Thompson,2003:125)。1940年和1941年,战时的伦敦否决了这一考虑,并下达指示要求提高所有纳税人的直接税水平(Thompson,2003:117—121),同时,地方财政支出不允许增加。蒂利(1992)所分析的在欧洲存在的税收和战争之间的关系,以一种有趣的扭曲的形式在这里出现,那就是为了帝国在别处的战争而增加额外的税收。在第二次世界大战期间,大约77 000名乌干达男子加入了英国军队。当他们返回来时,许多人变成了政治积极分子。这在政治上的后果是显著的:"1939年之前,殖民地国家受温和的目标支配并被非洲相对合作的社会所支持。战争改变了这一切。"(Thompson,2003:5)。乌干达民众和殖民地政权之间的关系,变得越来越紧张和冲突,一直持续到1962年独立之后。

在独立后的几年,人头税的目的表面上一直是为了资助"发展"。在20世纪60年代,有一些人头税的收入也的确用在了那方面(Ghai,1966)。1972年阿明执政之后,人头税很快崩溃,虽然地方为提供公共服务而动员资源并未停止。事实上,阿明执政期间,虽然在大多数农村地区国家提供的服务溃败了,但草根组织在地方层次上动员资源来建设小学教室却处于兴旺之中(Nabuguzi,1995)。在20世纪80年代后期,NRM掌权的最初几年,地方政府很大程度上依靠他们自己的财政收入来运行自身的事务。到2003年为止,人头税只占地方财政收入的40%～50%,这与1961年的91%形成鲜明对比。人头税大多数用来支付行政支出(Bahiigwa,Ellis,Fjeldstad,Iversen,2004),这样的支出也许是有必要的,但也暗含这样的意思,那就是大家普遍认为人头税不再与发展活动有直接联系了,这种看法正好与事实相吻合。到20世纪90年代,人头税已经不足以支付投资和日益增加的公共服务的日常成本,这些成本由中央政府和援助者提供。

考察一下20世纪税收负担变化的总体趋势,还是很有启发的。在这一时期,独立后的乌干达直接税体系最显著的变化就是取消了基于种族的区别对待,这种区别对待不仅体现在对殖民地非洲人与非非洲人征收的税种和税率不同,而且更明显的是,在人头税方面,他们的税收负担也不一样(Jamal,1978:428)。1927年,非洲人必须缴纳现金收入的23%,到了1947年达到了令人震惊的55%,[1]而非非洲人只需缴纳相对于他们现金收入而言很小的一部分。然而殖民时期一项歧视性制度却仍然被保留:拖欠个人所得税仅仅是民事违法行为,但拖欠人头税却仍然是刑事犯罪。[2]殖民地时期种族歧视,实际上已经转变为现在的阶级歧视了(Therkildsen,2004b)。

自独立以来,人头税对于财政收入的重要性已经大大下降。[3]刚刚独立时,所得税约占GDP的3.2%,而人头税则占2.5%。40年后,这两个比例分别是1.2%和0.8%。[4]但相对于个人所得税而言,人头税仍然是大众税收。1961年,只有不到1万人缴纳个人所得税,相反却有大约140万人缴纳了人头税,而总人口只有700万人左右。到了20世纪90年代中期,所得税纳税人达到了18.5万个个人和企业,而在当时总人口有1 900万的情况下,缴纳人头税的人数下降到了120万人左右。2005年人头税废除的时候,约有总人口10%左右的人在缴纳人头税,而只有1%的人缴纳所得税。这是人头税具有政治重要性的主要原因。

许多关于地方税收制度的政策文件和咨询报告,都将20世纪90年代人头税的下降作为一个主要的问题(ODA,1963;[5]LGFC,2002;Bahiigwa et al.,2004)。20世纪90年代,乌干达实施分权改革,将大量的职能和资金向地方政府转移,这使问题进一步扩大。现在地方政府极其依赖中央政府的拨款和援助资金,这两种来源的收入在20世纪90年代占地方政府总收入的50%[坎帕拉(乌干达首都)]至85%(古卢,北部地区)之间(Livingstone and Charlton,2001:表1)。在1999~2000年,人头税只占地方政府财政收入预算的不到6%(Bahiigwa et al.,2004)。此后,直到2005年7月人头税被废除,从人头

---

[1] 这些数字包括了所有的税收,比如,包括经销管理局扣款、出口税等。以布干达的一名棉花生产者为例,他取得60先令的年收入后,不得不支付15先令的人头税、10先令的当地政府税以及给地主10先令的进贡(Thompson,2003:127)。

[2] 相同的案例是坦桑尼亚。

[3] 本节的相关数据来自 Therkildsen (2004c)。

[4] 1961年和2000年的人均GDP大致相同(Bigsten and Kayizza-Mugerwa,1999)。

[5] ODA,"乌干达:提升地方的收入能力和管理能力",未发表的论文。伦敦:Overseas Development Administration(1966)。

税获得的财政收入进一步地下降。

5.4 东非强制性税收的动力学研究(dynamics)

在坦桑尼亚和乌干达,人头税都大约有100年的历史。在人头税出现的头60~70年之间,作为财政收入的来源它曾具有重要的地位,但在独立后其作用逐渐衰弱。尽管人头税在两国的历史轨迹很是相似,但每个国家的纳税遵从程度都存在空间和时间上的差异,这些差异在独立后进一步扩大。

5.4.1 坦桑尼亚

在整个殖民时期,非洲人民都痛恨人头税。拖欠人头税的人常常在路上被围堵抓捕。税务稽查人员设置路障堵住人们,要求他们出示缴税收据;如果拿不出收据的话,便会被带到当地的税务机构(Due,1963:78)。正如1935年鲁非吉地区年度报告中所反映的,这是一项耗时久、行政成本高的行动,"在这份报告中几乎每段都提到税收,遗憾的是,当地的行政机构完全被这个问题所拖累。行政人员的时间应该花在更有意义的事情上,而不像现在大部分都耗费在当地税务员的重复劳动上"(Havnevik,1993:211)。

拖欠人头税的人,往往被强迫为公共工程劳动,也可能被逮捕入狱。虽然在20世纪50年代入狱很少见,但直到独立后才在政治上认定入狱不可行(Due,1963)。然而,在20世纪60年代,监禁入狱成为普遍现象,正如姆万扎的案例中所反映的。这随后促成了1969年废除人头税。在1984年重新实施人头税制度之后,包括监禁违反者在内的严厉的执法手段都变得合法化,并且很多地区都在使用。①人头税在全国范围内都被抵抗,纳税人几乎看不到他们所缴税收换来的实际好处。地方机构几乎不会为了发展而投资,并且因为他们缺乏运营的资金,地方当局连现有的公共设施都不能够维持(Semboja and Theridsen,1992)。在有些例子中,恶化状况与聊胜于无的政府服务,加剧了抗税的行为(Bukurura,1991;Tripp,1997)。

---

① 1982年的《地方政府财政法案》(URT 1982:21)规定,"按本法规定,任何人忽视、拒绝支付应缴地方政府机构的款项,都构成犯罪,需要支付不超过50 000先令的罚款或者被判不超过3个月的有期徒刑,除非他可以证明对法案的忽视以及不能够执行是由于他处于不可掌控的且可以证实的情形下"。

许多地方政府主要依赖简单粗暴的手段收取人头税,包括由当地民兵或警察设置路障以及由税务人员进入一个个村庄去征收(Fjeldstad and Semboja,2001)。使用强压性征收手段,非常直接且令人厌恶,因此民众采取极端的手段来逃避税收,例如经常在税务人员来临时躲到丛林里。抗税有时会以更加暴力的形式,例如,菲耶尔斯塔德(2001)报道过,在基洛萨地区,由于有极大的人身危险,税务人员会避开一些村庄,只有在民兵陪同保护下,他们才会进入这些村庄。其他地区也经常被报告有抗税行为。《每日新闻》(1997 年 11 月 28 日:5)报道说:"超过 20 名负有抓捕抗税人这一特殊使命的莫希市市政当局的人员,于周三下午在姆布尤尼市场遭到了暴徒的袭击,8 人受伤,其中有几人伤势严重。"1998 年在坦桑尼亚东北部阿么鲁(Arumeru)地区,几乎全区的人都参加了抵制人头税的起义。他们殴打征税人员,烧毁了政务会主席的房子,以及他随后的辞职书(Kelsall,2000)。

纳税人和地方议员强烈痛斥骚扰和虐人的征税行为。在关于 2002 年到 2003 年的预算演讲中,中央政府颁布了一项关于税收执行的指令,告知地方政府不能使用路障或地方民兵作为税收征管的手段。一些地区的财政收入因此立刻减少(URT,2003)。但是,有些人无视这条指令,认为不使用这些专门的人员,就很难让人们缴纳人头税。这是地区间人头税收入存在巨大差异的部分原因。例如在 2002 年,伊林加地区政府财政总收入中超过 56% 由人头税("发展税")所贡献,相反,在莫希地区只有 11%,在巴加莫约地区只有 4.5%(Fjeldstad et al.,2004)。然而这种不同地方机构之间的差异在过去很常见,例如 1995 年,发展税(人头税)占基卢瓦地区政府收入的 3%,而在辛吉达地区却暴涨到 64%(Fjeldstad and Semboja,2000)。不同的经济结构、收入基础、人口密度、人均收入、公共服务的水平和质量,也是这些差异的部分原因。然而,在社会经济特征上明显很相似的地区机构之间,同样能看到税收收入的表现有巨大的差异。乌干达人头税情况也相当类似。

5.4.2 乌干达

乌干达反对人头税的暴动有很长的历史。在 20 世纪头 10 年后期至 20 世纪 80 年代末,每一次针对税收的反抗都是由对于酋长(chief)权力的不满引起的,尤其是他对于人头税缺乏责任性。这也引发了1960年独立前布科迪地区(1960年的乌干达保护国)和1983年布索加地区的暴动。事实上,1955年把权力从酋长那里转移给地区政府官员,这给了地方政务会征税权,导致了一些地区行政当局(尤其是乌干达东部)的不稳定。①

在分级征收人头税(GPT)时,在评估过程中歧视性地高估和低估(为征税所做的评估)是常态(Davey,1974:36;GoU,1987:13和第七章),这成为引发不满的一个源头。麦姆达尼(Mamdani,1991:354)认为,乌干达中部发生的越来越多地反抗第二届奥博特政权(奥博特曾两次领导乌干达)的农民起义,是由1984年突然增加的人头税引起的。这一起义帮助了NRM在1986年的成功掌权。1994年,伊甘加地区也发生了反抗政府税收的起义,同样是因为对不公平的评估有不满(GoU,1994)。从那时起,这个地区就不再有GPT的评估了(Kjter,2004:28)。

与此同时,地区间的税收遵从度同样存在很大差异。例如在1958年独立之前,乌干达西部的安科莱,85%的成年男性(16岁及以上)缴纳了人头税(GPT),到了阿乔利地区(北部)这个比例只有58%。10年之后,各地缴纳人头税的人都在减少,但最明显的减少发生在东部地区(布吉苏和布索加地区)。在独立前,这些地区受到了严格的管理,殖民政府严厉地要求当地酋长和政务会达成生产和发展目标。显然,缴纳人头税的人数比例取决于殖民政府花费的精力和高压性政策,当这些停止时,人头税的缴纳就会大幅下降。由于民众顺从当地酋长的权威,殖民政府在西部地区表现得没有那么直接和强硬,在独立后当地首领管理税务得以保持,这里的人头税减幅也因此相对较小。在北部地区,殖民权力没有将很多精力放在强制实施征税上,所以,独立之后(人头税的缴纳)也只有小幅下降(Davey,1974:141-142)。

35年之后,在1993年,人头税缴纳的地理差异更加明显。利文斯通和查尔顿(Livingstone and Charlton,1998:表6)指出,农村男性人口(20~59岁)缴纳人头税的纳税人比率在姆皮吉行政区(中部地区)为96%,而在基特古姆行政区(北部地区)只有4%,东部和北部地区在这项数据上都低于平均值,正

---

① 事实就是如此,尽管Hicks(1961:211)那时认为人头税对于当地政府机构的建立是一个特别让人高兴的激励性因素。

如他们在尚未独立时的情况。但是即使在交税人数比例最高的中部地区也存在例外,比如在交税人数平均比例为76%的情况下,在拉卡伊地区仅为29%。

人们对这种差异也很清楚。1998年由财政部对全国主要范围内36个地区进行的调查,得到了一个关于GPT主要结论的报告,那就是人头税的征收在20世纪60年代比1998年调查时更加公平。报告指出,现在"穷人的负担沉重,而富人几乎不受影响"。除此以外,很多人控诉说受到税务人员的"强迫、威胁和没收",必须向他们进行贿赂才能收回被没收的物品(UPPA,2000:111—112)。2002年一个类似的调查发现,苛刻的人头税征收方式带来了许多怨恨,这也是人们不缴纳人头税的原因之一(UPPA,2002:16)。事实上,拒绝缴纳人头税的阻力有很多。比如,大多数在姆韦拉的非正式工人都很安分守己,并担心由于拖欠人头税而被逮捕(同上,75)。值得注意的是,与之前的调查相比,2002年进行的调查更加把GPT视为严重的和广泛的问题。这说明,人头税正在成为一个日益严重的政治责任。

5.5　对于观察样本的解释

在很大程度上,政治因素决定了坦桑尼亚和乌干达人头税的兴衰。政治因素也是广泛存在的地区间纳税遵从度差异的重要原因,独立之后更是如此。然而,如接下来将看到的,人头税兴衰和纳税遵从变化这两个趋势也是互相影响的。

5.5.1　人头税的兴衰

文献中关于欧洲国家形成的主要观点就是,通过收入谈判,税收有利于政治发展和民主化进程,即在这一过程中,国家以其对税收政策的影响力换取公民缴纳的税收收入(Moore,1998;Tilly,1992;Gerald Easter and Mick Moore在本书中的研究成果)。坦桑尼亚和乌干达人头税的历史显示,有一种不同的诠释。对于这些案例的研究表明,自20世纪90年代中期开始的全国性选举和总统竞选制度出现以来,公民(投票者)就逐渐赋予了政治动员的手段来反对强制性的人头税(这种反对自殖民统治期以来就一直存在)。民主化推动了人头税改革，而不是反过来。为了解释这种与欧洲颠倒的因果关系，需要对这两个国家人头税的兴衰做更多细节上的阐述。

一百多年前人头税刚开始执行时，就受到了憎恨。然而，殖民政权通过人头税成功地筹集了大量的资金，尤其是在独立之前的几十年里，而这是由三个因素造成的。首先，大量地使用强制性手段来强迫人们缴纳人头税。在那时，绝对不是因为提供了相应的服务而赢得了纳税人的配合和支持，因为当时殖民政权在提供服务方面做得很少。其次，同样重要的是，殖民统治者始终如一采用强制性、高压性政策。因此，与独立之后相比，独立前地区间纳税遵从度更加一致（且相对也较高）。这种做法也可能促进人们在缴纳人头税时的遵从行为，因为当人们发现其他人也在缴纳人头税时他们就愿意缴税。① 第三，在殖民统治期间，没有明确的政治代议机构存在，也没有任何足够强大的组织来动员人民反抗殖民税收。② 虽然时有税务暴动发生，但并没有对殖民政权产生更加深远的政治影响。

独立后，这三个因素都逐渐发生了改变。尽管新的政府仍然在使用强制性方法征收人头税，但是没有像之前那样始终力度那么大。20 世纪 90 年代地区之间纳税遵从度的巨大差异表明了这一点，独立后来自人头税的财政总收入的普遍下降也说明了这一点。人头税与纳税遵从度的趋势，抑制了准自愿的纳税遵从（quasi-voluntary compliance）；而没有了纳税人的遵从，征税在经济和政治上的成本都极为高昂（Levi，1998）。

这就把我们的关注点带到了政治动员方面的问题。在独立之后，政治动员的机会并没有大幅地增加，因为这些可能发生的有关政治动员的组织和运动都处在初期且很弱。坦桑尼亚和乌干达的统治政权的组织原则都是，忠诚于中央精英并对他们负责，而不是对各地区的人或机构负责。除此以外，1972～1986 年，在阿明政权和第二届奥博特政权期间的动荡时期中，政治代议制和政治动员在乌干达都没有实际的意义。

由于始于 20 世纪 90 年代的政治改革带来了越来越激烈的政治竞争，两

---

① 正如利维（1999b）所说：纳税人是"随大流者"。
② 对于坦桑尼亚，这是肯定正确的。在殖民期间（以及之后）虽然布干达王国确实在乌干达形成了强大的组织力量，但是它的关注焦点在自治权而不是税收。其他乌干达王国有如上相似的优先关注目标。

个国家的上述状况正在改变。逐渐地,选举变得只是用来表达对于现有政治的不满,政客仅仅是为了先发制人、防止自己在地方或者中央政府选举中失败才来听取意见。因此,1992年坦桑尼亚实行的多党制,带来了更加激烈的政治竞争,并且极大激励了地方政客建立广泛的群众支持基础。早先在一党制的时候,数量有限的国会议员要进入国会,要么通过党的群众组织即合作社、青年组织、妇女组织推举,要么就是由总统直接任命(Kelsall,2000:550),因此,即使高级政客失去了地方选民的投票,但仍能通过总统任命而保留他们的内阁职位,这样的现象很常见。现在经由总统任命和青年组织推举的席位都取消了,但保留了给妇女组织的席位(Kelsall,2000:550)。因此,现在想要成为全国领导人就需要地方政治基础,国家与地方的议题联系得更加紧密了,地方关注的问题对于国家政策更为重要。所以,面向全国的领导人,至少需暂时允许减轻地方的压力来寻求政治上的好处。鉴于此,政府在2003年取消人头税背后,一部分动机可能就是为了在2005年的选举前提高来自草根层次的支持,另一部分原因是为了削减反对力量。

  乌干达的经历与此大体相似。经历了奥博特政权、1972年阿明集团的政变以及随后14年的动乱中,地方税收基本崩溃了,NRM在20世纪80年代后期重新实行人头税(GPT)。对人头税的关注,随之激起了全国的政治反响,这些都发生在1986年军方掌权至1996年首次总统竞选之前。自那以来,地方税收已经成为选举中重要议题(Therkildsen,2004b)。例如,在2001年总统选举期间,穆塞韦尼(Museveni)总统的竞争对手基扎·贝西杰(Kizza Besigye)就打出了取消人头税的旗号参与竞选。总统穆塞韦尼一开始反对这样做,之后承诺将会把最低税率从1万乌干达先令降到3 000乌干达先令。① 这一承诺是在听取了全国的政治家和地方机构提出的明确的建议(即应该缓和对于人头税的征收)之后做出的,它导致了财政收入的大幅下降。人头税实际上变成了单一税率的税收。尽管如此,当2003年宪法审查委员会在乌干达巡查的时候,他们发现,"几乎在全国的每个地方,都有对于分级税收负担的强烈抗议"[CRC(宪法审查委员会),2003:125]。在2005年7月的全民公投中,大

---

  ① 穆塞韦尼总统认为政府就像在建造一座房子,每个人都为之贡献着一块砖、一份力。因此,取消GPT将会促长一些人的懒惰行为(Makara and Tukahebwa,2003:282)。

多数乌干达公民投票赞成恢复多党民主政治。当然,这个结果是可以预见的。2005年6月,财政部长在他的关于预算的演讲中宣布,反对地方政府联合会和政府自身的财政委员会有关在2005年6月1日取消人头税的建议(GoU,2005:47)。NRM显然为了2006年总统选举、全国和地方的选举进行了准备,以努力防止人头税像2001年那样变成选举的话题。

由此可以看出,在坦桑尼亚和乌干达,政治竞争的增强提高了强制性人头税制度的政治成本。同样,在这两个国家,统治精英近来认识到,在新的政治游戏地规则之下,为收入有限的人头税付出的政治成本显然过高。

5.5.2 强制性税收的动力学分析:地区间纳税遵从度的差异

我们也许会预期,在一些收入水平低的地区,愿意缴纳人头税的纳税人比例会比较低。但实际上并没有这样的清晰模式。

我们或许还会期待,政府在各种不同群体间的合法性能影响缴纳人头税的意愿,因此地区间人头税的遵从度,可以反映对基于种族而形成的统治精英所具有的合法性,能有受种族驱动的看法(Barkan and Chege,1989;Lieberman,2002a)。在坦桑尼亚,存在一些地区性的执政党的反对派,尤其是在桑给巴尔和乞力马扎罗地区。在乌干达,对于NRM政权的支持或反对的地区差异度也很大。政治上的分裂使得NRM最初掌权的西部地区,与奥博特及其政党强力掌控的北部地区也分裂开来(Bratton and Lambrecht,2001:442)。然而,这样的分裂与人头税遵从度之间的联系并不强。

对于地区间人头税遵从度的差异,更巧妙的解释必须从当地的特定情况中去寻找。有一个重要的原因就是,在独立后很长一段时间内,坦桑尼亚和乌干达的国家精英简单地废除了地方政府税,而交由地方官员和行政机构去管理。在20世纪90年代世界银行、国际货币基金组织和一些双边组织的捐助人的强势介入下,两国的中央政府都大力改革税收和征税行为,但在近几年,地方政府的税收改革才提上政治议程。

这种中央对于地方的"放纵"以及20世纪80年代以来的分权改革都表明,地方政府有相当大的权力来设计由自己征收的人头税制,于是它们决定加大强制性手段的力度。这一情况,似乎在很大程度上解释了地区间纳税遵从的差异。坦桑尼亚的税法细则体系,限制了中央政府的能力,削弱了中央和地方政府间的协调能力,只需要获得部长的批准,地方机构就有足够的自由裁量权来引入新的地方税种、设置税率并实施征税。因此,不同地区政务会设定的人头税,税率差异很大。在乌干达对人头税征收,中央有比较正式的调控法规(中央直接下达关于税率、收入类别等指令),但地方当局已经被赋予了足够的余地来操控这些指令。这两个国家的例子说明很重要的一点,"税收的执行管理就是税收政策"(Casanegra de Jantscher,1990:179)。

具体而言,人头税的实效在很大程度上依赖于征收欠税时的强制力度。在一些地区,地方管理者主张采用强取勒索的方法来促进征税,而这一做法只得到地方政治家最低限度的支持[见 Fjeldstad(2001)关于坦桑尼亚的研究,Kjær(2004)关于乌干达的研究]。在其他地区,这些压力相对较低。因此,在缺乏民主形式的问责制情况下,一些地区的税收征收变成了基层税务人员的令牌,他们通过强取勒索地方居民,或多或少地增加了地方财政收入,并充实个人的腰包。① 依据麦姆达尼的"分散化的专制"的概念,财政的自治权提供了这样一个体系,在这之中,低级别官员可以采取法律范围之外的强制性暴力从人民那勒索钱财。

政治上的压力和冲突也会影响地方人头税的遵从度。地方税务人员总是抱怨(有相当程度的可信性),当选的地方议员会以许多理由来阻挠征税,其结果就是削弱了税务部门征税的努力。当选的地方政治领导人仰仗于地方上的群众支持(Kelsall,2000:550),因此议员们基本上不愿意提高地方的税费。当然,这不仅仅是因为他们考虑到群众支持基础,也因为他们可能就是当地主要的地主或商人,希望自己本身不需要缴纳较高的税费。② 在这两国中,尽管可以看到在税收方面的巨大差异反映出政治家与地方官员在税收谈判能力方面的差异,但在20世纪90年代后期和21世纪早期的选举年份里,人头税还是有大幅的下降(Fjeldstad,2001)。此外,援助制度毫无疑问地对谁援助、谁没

---

① Wunsch(1990:54)认为在国家领导人固执地实施全面计划的情形下,比如坦桑尼亚领导人在20世纪70年代后期实行村庄经济合作化,官僚就会变成促进服从的独裁工具。
② 富裕地区的遵从度通常较低((Livingstone and Charlton,1998;表6),比如,在乌干达的姆巴莱地区,咖啡是基本的财富来源,但是在那里,围绕着土地问题发生的政治冲突严重并且不断发展(Mickey,2003)。此种类型的冲突(它们也可能由其他地方性原因引发),是常年行政管理与政治问题的主要起因。它们带来了低的纳税遵从度。

有援助发挥了重要的作用(Francis and James,2003)。

最后,援助者对于地方行政官员和政治家的行为、决策及行动可能会有极大的影响。在地方政权中,援助者的存在可能会改变"权力平衡",使权力偏向于地方政务会的行政管理者(council administration)(Fjeldstad,2001)。通常,援助者会在行动中与地方政务会中行政管理者及职员合作〔(往往是创造平行的结构(parallel structures)〕。援助者的干预行为,往往会增加官僚的影响和权力,但牺牲了政治制度。由于援助者越来越多的以财政收入多少来作为衡量与自己有关的政务会的表现,这就可能让行政官员获得更大的权力。有一种用来解决地方政务会搭便车问题的援助策略,已经在坦桑尼亚实施,它采用配套资金的做法,即捐助者仅以地方政府自身获得的财政收入为匹配基础来提供相应的援助。按卡特森和林达尔(Catterson and Lindahl,1998:20)的说法,"这极大地刺激了税收的征收"。此外,援助者的支持缓和了政务会官员和潜在的纳税人之间的敌对关系。然而,正如乌干达拉卡伊地区那样,如果没有以地方税收的征收为条件,大量的援助资金也可能会产生相反的效果,即可能危害到税收努力和纳税遵从度。这个地区(乌干达拉卡伊地区)连续15年来收到来自丹麦的大量援助资金,2004年人头税的比例创下最低的纪录。

5.6 结语性评论

强制似乎是农业经济中税收的一个重要特征。当代中国的经历也表明(Bernstein and Lü,本书中),施加在农村人口身上的财政负担是贫困地区和小农地区不满的主要原因,也是政治和社会不稳定的缘由。农民税收负担问题的背后,是国家与社会之间的关系,也因此是一个民主问题。对于坦桑尼亚和乌干达人头税的研究,提供了对这两个国家民主改革演变方向的初步看法。在过去的100年时间中,这两个国家征收人头税已有显著的变化。强制性的使用变得越来越不统一,现在越来越多地受地方的特殊环境和做法影响。坦桑尼亚和乌干达分别于2003年和2005年取消了人头税,这是地方性的、全国性的选举以及总统选举中竞争加剧的直接结果。利用他们的投票权,公民们摆脱了压迫性的、不受欢迎的税收。

也许会有人说,正如盖伊(Guyer,1992)所言,以上可能描述了正在民主化的非洲国家,选民不愿意投票支持税收。选民可能更偏好于一种"没有税收的代议制"。但这种观点没有充分考虑到人头税征收的实际方式。在现实中,随意的、暴力的、破坏性的征税方式,打击了许多穷人。正在兴起中的竞争性政治制度,让人民有手段来直接(降低税率或者甚至取消税收)或间接(鼓励非强制征收的方法)推动政客对人头税做出改革。我们已经看到,这个过程在坦桑尼亚和乌干达正在进行。正如亚当·史密斯早已写到的那样:"在那些底层人民不能享受到安全舒适的国家,人头税是很常见的。"现在贫苦地区正在反击,这是针对压迫的、累退的及不公平的税收的反抗。

第六章 可能的能力(contingent capacity)：毛里求斯出口税与国家构建[*]

黛博拉·A. 布罗蒂加姆(Deborah A. Bräutigam)

6.1 引言

在发展理论及其实践中，出口税一直名声不好。经济学家们指出，出口税对本应鼓励发展的经济部门极为不利。在世贸组织会议上，美国提交的议案认为，应要求大多数国家废除出口税。[②] 在自然资源非常丰富的经济体，国家主要依靠自然资源来获得收入(不管是以"税收"的形式，还是仅仅以"租金"的形式)，但这又导致了广为人知的"资源诅咒"。罗伯特·贝茨(Robert Bates,1981:11—29)分析了非洲统治者制定的政治上合理但经济上不合理的政策，之后他认为对农业出口课以高税正是出现"资源诅咒"的主因之一。

正是因为这些原因，出口税(尤其是农业出口税)在发展中世界一直在逐渐衰落(Tanzi and Zee,2000b:307n.24)。在很多情况下，这无疑是一种积极的进步现象，尽管替代出口税的税收(如增值税)成了引发诸多政治抗议的源头。然而，如果更仔细地观察出口税的话，我们可以从复杂情况中发现一个令

---

[*] 通信地址：美国华盛顿特区美利坚大学国际服务学院，国际发展系。电子邮箱：dbrauti@american.edu。非常感谢 Preston Winter 对本研究的帮助。本文曾在多个场合作为发言稿，如哥本哈根丹麦国家问题研究所、英国布赖顿发展研究所、普林斯顿大学、加利福尼亚大学圣地亚哥分校、费城政治科学联合会年度会议(2006)。在此非常感谢参会人员的意见。同时，真诚感谢阅读本文初稿并提出意见的 Odd-Helge Fjeldstad、David Hirschmann、Margaret Levi、James Mahon、Mick Moore 以及 fichard Snyder。

[②] 区域贸易协定也要求废除出口税(例如，欧盟、北美自由贸易协定、南方共同市场、加勒比共同市场等)。美国宪法禁止在美国征收出口税。美国国务院在最近提交的议案中，建议世贸组织各成员要同意禁止"对农产品征收出口税。当然，那些在特定条件下为了获取收入的发展中国家可以例外"(美国国务院,2002)。

人诧异的结论:农业出口税对国家构建会产生一系列积极的作用。农业出口税能直接地加强民主代议制与问责机制,它也能直接地、透明地用来提高生产能力,或成为引导稀缺的私人资本进入具体经济活动的渠道,帮助解决在行业培训和科技升级过程中出现的集体行动问题。出口税也为国家和生产者提供了谈判平台,可以塑造国家和生产者之间建设性的"嵌入"(embedded)关系。通过谈判所制定的协议,或许可以意外地成为累进性税制的基础。最后,在某些情况下,出口税可成为把国外援助变成"挣得"(earned)收入的渠道,避免过分依赖国外援助带来的有害后果。很少有其他的税收,能对国家构建产生上述如此多的影响。

在这篇文章中,我引用毛里求斯的例子来引出并阐释前述这些观点。我会指出,在哪些地方这一案例能证实从其他各式历史案例引出的观点及假设,在哪些情况下它不能证实。毛里求斯是一个政府管理相对突出的国家,经济与人类发展指数比较高。毛里求斯将近40年的持续民主化和有效的政府管理,使其在所有发展中国家当中独树一帜。近些年,在反映政治稳定性、呼声和问责、商业法治与便利等情况的制度指标排名中,毛里求斯连续多年位居发展中世界十佳国前列(世界银行,2002b,2005)。如果(正如我们在本书将叙述到的)税收的确对治理产生直接的影响,那么多了解这些影响,会给理解其他国家统治者与被统治者之间的关系带来很大的启发。

6.2 关于出口税的传统观点

关于出口税对经济发展的作用,传统的智慧主要由经济学家主导。不过,有一些政治学家也会谈及出口税,尤其是在他们谈论高税负的政治原理时,或者在讨论依赖种植园经济和自然资源出口来获取财政收入会造成什么样的政治影响之时。

6.2.1 经济学家的观点

经济学家总是会反对任何形式的贸易扭曲,然而,他们也认识到农业部门和自然资源部门在发展中国家所发挥的重要作用,那就是提供工业投资不可缺少的启动资源。出口税提供了获得这些资源的一种途径,并可将这些资源直接用于其他部门。然而,对农产品征收出口税,会压低支付给当地农业生产者的价格,从而导致生产量下跌,最终损害整体的福利。国际货币基金组织和世界银行建议(甚至可以说是要求)废除农业出口税,这针对很多国家,包括乌克兰(葵花籽)、莫桑比克(腰果)以及毛里求斯(蔗糖)等。在很多其他国家,国际金融机构所支持或建议的税收改革,聚焦于减少贸易税(进口税和出口税)以及用增值税和更"直接"的税收(如对所得征税)来代替贸易税。同样地,在以市场为导向的经济结构调整方案下,在一些国家,通过撤销由政府控制的集权性销售局(marketing boards)、开放市场等,淘汰了很多为方便征收出口税而设的公共机关与私人机构。

6.2.2 市场和国家:罗伯特·贝茨论出口税

罗伯特·贝茨(1981)记录了撒哈拉以南非洲地区的后殖民政权,如何在"财政收入需要"的压力下,将他们所继承的殖民时期的销售局转变为税务机构的。销售局在建立之初,宗旨是保持价格稳定以及为生产者积累储备基金,后来它就逐渐变成了向农民有效汲取资源的工具。正如贝茨所言,销售局的收入很快就占据了政府收入的20%,在有些情况下,甚至多达政府预算收入的90%(1981:15—16,137—145)。贝茨的研究影响了整整一代政治学家,他们在成长过程中一直将出口税作为都市偏见、剥削和将穷人(农民)的资源再分配给富人(制造商和城镇居民)的主要机制。

6.2.3 商品出口与国家能力

其他的政治学家也曾说过,依靠矿产资源或种植业产品作为收入的国家,往往会形成不同种类的国家能力(包括税收汲取能力),并可能影响他们的发展成就。这种研究路径可以追溯到加拿大经济学家哈罗德·伊尼斯(Harold Innis,1930,1956)所谓的"大宗产品理论",即一个国家的主要出口产品(毛皮、鳕鱼等)往往会通过上下游联系,以独特的方式影响国家随后的发展。迈克尔·谢弗在关于经济部门的近期文章中(1994:8),对这一观点做出了很好的例证:"不同的经济部门,孕育了不同的资源层次,以及独特的以政治为主的方式来分配这些资源。从不同的部门汲取资源，带来了不同的挑战，并要求对国家税收权力做不同的界定，并需要有不同的制度。"那些严重依靠自然资源商品出口的国家（如铜——赞比亚）或种植作物出口的国家（如茶——斯里兰卡），就倾向于将征税能力集中在单一的出口部门。这样做带来的后果是，将收入谈判和获取收入能力（或培育生产者）的制度性发展，局限于那些可以带来收入的特定产品部门。这也许还造成了政府其他部门的管理缺陷。在更糟糕的情况下，若严重依靠出口商品来获得财政收入，就产生了所谓的"资源诅咒"（Collier and Hoeffler, 2004; Fearon, 2005）。

6.2.4 税收，嵌入和集体行动问题

最后，有证据表明政府可以利用税收来解决社会上的一些集体行动问题，特别是有助于加固"嵌入"：税收产生的强力、支持性关系，将国家和商业绑定在一起，让他们就政策和战略问题进行协商和谈判（Evans, 1995）。国家和商业之间成功地嵌入在一起，能建立起相互的信任，方便监督，促进信息交流。同时，这种嵌入关系，能促进双方的互惠互利（Maxfield and Schneider, 1997），并帮助国家与社会一起解决经济升级过程中遇到的集体行动问题，如培训、监控和研发等。举例而言，哥伦比亚政府将征税权授予私人机构咖啡业联合会，从而解决了一个关键的社会集体行动中的困境，即克服"搭便车"问题，并允许咖啡业联合会发展自己的能力以便成为国家制定政策时的伙伴（Mares, 1993; Thorpe and Durand, 1997）。卡梅扎·加洛也告诉我们，智利的硝酸盐生产商是如何跟智利国家谈判，利用硝酸盐税收来解决集体行动的问题，如强制生产商执行配额制度以及方便它们在国外销售硝酸盐。

从以上内容看，我们发现有这样的含义，（以特定方式生产的特定产品）出口税可能成为有助于提高政府治理水平的要素。毛里求斯的例子，将会更详细地表明此种可能性的确存在。下一节将引入毛里求斯的案例，而在第四节将集中关注毛里求斯税收历史上的一些事件，每件事都将描述税收—国家构建关系的一个方面。第五节将从更为概括的视角考察出口税作为财政收入对国家构建某些方面的重要性，尤其是它作为一种促进因素在构建咨询、合作、协商性嵌入式国家—社会制度等诸多方面的作用，这些制度不仅是民主体制

的特征,而且是更一般的有效治理体制的特征(Evans,1995)。

6.3 对毛里求斯的蔗糖与税收关系的政治经济学概览

当欧洲船只在 16 世纪抵达位于印度洋的毛里求斯时,这个有着已被侵蚀的火山顶和树木繁茂的小岛,还无人居住。在先后经历了荷兰人和法国人的统治后,白人定居者和非洲奴隶逐渐成为小岛中主要的居民。从 1810 年开始,在英国的统治下,毛里求斯发展为重要的蔗糖出口国。英国政府在 1829 年推翻了种族限制,并在 1835 年结束了奴隶制度,从此以后,政府倾向于使用主要来自印度的合同制工人。法兰克—毛里求斯人(Franco-Mauritian)的经济精英和英国殖民统治者之间在很多问题上存在冲突:如何对待一开始的奴隶后来的合同制工人;蔗糖的价格以及进入英国市场的准入条件;出口税问题以及当地社会和经济精英在何种程度可以与英国政府共享权力等。

由于历史的原因,毛里求斯现在是一个拥有 120 万人口的多种族国家,主要由三个小岛构成,总面积大约 2 000 平方公里。这个国家 2/3 的人口是南亚血统,超过 50% 是印度人,另外的 17% 是穆斯林移民。剩下的 1/3 是非洲人血统而且是基督徒[其中有一小部分人具有一个混合的种族"克里奥尔人"(Creole)的血统]。最后将近 3% 的人是中国人,还有极少部分的人是欧洲人(法兰克—毛里求斯人)。

6.3.1 毛里求斯的蔗糖社会组织

法国人最早将蔗糖引进到毛里求斯,但直到 1810 年英国人统治之后,蔗糖才迅速成为毛里求斯的主要农作物。尤其在 1825 年之后,在殖民官员的帮助下,毛里求斯蔗糖得以进入英国被保护的国内市场。由于与来自西印度群岛的蔗糖一样,进入英国只需缴纳同样优惠的低关税,毛里求斯的蔗糖业很快就有利可图,一些城市商人和投资者因此进入这一产业。到 1830 年,将近有 1 589 块成规模的土地用于种植甘蔗(Teelock,1998:35)。糖厂从 1820 年的 106 家发展到 1827 年的 171 家,而到 1858 年已经有 259 家(Lamusse,1964:359)。到 19 世纪中期,毛里求斯成为大英帝国最大的蔗糖生产者。然而,正如我在下面将要阐述的那样,欧洲的蔗糖市场非常不稳定,会受到诸如产量下降、区域战争、甜菜糖的竞争以及贸易政策变化等因素的影响。在遇到干旱、飓风、洪涝时,甘蔗种植也会受到严重影响,而这些因素不会影响到铜或金的生产者。

在毛里求斯,蔗糖生产的社会组织体现出两种多少有些不同寻常的特征,而这又可部分追溯到行业固有的缺点及政治所建构的市场等因素,尤其是与甜菜糖的竞争有关。首先,毛里求斯的蔗糖生产主要由白人定居者(法兰克—毛里求斯人)所主导,他们过去从法国统治者手中得到土地,并在英国统治时继续控制着土地。相比于很多英国的其他殖民地,在毛里求斯的英国投资者数量,占全体土地所有者的少数。这一方面是因为他们要和法兰克—毛里求斯人竞争土地,另一方面是因为市场不稳定导致利润不稳定并经常有损失。在1909~1910年间,在141家大型甘蔗种植地中,英国投资者只拥有13家,而在62家蔗糖厂中,只有6家属于英国投资者(Swettenham Commission,1909;《毛里求斯殖民地》,1910,X4)。其次,印度裔小规模种植园主逐渐兴起,并成为重要的阶级。自从蔗糖经济开始之初,土地小规模分散化经营(morcellement)就成为其主要的特征,并在经济衰退和低迷期有更快的发展。对很多毛里求斯人(尤其是对商人、公务员和专业人士)来说,蔗糖是一种投资,投资者靠借钱来购买土地;另外,几乎所有种植园主都借入经营资金生产作物。可是不期而遇的低价、飓风或干旱,会使种植园主无法偿还贷款。在这种情况下,土地拥有者只能通过出售部分地产偿还本息(不像英国其他很多需要维持生计的殖民地,在这里,土地市场很活跃,对转让土地没有太多限制)。尽管有这种安全阀作为保障,还是会有很多已卖出土地的蔗糖商破产。也有一些投资商组团购买大宗土地,然后将其分成小块再次出售(Virahsawmy,1979:143)。到1909年,印度种植园主种植了45 914英亩耕地(30%的土地用来种植甘蔗)(Swettenham Commission,1909)。到1922年,这一数字增加到80 150英亩,占到土地总面积的46.2%(Watts,1930)。到了20世纪30年代中期,大约有14 250个种植园主拥有100英亩或更少的土地,甚至大部分种植园主的土地不到10英亩。200家种植园主(或公司)持有100英亩以上的土地,其中,50家拥有1 000英亩以上的地产;他们多数人有自己的工厂(《毛里

第六章 可能的能力(contingent capacity):毛里求斯出口税与国家构建

求斯殖民地》,1934)。

很明显,大种植园主和公司拥有强大的政治影响力,但在20世纪初期,英国政府也注意到小规模种植园主的政治作用。1909年的一项调查资料指出,"这些人(小规模种植园主)是我们社会的重要部分,殖民地未来的发展和繁荣必须依靠他们"(Swettenham Commission,1909:11)。小种植园主和大规模地产者的利益不尽相同,但在面对税收时,印度小种植园主就和大种植园主联合起来形成联盟。这一点在1948年宪法改革和选举之后尤其重要,因为此时印度裔控制了立法机构。

6.3.2 出口税

从19到20世纪以来,蔗糖一直是毛里求斯的主要出口作物,且在大部分时间里,是唯一的出口作物。直到20世纪60年代,殖民地赚取的外汇收入几乎100%来自蔗糖。另外,将近100年来(直到1928年开征"房屋"税),蔗糖出口税是生产者唯一"直接"感受到的税收。随着时间的推移,出口税体制一直在变化。在1824年,每100英镑1袋的蔗糖,其固定税率为1先令,这占据当年整个出口总值的15%(Teelock,1998:43)。然而,到1853年,蔗糖税率改为出口总值的6%(Berthelot,1991),到1885年,蔗糖出口再次改为以重量(50千克)为基数定额征税(《毛里求斯殖民地》,1885)。对生产者来说,按出口值征税体制意味着税收的多少会受到伦敦蔗糖销售价格的影响:蔗糖价格高的话,相对税收就会变低;蔗糖价格低的话,相对税收就会变高。作为政府收入的一部分,蔗糖出口税跟随着影响出口的因素而不断地变化(见表6.1)。

表6.1   毛里求斯:蔗糖出口税占总收入百分比   单位:千卢比

年份	1900		1910		1920		1930	
收入来源	收入	%	收入	%	收入	%	收入	%
进口税	2 836	39	3 218	39	3 657	24	4 113	28
蔗糖出口税	563	8	738	9	2 165	14	728	5
蔗糖从量税							819	6
朗姆酒消费税	1 462	20	1 176	14	3 184	21	2 020	14

续表

年份	1900		1910		1920		1930	
收入来源	收入	%	收入	%	收入	%	收入	%
许可证费和其他消费税	1 401	19	1 639	20	3 045	20	3 675	25
房屋税							496	3
	922	13	1 525	18	3 056	20	2 633	18
总收入	7 185	100	8 297	100	15 106	100	14 483	100

资料来源:《毛里求斯殖民地》蓝皮书(各年)。

正如表 6.1 所示,对政府而言,蔗糖从来就不是财政收入的主要提供者。毛里求斯殖民地官员主要依靠消费税来获得收入,这反映了英国国内的实践情况。例如,在 1900 年,朗姆酒的消费税占总收入的 20%(《毛里求斯殖民地》,1901)。对各进口商品征收的进口关税又贡献了 39% 的收入。蔗糖出口税仅占总收入的 8%;到 1920 年,这一数据增加到 14%(《毛里求斯殖民地》,1901)。然而,从增长性(at the margin)来说,蔗糖出口税很重要;而且,所有的种植园主(不管大小),都能直接感觉到这种税收,这就表明它是具有重要政治意义的税收。在将甘蔗加工为蔗糖后,那些拥有蔗糖加工厂的大地产者会给甘蔗种植园主固定比例的蔗糖作为报酬。直到 1919 年以前,种植园主会利用经纪人来完成销售过程;这些经纪人通常在伦敦(或孟买)销售蔗糖,并从货款中扣除他的成本(包括出口税)之后,将剩余款付给种植园主。对利用这一体制销售蔗糖的人来说,出口税清晰可见。在 1919 年,毛里求斯的一些蔗糖生产厂成立了毛里求斯蔗糖联合会(MSS),为他们销售蔗糖提供了由生产商控制的场所。到 1920 年,超过 70% 的蔗糖是通过联合会销售的;而到 20 世纪 50 年代毛里求斯签署《蔗糖共同体协议》时,全部的蔗糖都由蔗糖联合会来销售。多年来,最大的几家地产主控制着蔗糖联合会。他们在预留下税收后再上交给政府,这种"征税人"的角色使他们非常清楚自己对国家收入的贡献。

6.4 出口税和国家建构

出口税一直影响着毛里求斯的国家构建,主要表现在如下几个方面:第

第六章 可能的能力(contingent capacity):毛里求斯出口税与国家构建

一,出口税是导致19世纪毛里求斯成立农业协会(the Chamber of Agriculture)的一个重要诱因。在将近半个世纪里,农业协会是政府可与之商谈蔗糖业政策的唯一机构。在毛里求斯特有的活跃的商政关系中,农业协会到今天依旧是重要的伙伴,在帮助蔗糖业解决与投资、产业升级、保险和分配等有关的集体行动问题上,它起着重要作用。第二,尽管蔗糖税本身并未在19世纪80年代促进立法代表委员会的成立,但它的确有助于毛里求斯在19世纪后期不仅成为"税收国家",而且成为"财政国家"。这提升了毛里求斯立法机构的"发言权",正如立法者所见。第三,就在同期,因为税收,甘蔗种植园主们要求殖民政府在政府机构里雇用毛里求斯人(从相对精英的团体中挑选)从政,长此以往,就使得毛里求斯在宣布独立时有更强的国家构建能力。第四,在独立之后,出口税成为政府构建联盟时的重要因素。后来,出口税变成累进税,一些小规模种植园主可以免税。最后,在《洛美蔗糖协定》中,出口税和蔗糖的高价格帮助毛里求斯政府获得了许多国外援助,同时避免了传统援助路径所带来的一些负面影响。下面我将详细阐述这些观点。

6.4.1 农业协会与集体行动问题

早期农业协会的建立以及在解决蔗糖行业集体行动问题上的促进作用,都与蔗糖出口税密切相关。在19世纪中期,蔗糖业面临有史以来第一次重大危机。[①] 该危机是英国进口税政策变化带来的直接后果,而毛里求斯维持出口税的政策使危机进一步恶化。1825年之后,如前所述,毛里求斯的蔗糖进入英国时享受了优惠关税,然而到19世纪中期的英国自由贸易制度造成的压力严重影响了毛里求斯的蔗糖出口。1846年5月,英国《谷物法》被废除。一个月后,英国议会通过了《自由贸易法案》。毛里求斯、西印度群岛和其他英国殖民地失去了它们因优惠关税政策而获得的利润。英国进口商转从古巴进口蔗糖,毛里求斯的蔗糖收益因此急剧下降。毛里求斯国内因此危机重重,一些种植甘蔗的地产者和它们的投资者(financiers)纷纷破产。

面对这些问题,毛里求斯甘蔗种植园主开始迫使政府取消6%的蔗糖出

[①] 奴隶制的废除对该行业来说也是一次危机,但是英国政府为了奴隶获得自由而提供了大量赔偿金,并支持合同制工人代替奴隶。

口税(Napal,1984:64)。在接下来的几年里,种植园主们一直提出这种要求,尽管商业团体自身对此意见不一致。商业协会(建立于1850年)坚决反对改变这种税收,他们警告政府"干预这个长久的传统并不明智"(Berthelot,1991)。在面临低迷的蔗糖价格时,种植园主不能说服政府改变蔗糖关税,再加上对其他问题的关注,促使他们于1853年成立了农业协会。① 农业协会成为种植园主与政府官员为影响毛里求斯和英国关税问题而进行合作的工具,并且帮助制定了一些影响蔗糖业发展的规章制度。直到1856年,农业协会在伦敦建立了办事处以便直接游说英国议会。后来这一做法变成了固定的传统,并逐渐获得经济外交的强大能力,对100年之后的独立政府也帮助巨大(Bräutigam,2005)。在19世纪90年代,农业协会成功地游说了政府划拨一部分蔗糖出口税作为其经费补助(Storey,1997:83)。在接下来将近100年时间里,农业协会的活动经费都来自蔗糖出口税中的专项经费(Balogh and Bennett,1963:62)。

在组织解决农业生产商面临的集体行动问题方面,农业协会也很成功。在所有问题中最核心的,是产品研发问题与员工培训问题。研发主要涉及的是寻找新的高产量、抗病毒、高糖分的甘蔗品种。由于市场缺陷的存在,私人部门不愿花太多的钱搞农业产品的研发,尤其是他们无法阻止其他农民不出钱而享受研发带来的利益。这就使蔗糖研究成为更适宜由集体或政府机构提供的"公共物品"(Doner and Ramsay,2004:127)。对专业人员的培训面临同样的问题,技术娴熟的员工会使整个行业受益,但是如果一个种植园主自己培训工程师或农学家,培训出来的员工很可能被其他种植园主挖走。如果大家合作投资建立一家中央培训学院,就能解决这些问题。

正像威廉姆·斯桃瑞(William Storey,1997)在他对毛里求斯甘蔗史的详细研究中所述的,农业协会在1855年第一次和殖民政府进行了研究合作。在19世纪60年代,农业协会再次提议种植园主联合会和政府进行研究合作(William Storey,1997:46),但这些在研究方面的合作毕竟有限。在1887年,农业协会成立分会专门探讨研发问题,该分会提议成立农学研究站,且由政府和种植园主

---

① 种植主们还希望推动政府为抵押设备资产而设计一套法律体制,他们也希望推动英国政府调整蔗糖税政策。

第六章　可能的能力(contingent capacity)：毛里求斯出口税与国家构建

通过增加出口税而形成的专项基金资助。该研究站于1893年正式成立，1913年被殖民地农业部取代，在此期间的二十多年里一直被种植园主所控制。尽管农业部的预算来自一般财政收入而非出口税，但在1920年，也就是第一次世界大战后蔗糖的高价阶段，分会和政府合作，支持政府通过了蔗糖出口暴利税(《毛里求斯殖民地》，1928)，税收收入的一部分，作为毛里求斯专门的农业研发基金，交给农业协会管理。利用这些资金，农业协会和政府建立了农业学院，专门为中等教育毕业后的学生进行工程和农学方面的培训(《毛里求斯财政状况委员会》，1931:99)。另外，有一项专门出口税为大学提供日常运转基金(Storey，1997:116)。[①] 农业学院使毛里求斯的种植园主有能力将钱集中花在了蔗糖行业的员工培训上。通过出口税，所有的种植园主最终都付了钱；而当从农业学院推出的新方法和技能散布到全行业时，大多数种植园主都会受益。

不过，在1913～1953年，农业研究一直由农业部进行。在此期间，政府努力保留有技术的研发员工。直到1947～1948年，农业部的工作几近停滞。因此经济委员会建议将研发工作移交给甘蔗种植园主，因为他们能够以更吸引人的方式设定工资标准和服务条件(《毛里求斯殖民地》，1948)。经历了5年的讨论、协商、争辩，尽管农业协会有些不情愿(他们的"第一反应就是拒绝将研究移交"给蔗糖行业)，在1953年，立法院终于同意转交研究站并在1953年建立了毛里求斯蔗糖工业研究所(MSIRI)。与以前一样，该研究所的运作基金来自蔗糖出口税，它为集体行动问题提供了很好的解决途径。[②] 1989年有一项咨询评估对它是这样评价的："毛里求斯蔗糖工业研究所的基金非常充裕，实验室配备先进，发展稳定，图书馆馆藏丰富，师资力量雄厚。科研人员积极进取，素质高……整个科研所团结向上，因其研究质量过硬而世界闻名"(Corbett，1989:2002)。

6.4.2　税收与管理能力："毛里求斯人管理毛里求斯"

在独立之初，在大多数前殖民，当地官员的能力明显薄弱。然而，在让当地官员填充公务员岗位时，殖民地管理当局的表现差异极大。在毛里求斯，选

[①] 据斯桃瑞(1997)所述，这项税收每100公斤收3分钱。
[②] 《立法辩论会》1953年6月23日第34期。在毛里求斯蔗糖工业研究所的董事会成员中，3名来自政府代表，7名来自种植者和碾磨行业。

举立法的经验以及长期以来培养、录用毛里求斯人担任政府部门职务的实践,使政府各部门在国家独立时就能比较好地满足发展的需求。毛里求斯的精英(大部分是种植园主)认为,缴纳税收(对他们来说,就是出口税)能让他们获得一些权利去要求回报,而这增强了他们一种要求,即殖民政府应雇用受过良好教育的毛里求斯人(在当时,这些人几乎全部来自法兰克—毛里求斯种植园主家庭)在殖民政府担当高层职务。这种压力一直没有缓解,在议会辩论中频频提及。慢慢地,这一长期存在的要求,使毛里求斯政府在国家独立时具有较高的管理能力。毛里求斯这样的谈判机制,可以追溯到19世纪后期。

总督约翰·轩尼诗(John Pope-Hennessy,1883～1889)曾支持毛里求斯人为进入政府立法委员会(Legislative Council,参见后面的叙述)而举行地方选举的要求,民众喜欢他的一个说法,即他任命政府高层职位时的政策是"毛里求斯人管理毛里求斯"(Mauritius for the Mauritians)。轩尼诗任命法兰克—毛里求斯人为首席法官(被任命者同时也是农业协会主席)、采购总监和税收局长,并试图任命混合种族的克里奥尔人Nicolas Beyts为殖民大臣,但这遭到了英国政府的拒绝(Ballhatchet,1995:991;《毛里求斯殖民地》,1901:337)。上述这些官员的任命和岛民的税款之间的关系,在以总督轩尼诗的名义所举办的宴会上确定。大约有650名毛里求斯人(他们是殖民地的经济精英),为总督的早期成就而祝酒。当晚会主持人向轩尼诗总督祝酒,因为总督确认了"依靠毛里求斯人上交的税收维持的高级职位,现在向毛里求斯人开放",人们开始欢呼(匿名,1884:7)。[1]

在1901年,当新总督任命非毛里求斯人从事高级职务时,委员会中毛里求斯成员提出一项决议,提醒总督已执行了一段时间的英国政策规定了政府应该雇用"本岛居民"加入中央政府的办公室。[2] 总督回答道:"这是女王陛下政府一直以来的持续政策,虽然缓慢但其一直在发展……该政策……在相当程度上执行良好——我敢说,没有任何一个殖民地能像本殖民一样履行该政策"(《毛里求斯殖民地》,1901:266,楷体为作者所强调部分——译者注)。尽管并不是所有总督都能这样做,但至少在接下来的80年中,很多高层官员,中

---

[1] 该书也强调了参加者的多元化,专门有一桌是为穆斯林人士设置的,"对他们不提供葡萄酒,并且还有一桌是专门给中国人的"(匿名,1884:1)。
[2] 引自《毛里求斯政府委员会决议》1901年卷,1901年9月24日,第265页。

层以及一般的公务员(如文秘职员、警察和教师),比如地方法官和部门领导,都由本地人担任。不这样做的话,掌控立法议会的种植园主和纳税人就会强烈抗议,再次指出他们缴纳了税收因此有权享受税收成果:就业。长期以来,毛里求斯都是在本地居民中选举政府官员,因此到1950年,政府高级职位中,将近有3/4被毛里求斯人占据,他们"已经大量取代外籍人士"。① 与大英帝国其他殖民地相比,毛里求斯异常突出。例如,在新加坡,只有23%的政府岗位由新加坡本地人担任。

6.4.3 议会代表制与财政国家的崛起

在1886年的紧要关头,当选代表开始争取财产权,最后发展为税收问题。1831年在这个国家的第二部宪法中设立了一个政府委员会(Council of Government),该委员会包括来自"大地主和重要商业人士群体"的7名任命的成员,从而让毛里求斯人在政府中有了一席之地(斯维坦海姆委员会,1909:8)。在1882年,英国总督考虑到毛里求斯河岛屿上水质不断恶化,推出了保护河流的条例,该条例规定禁止在溪水周围及河流两岸150英尺的范围内砍伐树木。这将使大批土地退出经济性用途,各种植园主认为这对他们在自己的土地种植甘蔗是巨大的打击,是一种未经补偿的政府征用行为。正如委员会中一名经任命的成员在针对该提议的辩论中所说的:"如果这个国家实行选举代表制度的话,就不会发生这种滥用职权的事了!"(Pope-Hennessy,1964:329)。

毛里求斯的种植园主们动员起来,为建立能更好保护他们产权的体制而奋斗。他们成立了一个"改革委员会",旨在推动代表选举制度。他们坚决地认为,只有当发布命令的委员会是由选举代表构成时,税收才是合法的(Napal,1984:264—265)。到了1885年,毛里求斯颁布新宪法,在所有27名委员中,选举产生的委员占10名。② 1885年宪法代表了殖民政府和毛里求斯地产阶层之间建立了可信的承诺,就像英格兰早期代议制政府的制度一样。它构成了双方基于承诺而进行的隐形谈判的核心,殖民政府从此允许有产精英在

---

① 本地管理者与殖民行政部门",殖民地国务大臣备忘录,1950年7月17日(Porter and Stockwell,1987:346—354)。

② 只有那些月收入达到50卢比,或拥有每年固定资产或租赁资产达到300卢比的人才能获得选举权,但没有种族和民族要求限制。

立法机构有更多的发言权。正如1909年委员会所言:"殖民政府宪法允许蔗糖行业在立法和政府机构中发挥有力的影响"(斯维特汉姆委员会,1908:8)。在1909年,政府委员会10名委员中有6名与蔗糖种植有直接利益关系,5名非官方任命的委员中有3名是种植园公司董事会的成员(斯维特汉姆委员会,1908:8)。"用出口税换取权利"是有产阶级要求代议制的一部分,尽管土地产权是更为直接的原因。税收在谈判中起着更为中心的作用,而谈判又帮助巩固了代议制度。蔗糖收益会换得外汇,并进而通过上缴的税收收入,让国家在国际证券市场上以有吸引力的利率筹集资金。因此,税收使毛里求斯成为一个财政国家。

财政国家能够"利用可靠的收入基础在国内及国际债券市场上,迅速廉价地获得大额私人贷款,并因此国家大量地依靠借款来进行融资"(Moore,2004a:300)。正是代议制换税收这样的谈判,使财政收入基础有了政治上的安全性。在毛里求斯,也正是这种税收—问责—代议制之间的关系,使得殖民政府有能力在国内国际证券市场筹集款项,而纳税人—立法者将他们的角色看作是这种能力的核心部分。政府支持蔗糖的生产与出口,并通过各种方法资助种植园主,如降低毛里求斯商业银行向种植园主的贷款利率,以及从英国寻找一些低成本贷款以备种植园主急需之用等。作为回报,那些拥有地产的毛里求斯人通过蔗糖出口税为国家财政提供资金,同时这些出口税也是政府获得国际贷款的有效担保物。种植园主也会独自或者跟毛里求斯商业银行一起购买政府的有价证券,从而把部分贷款还给政府。

在19世纪70年代前,一些英国殖民者通过债券在伦敦市场为大型基础设施投资筹集资金,这种债券是一种固定利率债券,具体由下述收入来源来偿付:金矿、种植园、铁路等部门(Benians,Butler and Carrington,1959:197)。有时,英国政府会提供官方保证,但一般而言,特定的殖民者都以自己的名义借款。随着国际金融"黄金时代"(1870~1914年)的到来,对证券的需求急剧增加,殖民者开始发布记名股票(债券)。在19世纪后期,英国议会通过一系列殖民地股票法,来控制英国殖民地国家在国外集资的能力。1877年的《殖民地股票法令》通过允许殖民地在伦敦市场对证券记名、转户来管理债券的发行,这让他们更容易获取到公众投资。有一部分(并非全部)殖民地债券受到

第六章 可能的能力(contingent capacity):毛里求斯出口税与国家构建

了英国政府的担保。不过,尽管有政府保证,债券也仍然受到殖民地的名声的影响。那些声誉良好的国家(和殖民地),能以更低的利率借款。拖欠贷款会增加未来借款的成本(Ferguson,2001:171—172)。

殖民地的债务往往数额巨大。表6.2显示了1870~1890年英国主要殖民地借款者公共债务的增长率。1893年爆发的金融危机,抑制了各种疯狂的海外投资市场,而且英国殖民政府也开始管制这个市场。1900年的《殖民地股票法令》,给在伦敦货币市场上殖民政府发行的证券一种"托管人身份"(Cohen,1950:15—16)。[①] 目前,绝大部分(非全部)英国殖民政府发行的债券受到帝国政府的保证。如表6.2所示,能够独立发行自己证券的殖民地数量仍然有限。这段时期的非洲,只有毛里求斯和南部非洲的纳塔尔和开普殖民地能够发行债券。[②]

表6.2　　　　　19世纪英国殖民地公债增长情况　　　　单位:百万英镑

英国殖民地	1870年	1880年	1890年
印度	108.1	160.3	192.6
锡兰	0.7	1.3	2.5
毛里求斯	1.1	0.8	0.7
澳大利亚	28.3	59.3	143.4
新西兰	7.8	28.5	38.8
开普	1.1	11.3	23.7
加拿大	21.4	31.4	58.7
西印度群岛	0.9	1.3	2.8
纳塔尔	n.a.	1.6	5.0

注:开普和纳塔尔后来并入南非,锡兰变为斯里兰卡,西印度群岛变成了牙买加。
资料来源:Benians,Butler and Carrington(1959:197),《联合王国的殖民地和其他领地统计概要》。

在较长时间里成功地偿还债务的历史,会创造自身的合法性文化。在委员会看来,他们所成立的体制,即在政府支持下举借与蔗糖行业投资密切相关的债务,并用专门的出口税偿付,这种体制支持他们对民主代议制、话语权和

[①] 这一法令是张伯伦任殖民地事务大臣时颁布的。参阅Jesso Press(1976);Kesner(1982)。
[②] 正如该时期的一段历史所描述:"虽不情愿但仍保留着的西非定居点,在预付款和贷款的支持下,挣扎着维持偿债能力。他们是帝国的灰姑娘"(Benians,Butler and Carrington,1959:197)。黄金海岸(加纳)在19世纪90年代开始借债。

问责制的要求。自 19 世纪末 20 世纪初开始,激烈的议会辩论支持着这种说法(毛里求斯殖民地,1901)。

在 1901 年,经选举产生的委员会委员递交了一份提议,要求取消 10％的关税附加税,这种附加税是几年前为了弥补预算赤字而征收的。这一提议引起了政府官员与委员会委员们长期的讨论,即当选的委员们可以在多大程度上直接影响税收政策。总检察长陈述了政府的立场,即经选举产生的委员会委员不允许提议改变税收政策:"宪法的原则规定,君主及其代表必须完全负责王国收入的管理,并在管理过程中不受任何限制。"另外,他指出,只有当宗主国政府维持着对税收的严格控制时,殖民地债券发行时的利率才会降低。其他人随后加入到这场辩论。一名来自莫克乡村地区种植园园主兼代表亨利·莱克乔奥(Henri Léclezio)承认,这一点千真万确。当有大英帝国的保证时,殖民地就可以按 3％的利率借款;如果没有保证的话,他们就要多付 1％或更多的钱。但当谈到对发言权及问责制的承诺时,政府又开始退缩:

"我们都承认在帝国政府负担责任的最后依靠;当然,如果要帝国政府全权负责,它就应该有控制权;但还不能达到现在所要求的程度。对现阶段的控制权只能这样理解:我们会做比较乐意做的事,但你们无权表达你们的观点,除非我们要求你们投票。仅此而已。但你们现在正在剥夺我们的权利!我们之前是有自己的权利的——之前我们有权就现存的税制表达自己的观点,但现在这种权利被剥夺了。我们无法开口——当然,这就是削减我们权利的限制。当这种权利被束缚,我们还期待什么未来?慢慢地,我们就会失去任何被赋予的权利。"(毛里求斯殖民地,1901)

接着亨利·莱克乔奥引用殖民地事务大臣张伯伦发来的急件发言(该急件评论西印度群岛的财政困境)说,"只要帝国政府给予殖民地财政上的援助,帝国政府就必须控制其财政"。

"就西印度群岛而言,这种情况或许合适,但毛里求斯殖民地得到什么财政援助了吗?好像情况并非如此。如果我的理解正确,这句话的意思是,对西印度群岛给予了补助金或救济金……但在这里,并没有这类帮助……在两种情况下,英国政府的确在某种程度帮助了我们,即为我们的票据背书,或担保我们的贷款——仅此而已"。(毛里求斯殖民地,1901)

第六章　可能的能力（contingent capacity）：毛里求斯出口税与国家构建

他接着指出，蔗糖出口是贷款的保证，而贷款可以通过专门的出口税来偿还，他强调这些专门的出口税有助于借贷、生产、税收和代议制度的良性循环。在税收问题和财政政策方面，立法委员会委员（总体上立法委员会委员被认为代表纳税人）已经赢得发言权。

当债务人没有向债权人履行应尽职责时，债权人有权介入以查看他们贷出资金的管理情况。但对毛里求斯来说，情况并非如此。至少在过去 40 年里，我深陷本国的各种事情之中，但我从来没有见过或听到过上述情况……你可以对毛里求斯做出任何评论，但不要说毛里求斯和西印度群岛在某些方面情况类似，我们的情况并不相同。我们总是能履行承诺，我们也能够努力地偿还债权人——这就是为什么我们能够在英格兰有不错的名声，为什么我们的公司债券能维持 13% 的溢价"（毛里求斯殖民地，1901）。

如表 6.3 所示，在 19 世纪后期，毛里求斯在伦敦交易所发行了一些债券。这个岛国属于 10 个最活跃的经济体（现在称作"发展中国家"）之一，它所支付的平均利率也处在最低的行列中（下述这些国家根据平均利率来排名）。

表 6.3　十个最活跃的"发展中国家"和殖民地发行的债券，伦敦债券市场（1871～1881 年）

国家/殖民地	债券数量	发行日期	平均利率（%）
巴西	8	1852,1859,1860,1863,1865,1871,1875,1879	4.75
印度	12	1872*,1873,1874,1877,1878,1879,1880,1882,1884,1888,1893	5.2
智利	8	1822,1842,1858,1866,1867,1870,1873,1875	5.2
纳塔尔	5.4	1860—1862,1867,1872,1876	5.4
毛里求斯	7	1862,1863,1865,1867,1873—1880	5.5
开普殖民地	7	1860,1861,1863,1865,1867,1873—1880	5.6
锡兰	5	1863,1865,1867,1876,1880	5.6
土耳其	15	1854,1855,1858,1860,1862,1863,1865,1869,1871,1872,1873,1874,1877,1878	5.9
阿根廷	7	1866,1870,1871,1872,1873,1874	6.3
埃及	11	1862,1864,1866,1867,1868,1870,1877,1878	6.5

注：仅包括今天属于低收入或中等收入的非欧洲国家和政权，殖民地用楷体表示。

* 此处显示的是偿还日期。债券数量按其发行次数而不是其价值来计算的。该表中各个国家的排名根据其平均利率进行。

资料来源：Preston Winter 根据《投资者月报》1871～1881 年进行编纂与数据汇总。

在 19 世纪和 20 世纪早期，出口税是毛里求斯种植园主在国际债券市场上建立信誉的主要工具。对信誉可靠度的关注以及 1901 年所支撑的与国家构建的关系，在一个世纪以后就体现出来了，不仅体现在毛里求斯很强的民主制上，也体现在对它的债券信用评级的持续关注上。穆迪最近给毛里求斯的长期债券（以国内货币计价）"A2"的评级，与希腊的等级相似；而该国的以外币计价的长期政府债券的等级，与被誉为亚洲"四小龙"之一的韩国相同。在 2002 年，世界银行强调"9.11 事件后，毛里求斯是为数不多的等级排名没有下滑的发展中国家之一"（世界银行，2002c:4）。

6.4.4 累进出口税和统制经济国

第二次世界大战后，出口税成为殖民地政府手中的工具，用来帮助国家对蔗糖产业复苏和发展的指导，以及支持国家首次努力将福利利益导向农业工人。1945 年工党当权后，英国殖民政策变化很大，开始更加关注发展及福利。与此同时，在毛里求斯立法委员会中，印度裔毛里求斯人数量少量地增加，这增强了平均人数很少的具有改革思想的当选委员的力量。后来当选为毛里求斯第一任总理的西沃萨古尔·拉姆古兰（Seewoosagur Ramgoolam），在 1940 年被任命进入立法委员会。之后，他利用自己在委员会中的地位推进福利改革，建议征收出口税来支付更大的社会开支（Selwyn，1983:265）。一些新项目受到了《殖民地发展和福利法案》(1940)的资助，不过由于英国自己在战后也受到外汇的束缚，因而只要有可能，英国政府就希望殖民地自己提供发展所需的各种资源。蔗糖出口税和相关税收为几个新项目提供了启动资金，这些项目都是用来保证毛里求斯主要雇员的财政和社会稳定的。成立于 1946 年的"风暴和干旱保险基金"，为甘蔗种植园主提供了自我保险计划，这些基金来自对蔗糖总出口收入的附加税（Balogh and Bennett，1963:131）。在战后，即使种植园主希望把一部分收入作为他用，殖民政府还是进行了干预以确保蔗糖收入直接用于蔗糖行业的重建。拥有蔗糖业的英国殖民地全都有着相似的基金，这些殖民地包括西印度群岛、英属洪都拉斯、英属圭亚那以及斐济。这些基金受到有费边社会主义思想的殖民地事务大臣亚瑟·克里奇-琼斯（Arthur Creech-Jones）的推动，他提议将这些基金这样使用，即确保蔗糖高价格

第六章　可能的能力（contingent capacity）：毛里求斯出口税与国家构建

时产生的利润能够被用于不景气时的行业复兴与劳动力的素质提高。正如维拉萨米·林加杜（Veerasawmy Ringadoo，后来成为国家任期最长的财政大臣）在1961年解释的，亚瑟·克里奇-琼斯主张："为了确保生产成本和其他国家相比不会上涨过高，国务大臣认为应该为工人提高各种福利而不是增加他们的工资"。① 自我保险的基金和社会福利的基金，帮助解决了普遍的集体行动问题，即由私人提供的保险和自愿投保带来的道德风险问题及逆向选择问题。如果任由自行解决，这些私人生产商极有可能投保不足；大体上，他们为工人福利愿意付出的肯定低于社会最优水平。

在毛里求斯，设立于1948年的"蔗糖业复兴基金"主要通过对每吨出口的蔗糖征收固定的税额筹资建立（Lutchmeenaraidoo and D'Espaignet Sidambaram，1973）。当需要一部分资金作为更新改造资本时，厂商和种植园主就可以向该基金会申请帮助。在毛里求斯独立后，该基金于1974年被"蔗糖业发展基金"取代，该税收成为可变化的课征，但用于确定目标的投资这一原则不变。在1948年，政府成立了"蔗糖业劳工福利基金"，该基金的资金来源于向蔗糖出口课征的另一笔税。这一基金为劳工的住房和教育开支提供（目前仍在提供）低利率贷款，教育开支包括购买图书、补助社区发展活动、为中等及更高等教育每月提供津贴等。在一开始，这种福利只面向蔗糖行业的员工和家庭，但到后来，受益范围扩大到在码头的蔗糖搬运工。因此，蔗糖出口税（所有蔗糖出口商都要支付）不断地为与蔗糖业相关的国家和社会机构提供直接的经济支持（这些机构又塑造了蔗糖业），同时又为政府的双重目标（经济发展与福利）提供便利的专项资金池。

与此同时，征收蔗糖出口税，构建了国家与社会各种制度与机构，出口税自身已被重造为构建政府民主联合体的重要因素以及进行再分配的策略。1975年，在面临选举之时，政府向其主要的选民阵营（主要是印度裔的小种植园主）免收出口税。一开始，向所有种植园主征收一种税率为总收入6%的税收，现在征收的出口税分为五档陡峭的累进等级，最低一档（那些蔗糖出口不到20吨的种植园主）税率为零，最高税率为12%。在1979～1988年，适用零税率的上限逐渐提高，直到最后蔗糖出口不到1 000吨的出口商免交出口税，

---

① 林加杜的演讲，《毛里求斯的立法委员会辩论》(1961)，见 Gayan and Gopauloo(eds)，1990：114。

而最大的种植园主发现他们的税率增长到了23.6%。这一税收的管理权及向政府解款的权力,落到了毛里求斯蔗糖联合集团的手里,这样就让税务当局避免了一项看起来恐怖的任务。上述变化深受小种植园主的欢迎,他们在1976年再次选择了拉姆古兰政府。在这段时期,撒哈拉以南的非洲其他国家几乎都处于威权政府的统治下。这一现象,不仅突出了出口税发展为累进税的潜力,同时在帮助巩固国家民主方面也起到了出乎意料的有益作用。

6.4.5 出口税与援助金所有权

最后,在《洛美公约之1974年蔗糖协议》下,出口税加上较高的蔗糖价格使得政府在获得大量国外援助方面有了一条渠道,与此同时还避免了一些常规渠道在获得援助时所带来的负面影响。蔗糖协议为非洲、加勒比与太平洋国家中的蔗糖出口商提供了优惠的配额安排,这些国家同时还可以利用提供给欧洲甜菜糖的保护价格的优厚条件。尽管这些优惠的成本是欧洲的消费者而非纳税人承担的,但大量的国外援助资金还是流向该协议的各成员国。例如,在1983~1988年,蔗糖在欧洲的均价为每磅20美分,与全球蔗糖均价相比,高出了6美分(世界银行,1989:8)。

这样的一些优惠也受到人们批评,因为这会让享受优惠的国家囿于原材料生产模式。这种批评也不无道理,虽然它没有意识到这种提供援助的方式也许会有一些优点。蔗糖协议提供的优惠条款(即以高于市场的蔗糖价格来购买),让毛里求斯多获得了3%~7%的GDP。在有关外援的研究中,这一外援来源很大程度上被大家忽略。但是对像毛里求斯这样的国家来说,它主要支持私有企业的发展,同时向中等或大型蔗糖生产商课以累进税以获得部分收入,因而通过蔗糖协议获得的援助资金是他们"挣来"的收入。因为有政府的奖励,毛里求斯私有企业将蔗糖"租金"导向当地的出口加工行业以及旅游服务行业。在20世纪80年代和90年代,这让毛里求斯一跃成为世界上快速发展的中等收入国家之一。正如摩尔(1998)所言,较之通过自然资源开采或普通援助而获得的收入,"挣来"的收入更有可能构建合理的问责机制、更有助于培育发展型国家。如果有合适的激励机制,它们更有助于促进私营部门的发展。为了在欧洲市场获得特殊的优惠待遇,发展中国家必须进行生产。这

第六章　可能的能力(contingent capacity)：毛里求斯出口税与国家构建

种给予援助的方式，就像美国为了提高低收入劳动者的收入，实行了"挣来收入的所得税抵免"政策。世贸组织规则的兴起以及特殊贸易关系的终结，意味着这种"挣来的援助"方式也将被逐渐淘汰。

6.5　出口税与国家构建：观察与考虑的因素

在不同的国家，乡村社会的结构不尽一致，农村地区的应税财产持有人在影响中央政府、缔结同盟或抵制税收等方面，程度也有所不同（参阅本书中 Bernstein and Lü 以及 Fjeldstad and Therkildsen 所著篇章）。正因如此，我们可以预见，对农产品出口征税可能以不同的方式影响国家构建（Boone, 2003）。在概括税收与治理及国家构建在总体上及各侧面关系的文献之后，并根据毛里求斯的实践经验，我们可以总结出农业出口税对国家构建影响的五方面因素。这个分析框架或许只适用于下面的情况：在出口领域拥有资产者是当地私人居民而不是跨国公司或国家自己。必须要指出的一点是，谈判和磋商不是唯一可能的结果。出口税或许会影响国家与社会关系的其他方面（比如再分配），或许它也会对国家能力和社会能力产生更直接的影响（就像毛里求斯）。

第一，感觉出口税是直接税还是间接税，很可能会影响其政治作用力。正如摩尔在本书中的一章所述，尽管对税收的传统分类并不与"感知"税收或了解税负归宿的程度直接相关，但毫无疑问，对理解税收压力而言，区分直接税与间接税也许能让纳税人理解税收的压力，让其反对税收，或者动员起来进行抵制，或者要求只有获得某种利益才缴税等。

第二，要看生产出口货物的资产是流动的还是不流动的程度（很明显，出口货物本身显然是流动的）。这一广为人所引用的区分，我们可以追溯到 Bates and Lien(1985)的著作中。两位作者以此来区分，政府是更可能与民众谈判（或许给他们议会的权利）呢，还是更会单方面地汲取资源。那些金矿拥有者不可能跟拥有缝纫机的人一样，将资产轻松地移至他国。这样的区分在树木种植园主（如可可树、茶树或纸浆用木材等种植园主）身上，也能成立；但对其他每年都种植的农作物来说，这一区分就不明显了。也许影响更大的因素是，土地是否

141

还有税收更低的其他用途,或者是否有土地交易市场(这样的话拥有者可以随时出售或离开),以及在何种程度对出口资本进行有效的外汇控制。

第三,我们可以将目光投向被征税部门的组织力量与集体行动能力:出口货物生产商是否已形成强大的联合会,还是既分散又力量薄弱?贝茨(1981)指出,就撒哈拉以南非洲地区的情况而言,生产出口产品的小农户被课以高税率,因为他们没有形成强大的组织以抵制高税率(更不用说退出了)。有组织的利益集团不仅有可能有效地抵制不合理的税收(并因此促进谈判),更有可能成立一些机构,而这些机构或许可以成为政府伙伴,或形成能对国家能力产生影响的社团或半社团体制(请参阅本书 Gallo,与 Joshi and Ayee 所著篇章)。组织良好的生产者协会,可以被委托履行政府监督的某些职能或扮演执行者的角色,以减少国家的成本(Levi,1988)。在毛里求斯,组织良好的农业协会,在减少集体行动问题方面起着核心作用,并且私有部门协会的一部分开支通过蔗糖出口税进行了弥补。

第四,被征税部门的生产商或许在"相对权力"(relative power)或实力的传统措施之上(或之外)还有着政治优势(political salience)。这种政治优势可能来自共同的民族、宗教或大家庭背景。例如,阿散蒂可可生产商也许被指望跟出身阿散蒂地区的加纳总统有着特殊的关系,但跟出身于加纳其他地区的总统就没这种关系了,而这可能会影响总统所选择的国家构建策略以及如何将出口税运用到这种策略中去。在毛里求斯,情况就是如此。在这里,最富有的蔗糖种植园主无一例外全是法兰克—毛里求斯人,而小种植园主几乎全是印度人(占该国人口的 52%)。正是这种政治优势帮助了推进政府采取累进的、有再分配功能的出口税政策。

第五,在总体环境中的脆弱性或威胁程度也会影响出口税协议的形成方式及其后果。正如森特诺所言(1997:1570),这种威胁会影响"人们接受税收负担的意愿",以便寻求以税收换取保护。威胁也会让被征税群体更愿意接受国家的发展方向,并能培养其与国家之间的合作关系;与此同时,威胁会让国家更愿意将一些专门的税收资源用来构建自身能力以支持生产者。[①] 在毛里

[①] 要了解更多有关威胁促使国家与厂商之间建立合作关系的讨论,请参阅 Maxfield and Schneider(1997:25—30)。

求斯,《蔗糖协议》签订以前,蔗糖生产有很长时间一直不稳定,该国收入会因蔗糖市场状况而急剧增减。这种情况就让生产商更乐意用出口税来构建整个蔗糖行业以及该行业所依靠的制度机构。

6.6 结 论

市场就是政治竞技场(Bates,1981:6),而税收是政府塑造政治竞技场的核心因素。米克·摩尔在本书中的一章也认为,税收"有益于治理"。本章尝试着以全新视角考察出口税,通过对毛里求斯出口税收发展历史的描述,证明了出口税是如何特别地对该国国家治理产生积极影响的。尽管蔗糖行业得益于广泛的地租(得益于《蔗糖业联合协定》和《洛美公约蔗糖协定》),不过这些租金并未带来一种资源的诅咒,因为它们是成千上万甘蔗种植园主"挣来"的,政府通过蔗糖出口税加以收集并用它来构建国家与社会的能力与福利制度。出口税帮助私人部门组织起来并发展跟政府互动的能力,帮助国家和社会解决在蔗糖技能与辅助研究方面所遇到的集体行动困境。它还用来加固纳税人的话语权要求与在政府就业的要求,从而让毛里求斯在独立时就能有不寻常的民主程度以及当地人在官僚系统中的极高占比。在世界银行的建议下,毛里求斯于1994年废除了蔗糖出口税,用增值税取代了这种收入。因为国家已经发展得比较强大,民主也相对地巩固,再加上生产者与政府有着良好的制度性联系,所以尽管在该国实行了长达两百年的出口税终结了,但并未对毛里求斯的国家构建产生很大影响。

在2005年,欧盟同意进行改革,以便在2006~2010年将蔗糖保护价格降低36%。这一措施将对毛里求斯的经济产生深远的影响,国际货币基金组织估计毛里求斯会损失高达3%的国民生产总值(国际货币基金组织,2006)。它还将减少毛里求斯私人农场主赚取的租金,并影响由税收支持的各类集体农业机构或制度。不过,1994年决定取消出口税的经验说明,这些对国家产生的影响都将是间接的。历史已经表明,毛里求斯能够克服这些新冲击。蔗糖行业成功的集体行动在蔗糖协议及现有高价体制之前就早已存在,很有可能以后还会存在下去。

确实,正如贝茨(1981)注意到的,撒哈拉以南以及其他非洲国家的政府将出口税用作政治控制与扩大个人权力的机制,并建立起忽视绝大多数生产者的联盟关系。然而,毛里求斯并未遵循这一模式,其原因非常复杂,限于篇幅,就不再赘述。毛里求斯和其他非洲国家的不同,早在其独立之前就非常明显,并部分反映了在殖民统治下的"移民"性质(Bräutigam,2005)。这些不同有可能会影响出口税的政治角色,正如我们在前面所述。然而这些不同并不能让我们得出如下观点:出口税的废除会对其他国家几乎没有影响。在很多贫困国家,农产品出口仍然是主要的收入来源之一。然而,这些国家在努力建立税收构架的过程中,受到了目前的共识性意见(低边际税率所得税、宽税基消费税、农业出口税几乎总是不明智的等)的影响,政策制定者(和他们的国际顾问)不再将出口税作为重要的收入来源。这一策略的改变也许提高了个体农民的收入,但却同时减少了出口税对国家建构的潜在贡献。尤其是,农业出口税不仅可能被用来使农民群体边缘化,也可以用来让他们参与到政治过程中来,加强他们解决集体问题的能力,支持并巩固发展最终所要依靠的强有力的制度。

第七章 智利的税收谈判与硝酸盐出口(1880～1930年)[①]

卡梅扎·加洛(Carmenza Gallo)

7.1 导论

税收可以成为促进国家与有产者之间进行磋商谈判的强大机制。在什么样的条件下,国家会采取谈判行为而不是单方面的征收行为?玛格丽特·利瓦伊认为,统治者会尽力扩大自己的收入,只是(部分地)受制于一个条件,即他们相对于被征税人的谈判能力。她将谈判能力定义为:"对强制资源、经济资源和政治资源的控制程度"(Levi 1988:2)。很清楚,当国家行动者(state actors)与被征税群体之间的能力平衡的时候,谈判比较可能发生。然而,情况并非完全如此。本章将运用1880～1930年智利硝酸盐的案例来集中讨论,在自然资源经济为主的国家,哪些是决定出口税谈判的因素。笔者辨别出几个重要因素,这些因素可以解释在什么情况下税收可能会带来谈判或磋商,又在何种情况下会带来国家单方面的征税行为。本章可以为本书的主题提供更广阔的研究视野,即理解发展中国家税收对政治体制发展的影响。更具体地讲,本章通过探索影响很多发展中国家的一个因素(即全球自然资源出口市场

[①] 注:本论文曾在如下几个场合作为发言稿,后来整理成文。如在哥伦比亚大学拉查斯斐社会科学研究中心举办的抗争性政治工作会议,英国苏塞克斯大学发展研究中心举办的研讨会"税收:发展型国家公共财政的民主途径",以及丹麦国家问题研究所举办的税收工作会议。在此要特别感谢研讨会的参会成员以及 David Bevan、Andy Buck、Susan Eckstein、Juan Diego Garcia、Paul Ingram、John Krinski、Roy Lickleider、Richard Snyder、Charles Tilly、Takeshi Wada。同时,要感谢本书编辑,Deborah Bräutigam、Mick Moore 和 Odd-Helge Fjeldstad,感谢他们对本文提出了宝贵的修改建议。通信地址:纽约市法拉盛区11367—1597凯辛那大道65—30号,皇后学院社会学系。电子邮箱:cza107@aol.com。

的不稳定性),为税收谈判模型做出了贡献,尤其是深化了利瓦伊的研究。笔者认为,全球自然资源出口市场的这种不稳定性减少了国家与纳税人群体之间进行稳定且制度化谈判的可能,并使协商制度的发展愈加困难。

笔者所探讨的这段时期,在智利被称作"硝酸盐时代"。这并不是一个独一无二的案例。仅拉丁美洲,玻利维亚和委内瑞拉在20世纪上半叶财政上就主要依靠私人拥有的矿产业(分别为锡和石油)的出口税。以智利为例,多年来矿产税一直提供了多达50%的政府收入,因而政府有很强的动机关注这一行业。智利的案例非常具有启发性,因为它跨越了完整的循环周期:从1880年硝酸盐出口的繁荣期(当年硝酸盐出口第一次征税),再到后来世界市场硝酸盐价格的暴跌。因此,我们可以追踪国际市场状况的变化来探讨,它是如何影响政府与出口商之间就税收展开谈判的动机与能力的。笔者在行文中,将这段时间分为三个历史时期:1880～1895年冲突期(7.4节);1895～1915年谈判期(7.5节);以及1915～1930年国家单方面行动期(7.6节)。

在分析这些历史时期之前,笔者将为这一研究提供一个分析框架,检验在什么情况下税收表现为纳税人与国家的谈判与磋商,又在什么情况下表现为国家单方面行动(7.2节);同时,对智利硝酸盐的发展历史进行介绍(7.3节)。

7.2 协商性的征税还是单方面征税?

国家机构与纳税人之间关系的性质,是税收来塑造国家体制的关键因素。例如,当国家行为者(State actors)急需一些他们没有且无法控制的资源时,对那些能够支持民主的制度在历史上发展来说,税收因素就至关重要。这是因为,国家行为者缺乏对资源的控制权,就不得不与纳税人进行谈判磋商,最后就产生了支配代议机构的标准规范与正式契约(Hopcroft,1999;North and Weingast,1989;Tilly,1992)。显然,其他结果也是可能的:税收可以是强制性的(本书第四章和第五章),或者国家可以直接控制能产生重要收入的资源(Levi,1988)。但是税收会带来谈判的动机,它独立于下面情况,即这些动机是否一直维持还是被制度化。在什么样的一般条件下,税收更可能是基于谈判,或者更受国家单方面的控制?当税收带来谈判时,要让这种谈判保持下去的话,哪些条件是必须的？

一般而言，基于谈判的税收会产生自我存续的力量，促使国家机构继续与纳税群体进行磋商；而对纳税人而言，可以寻求机会参与到政策决策中来，并让官员负起责任。基于谈判的税收，能大大加强发展中国家薄弱的管理机制，并因这种机制而促进问责机制的形成，还能限制权力滥用。摩尔(2001)指出，物质的繁荣增加了国家的可征税资源，继而产生的税收或许会扩大国家和纳税人之间的共同利益、增进公民参与政治的动力，从而在总体上能提高政府的管理能力。

因此，由于多种原因，税收可能带来有产者和国家之间的谈判协商。然而，当国家机构和纳税群体之间力量相对平衡的时候，这种谈判才最有可能发生（参阅本书摩尔所著篇章）。给定国家在强制性方面的比较利益不变，当谈判的好处超过单方面使用权力的好处时，税收就能带来谈判；当权力平衡的条件得以保持长期不变以至于成为统治的正式稳定规则时，税收也会带来国家和纳税人之间的谈判(North, 1990)。

当国家需要从私人拥有的矿产资源中获得收入时，在这种情况下，是什么因素影响了权力的平衡？一般而言，税制中有四个特点，可能会影响国家机构对纳税人到底是采用谈判方式还是采用单方面征收的方式：首先，可征税资产或资源的可流动性；其次，财政收入集中度（即税收来源是否多样化）；再次，对收入流的威胁因素（即国内外经济、政治或环境的冲击）；最后，被征税群体的政治力量（即他们获得盟友的能力）。

1. 课税资源的类型。国家机构更可能与那些拥有可流动（或可隐藏）资源的纳税人进行收入谈判。如果国家机构开出的交易条件不是很优惠，可流动资源的拥有者就可以将这些资源撤出来(Bates and Lien, 1985：55；Zolberg, 1980)。矿产资源一般是不可流动的资源（当然也有例外，如钻石），因而在其他条件不变的前提下，很有可能被首先征税。

2. 收入的集中度。即税收收入的来源是集中还是分散。单独来看，收入集中度的影响是不确定的。一方面，如果国家只依靠对一种或少数几种收入来源征收专门的税收，那么纳税群体或许有巨大的谈判能力；另一方面，缺乏可方便替代的其他收入来源，会加剧国家开发并过度征税于这个单一收入来源。因此，收入集中化对最终收入、谈判以及国家控制税收的影响，可能高度依赖于国家体制结构中其他的因素。

3. 收入的稳定性。外部冲击(在形式上表现为对可税资源的生产带来威胁),改变了纳税人或国家机构的优先关注点,并给双方谈判带来变化(Kiser and Barzel,1991)。例如,持续不断的战争(外部威胁)以及战争本身,让国家保持着对资金的需要,但是,战争又大大地提升了国家保护所具有的价值,而这一变化条件又会被加入到国家与纳税人的谈判中去(Centeno,1997;Hopcroft,1999;Tilly,1985,1992)。进一步地,经济威胁(例如严重的市场衰退危及可征税资源的生产),提高了用于保护并促进可税资源发展的国家政策的价值(Shafer,1994)。

4. 被征税群体的政治资源。尤其是他们为抵制国家剥削而与其他非国家的行动者(non-state actors)联合的能力(Levi,1988;North and Weingast,1989)。在两种情况下,这种政治资源对后发国来说异常重要。第一种情况是被征税群体在地域上集中、人数较少——矿产资源出口商就是这种典型情况。规模较小但经济实力雄厚的出口精英,需要政治资源来防止实力比其弱的经济联盟来对抗他们。第二种情况是环境不稳定时,所进行的税收谈判没有完全被制度化,在这种情况下,被征税群体有政治资源的话,就可以阻止国家行为者利用强制性权力对其征税而不进行谈判。

税收和收入体制的这四个特点很可能会互相发生作用,并进而在一定程度上对国家究竟采取税收谈判还是单方强制征税产生影响。这一分析框架表明,当下列各种状况共同起作用并因此提高纳税群体的能力时,税收谈判就有可能发生:收入来源高度集中;可税资源流动性强;生产或收入没有受到国内外威胁的冲击;被征税群体有动员政治联盟或政治资源的能力。相反,有以下情况的话,税收就很可能被国家控制:当税收来源高度集中再加上可税资产不能流动;当外部冲击对资源流向带来巨大变化;资产拥有者无法动员政治联盟时。

那些主要依靠矿产出口税的国家(如玻利维亚的锡、智利的硝酸盐以及委内瑞拉的石油)都有上述的特征,也因此在这些国家不太可能出现稳定且制度化的税收谈判。[①] 对矿产资源征税会带来很高的收入,同时对这些收入来源

[①] 有关资源的文献认为依靠矿产资源租金的国家会是不民主的,因此,不会有基于谈判的税收。然而,在这些文献中,对产生这一结果的原因又看法不一(Anderson,1987,1995;Beblawi,1987;Crystal,1990;Karl,1997;Ross,2001)。

征税也比较方便(Ardant,1975;Gallo,1991;Shafer,1994;Tilly,1992)。反过来,国家具备对这些集中的资源征税的能力,促使其更依赖这一部门,而不再寻求开放替代性的资源,或者不再对收益低的税源征税。进一步地,正如Shafer(1994)认为的,矿产部门往往属于资本密集型,资产不灵活且难以流动,这就限制了国家经济策略的制定以及经济政策的实施范围。这些政策限制往往在政治上是中性的——它们并不意味着对矿产开采者或国家有内在的利益,而只是资本密集型矿产部门经济特征的一部分。另外,这些部门往往在地理位置上比较集中,且被一小部分(经常是互相关联的)公司所拥有;在经营上它们往往像飞地一样,与国内经济没有联系。[①] 这些资产的所有者因此容易被隔离出来并成为征税的特定目标。[②] 在这些案例中有一个复杂因素比较重要,即很多矿产出口容易受到国际市场价格波动的外在冲击,这些冲击会影响国家的收入流,增加国家放弃谈判而单方面征税的可能性;冲击也会削弱生产者的生产能力,并增加集体行动的困难。生产者因此可能去寻求国家的帮助,以应对价格的不稳定。总之,外部冲击会改变国家与社会关系互动的机理,以至于阻碍了谈判与磋商的制度化进程。

只要大型矿产资源被开发,国家就可以依靠这些资源取得税收收入。因此,税收关系会是谈判性的还是单方面决定的,取决于两个可变因素:(a)被征税集团的政治资源,(b)财政收入的稳定性。智利的情况,较好地支持了这一假设。智利的硝酸盐运转体系就反映了这两个因素的三种不同组合,我们将在下面各节来分析这些组合。首先,在硝酸盐出口不断增加以及部分生产商控制外部冲击(1880~1895年)造成的影响的能力相对较高的背景下,我们发现有一段不稳定的政治冲突阶段,在这一阶段,国家管理部门和硝酸盐老板就税收条款进行了抗争,最后,国家管理部门成功地强加了自己定的有关税收的条款;接下来历史上有一段时期(1895~1915年),政府管理部门设法管理税

---

① Mancur Olson(1965)指出集团规模会影响集体行动。事实上,出口部门的矿产公司所有者以组建经济垄断联盟而著称,因此他们能够在国家帮助下暂时抵制国际市场价格下降的压力。然而,正如本章后文所述,这种集体行动的能力并不必然会带来国内相应的政治权力。

② 被征税的出口集团的国籍在决定税收和其性质方面并不重要。玻利维亚的锡大亨都是玻利维亚人,智利的硝酸盐老板大部分是英国人,他们一样被征税。在关于是否应该被征税以及征税的最终结果方面,精英与国家其他精英之间的政治联系程度,尤其是与地主阶级的联系,似乎更为重要(Gallo,1997)。

收并让其在法律上合法化,而硝酸盐生产者(通过垄断集团),维持了国际硝酸盐价格的相对稳定。在此期间也有一些看得见的谈判发生:硝酸盐生产者(勉强)接受税收,但他们要求国家提供相应的服务,并期待能影响税收收入的使用方式。双方的谈判与合作变得相对体制化;最后一个阶段(1915~1930年)以不断的外部冲击为特征,生产者无法通过集体行动来稳定价格,甚至,在某种情况下,硝酸盐的出口近乎崩溃,硝酸盐矿主变得越来越依靠国家,而国家管理部门也因此能单方面地征税。

7.3 智利的硝酸盐:从经济学与政治学的概览

硝酸盐时代(1880~1930年)的50年,是智利经济和政治转型的重要时期。图7.1展示了新的硝酸盐部门的快速发展。部分地因为硝酸盐工人对农产品消费需求的增加,北部省份的经济出现了史无前例的快速扩张,硝酸盐部门与中部地区农业部门之间的经济联系也因此增强。另外,由于通过税收和国家投资,智利硝酸盐所在的北部地区的资源被转移到中部地区,如此一来出口部门支持了国家整体经济的快速扩张。

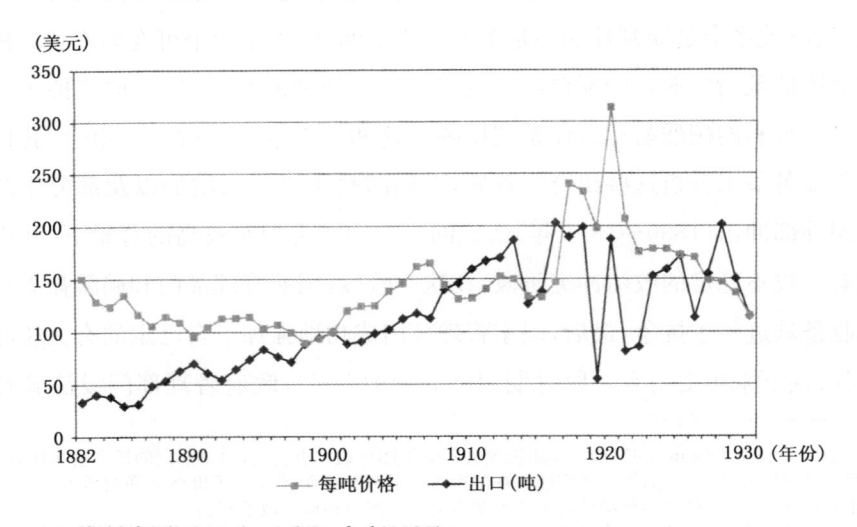

资料来源:Cariola and Sunkel(1985)。

图7.1 1880~1930年间智利的硝酸盐和碘,出口数量(吨)及每吨的价格

第七章 智利的税收谈判与硝酸盐出口(1880~1930年)

然而,伴随着经济扩张的却是经济和政治的不稳定性。直到1915年前后,硝酸盐主要被用作肥料,因而对它的需求以及它的价格变化,主要取决于欧洲(尤其是德国、法国,英国和比利时四个国家)农产品市场。第一次世界大战实际上结束了将硝酸盐用作肥料的历史,但在兵器行业得到广泛应用。这就带来了硝酸盐行业的深刻变化,并增加了价格的不稳定性。从政治角度来看,硝酸盐时代大致伴随着行政部门与议会之间就权力分配展开的斗争,这就是智利历史上著名的议会时期(1882~1920年)。在19世纪70年代,议会通过了一项削弱总统权力的宪政改革,行政部门与立法部门的冲突因此加剧(Collier and Sater,1997:121-122)。以前,行政部门通过操控选举而获得对议会的一定控制权。然而,选举改革使操控变得困难,并使权力倾斜以利于立法部门。这样创造的激励作用,会促使行政部门去寻求与议会中的其他派别、部门以及政治团体结成联盟。与此同时,政党竞争性地扩大政府的工作机会以及政府开支(同上)。通过硝酸盐税收而增加的财政收入加速了政治竞争,因为从北部硝酸盐地区获得的资源现在既可以投资到其他的中部和南部地区,也可以用作援助资金。

在太平洋战争(the War of the Pacific)期间(1878~1893年),为了控制有争议的边界领土,智利与玻利维亚、秘鲁作战。在获得胜利之后,智利吞并了秘鲁的塔拉巴卡省以及玻利维亚安托法加斯塔省。这两个沙漠地区有着丰富的硝酸盐资源,这些资源就此成为智利经济的中流砥柱。50年来,硝酸盐是智利主要的出口商品、主要的外汇来源以及主要的国家收入来源。1900~1930年,将近50%的国家收入来自对硝酸盐和碘所征的税收。[1] 由于硝酸盐资源丰富、质量较高且容易获得,至19世纪末,智利成为世界上纯天然硝酸盐的唯一生产国。由于硝酸盐矿床分布不连续并且区域分布广泛,它的矿场分散于各处(Cariola and Sunkel,1985:149)。

在太平洋战争后不久,智利政府宣布,只要外国人个人拥有秘鲁政府签发的硝酸盐证书,它就承认这些外国人的财产权要求。因此,被智利人、英国人及德国人作为财产拥有的矿场,在数量上不相上下(Blakemore,1974;Cariola

---

[1] 硝酸盐和碘的税收未被分开,但主要收入是硝酸盐税。比如,在1915年,智利出口了近10 204 000QM(1QM=1 000kg)的硝酸盐以及709 000千克的碘。

and Sunkel,1985:154)。卡里奥拉和森克尔(Cariola and Sunkel)注意到,在战后,智利人拥有矿场数从18%增长到了36%,而在随后的几十年里,英国人拥有的矿场数也同样增加。智利原有领土上的硝酸盐生产者与后来吞并过来的领土上的硝酸盐生产者,二者之间的政治分歧开始显现,这让他们的集体行动更为困难。智利本土的矿床储量没有被吞并区域的矿床丰富,因此智利的生产者经营的矿场往往规模较小且效率不高。在这一部门中,英国人作为矿场所有者最为重要,而约翰·托马斯·诺斯(John Thomas North)是其中最大的矿场主。与行业平均水平相比,他拥有或控制的硝酸盐矿的储藏量大、公司运营效率高,与此同时,他还控制着一条几乎垄断硝酸盐运输的铁路、一家为生产提供用水的公司、一家从智利其他地区或从国外为硝酸盐地区进口货物的公司以及一家银行(Blakemore,1974:35,64)。久而久之,地域集中以及所有权的集中带来了该行业准寡头垄断的特征,有利于控制硝酸盐的全球价格(Cariola and Sunkel,1985:199)。

国家机构和硝酸盐出口商之间的关系,从历史上看有三种:1880~1895年的冲突期;1895到第一次世界大战的大致平衡期;第一次世界大战至20世纪30年代初大萧条时期的国家主导期。在冲突期,国家机构与硝酸盐出口商之间的协商不是很正式;在权力平衡时期,二者之间的协商更有组织性,也更频繁;最后,在国家主导期,二者关系变得更为正式。表7.1勾勒了每个历史时期的特征,以下各节将对此做更详细的讨论。

表7.1　　　　　　　　　智利:各历史时期的特征总结

时期	硝酸盐生产者和国家之间的关系	税收基础	交换的资源	结果(所创建的机构类型)
1880~1895年	权力冲突	非正式的税收谈判与税收优惠	税收换取财产权	独立的硝酸盐生产机构;处理与生产者关系的初期国家机构
1895~1915年	权力平衡	协商谈判基础上的税收	税收换取支持该行业境内外发展的国家政策	全国性生产垄断集团;征税与处理行业需求的国家财政机构与技术机构
1915~1930年	国家拥有更大的权力	国家单方面决定	税收换取对该行业较少的有效支持(不平等交换)	国家逐渐控制了硝酸盐生产机构

7.4 国家机构与矿场主之间的冲突(1880～1895 年)

在这段时期,从玻利维亚和秘鲁吞并而来的硝酸盐矿都被私有化了,并对硝酸盐出口征税,智利也成为世界上主要的硝酸盐供应国。政府通过承认以前属于秘鲁领土上的矿场产权来换取对其征税的权力,通过在其他行业中寻求那些有势力的政治经济集团的税收支持,从而设法推行了税收制度。政府官员和矿场主之间大部分接触都是充满敌意的,他们之间的谈判与协商也没有正规的制度化渠道。在这段时期,政府和生产者双方采取的政策和策略难以预料,因为双方都竭力实现自己的利益。没有一方能有制度化的方式与对方打交道。

在太平洋战争爆发后不久,政府开始对硝酸盐业征税。如图 7.2 所示,硝酸盐出口的税收份额(碘的出口税份额非常小)从 1880 年的 4% 增长到 1890 年的 48%,到 1894 年增长到了 58%(Mamalakis,1965:184)。有如下几个因素可以解释对新获得的矿产资源能够迅速征税的原因。首先,政府遭遇到了财政危机,再加上硝酸盐资源是战争的战利品,增强了政府征税的合法性。其次,硝酸盐矿场主大多是外国人,与智利正式的权力结构没有紧密的联系,因此他们的政治力量薄弱。这种情况不适用于智利本地拥有硝酸盐矿的几位股东或所有者,正如奥布赖恩(O'Brien)所述,这些人和政府联系紧密,并利用这种联系获得免税权和特殊待遇。再次,对硝酸盐出口征税相对比较容易,一个很小的税收行政部门即可,因为矿产资源主要集中在安托法加斯塔和塔拉巴卡两个地区,矿物出口也只在几个港口进行。最后但并非最不重要的原因是,由于对硝酸盐进行征税的同时,废除了以前强加在地主精英身上的一些旧税收,同时将一些其他税收转交给当地省政府控制(Bowman and Wallerstein,1982:48;Mamalakis,1989:196)。因此,在议会享有良好代表权的地主精英以及省级政府都支持对硝酸盐矿场主的征税。

尽管硝酸盐生产者强烈抵抗,对硝酸盐征税还是得以快速、成功地推行。在此期间也曾有过税收谈判的尝试。例如,在 1879 年,也就是太平洋战争结束前,智利政府开始对塔拉巴卡地区(从秘鲁吞并而来)出口的硝酸盐出口征

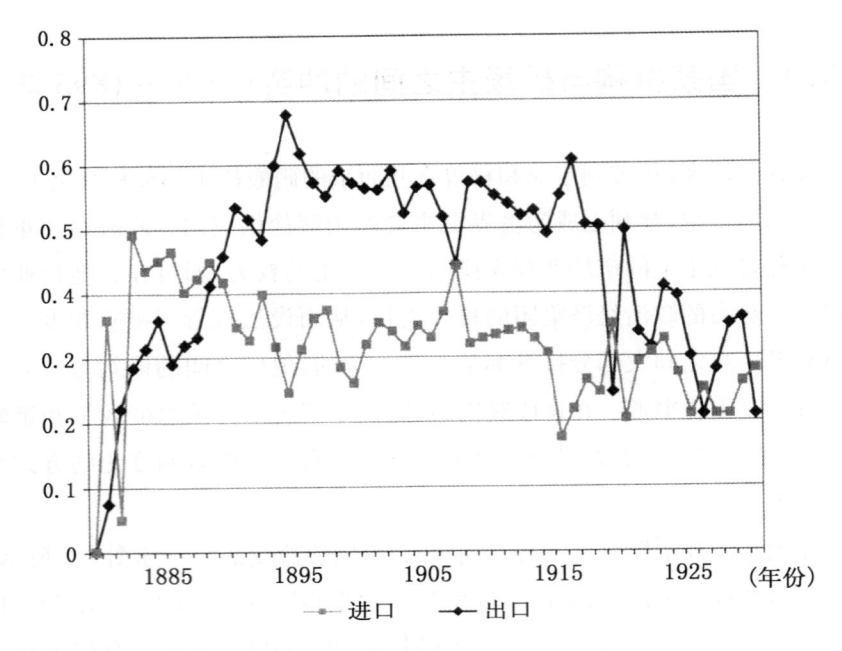

图 7.2　1880~1930 年智利的进出口税收占经常性收入的比重

资料来源：Mamalakis(1989：198，Table 3.18)。

税，每 100 千克硝酸盐征税 1.50 比索。硝酸盐生产者拒绝出口硝酸盐，强烈要求降低硝酸盐税收，因为硝酸盐产品的国际市场需求并不高。然而，正如我们将在下文看到的，政府不仅维持了这一税收而且逐渐地增加，硝酸盐生产者最终不得不妥协。智利政府也遇到了其他阻力，如那些拥有矿床资源（从秘鲁手中获得）的外国老板制造的阻力。秘鲁曾经给硝酸盐矿场主颁发证照以确认对矿场所在土地的主权，这些矿场主主要是英国和德国商人家族。在智利政府并吞硝酸盐矿场所在领土之后，证照持有者利用外交压力来确保智利政府完全满足其利益要求 (O'Brien,1979：111，114)。1882 年，智利政府做出回应，决定硝酸盐矿仍归那些私人所有者，但将其纳入新税制中。

1880 年，两大硝酸盐矿地区开始实行统一的硝酸盐出口税，每 100 千克硝酸盐征收 1.60 比索税收。在安托法加斯塔（在太平洋战争之前是玻利维亚的一部分）的智利企业家抗议抵制了这种税收后，政府给智利的生产者免除了 50% 的税收并承诺修建一条铁路。这些措施有望可让安托法加斯塔与硝酸盐产量最高的地区塔拉巴卡进行竞争,而塔拉巴卡地区主要被英国硝酸盐利益集团控制(O'Brien,1979:117—118)。

每100千克的硝酸盐征收1.60比索的出口税,在整个硝酸盐时代(1880～1930年)该数字一直未变,而学者们认为该税率有点高,已达到该行业所能承担的最高税收额度(Brown,1963;Cariola and Sunkel,1985;McQueen,1924;Mamalakis,1971)。在1890年,税收份额占出口总额的43%,该数据一直保持到1900年。而在1900年之后,硝酸盐出口税份额减少到出口总额的30%;在20世纪20年代,该份额继续降低到20%(Cariola and Sunkel,1985:155,200)。在整个硝酸盐时代(直到1924年),硝酸盐出口税平均占出口总额的33%,净利润和成本平分了剩下的2/3。因此,根据卡里奥拉和森克尔(1985:155)的描述,智利国家能够"为自己取用硝酸盐行业产生的大约一半利润"。然而,剩下的利润大部分流到了国外,部分地因为利润中的主要份额归属于外国人,铁路和那些为硝酸盐地区提供货物的其他部门,也为外国人所拥有。

中央政权和硝酸盐矿场拥有者之间一场附带的协商与斗争,是关于创建硝酸盐生产者卡特尔(被称为"联合体")。为了提高产品价格,卡特尔努力控制硝酸盐的生产和出口。由于硝酸盐被用作肥料,它易于受全球市场需求波动的影响。当农作物价格上涨时,农民就可以购买得起肥料,硝酸盐需求就因此上升;但当农作物价格下降时,对肥料的使用也就随之下降。考虑到硝酸盐需求以及价格的周期性下降,硝酸盐生产商试图通过控制硝酸盐的生产量来避免价格下降。这些卡特尔还试图通过限制出口来增加收入。政府机构则以不同的程度反对卡特尔的这些行为。[①]

第一个卡特尔存在的时间不长(1884～1886年),不久就面临集体行动的问题。该卡特尔主要受来自塔拉巴卡省生产者的支持,在这些生产商中最大的、最有效率的是英国商人,他们已经获得相当的成功。在卡特尔运作的第二年,硝酸盐价格就上涨;由于生产商之间的内斗,加上1887年全球需求的增加带来的价格上涨,卡特尔最后瓦解。但是,很快,在1889～1890年,随着市场

---

① 智利硝酸盐生产的这些特点使得其他原材料生产机构竞相模仿。请参阅 Bates(1997),Hallowell(1949)有关咖啡和锡生产机构的描述。

价格下降,第二个卡特尔形成。这一次,卡特尔努力争取所有生产商的支持,包括西海岸的一些智利本土的小生产商。

第二个卡特尔受到巴尔马塞达(Balmaceda)总统(1887~1891年)的强烈反对。他认为,减少产出会减少收入,并对硝酸盐矿工产生负面影响,进而减少商业活动,促成人工合成肥料的生产,并带来外国(例如英国)垄断的形成(外国垄断不会将智利的利益放在心中)。对智利利益不利,这一指控成为政府攻击卡特尔的主要理由,并在接下来几十年中一再地重复。巴尔马塞达总统和持不同政见的继任者蒙特总统(1892~1896年),都提到硝酸盐卡特尔,并指出它们对国家收入的影响。在1893年,蒙特总统甚至指出,如果硝酸盐产量继续下降的话就要立法抵制卡特尔。另外,国会同意对政府拥有的硝酸盐矿通过拍卖的方式出售,以此来提高硝酸盐生产能力并削弱卡特尔的力量(Brown,1963:235)。

硝酸盐矿的拍卖,从几个方面削弱了卡特尔。由于购买者只有很短的一段时间来付款,他们就非常关心能否充分利用其资金并迅速卖掉其产品(《经济学人》,1895:87-88)。这样,购买者有动力去打破卡特尔限制产量的安排。另外,硝酸盐矿的拍卖为政府提供了硝酸盐行业国有化或"智利化"的途径。至少在巴尔马塞达总统任内,国家机构强烈地相信,硝酸盐部门的"智利化"能解决它的主要问题。有时候,只有智利居民能够参与拍卖;另一些时候,政府只对智利人购买矿场提供贷款。

在硝酸盐地区建设并运营铁路的问题,生产商也与政府进行协商谈判。政府的利益在于增加硝酸盐产量,因而他们反对铁路的私人运营,尤其反对铁路的私人垄断,因为这会带来运输成本增加并可能限制出口。诺斯上校获得特许在塔拉巴卡省运营一家主要的铁路公司,即硝酸盐铁路公司,但生产商向政府抱怨说该铁路收费很高而且是出口硝酸盐的唯一通道。他们强调,高收费限制了出口并伤害了生产商,因为他们依靠这条铁路运输硝酸盐(Blakemore,1974:151)。巴尔马塞达政府利用总统令将铁路经营权授予其竞争对手(一家英国公司),以此来打破诺斯上校的垄断。在法庭上,政府对诺斯上校收购更多硝酸盐矿场土地的合法性也提出质疑,因为这会增加他在该行业的权力。在最高法院,诺斯据理力争,认为那道允许竞争对手建造铁路的总统令不合法(Blakemore,1974:141—143)。

最后,最高法院做出决定,认为铁路的争议超出了自己的管辖权,因为这个问题应该交由议会来解决。就这样,针对第二个硝酸盐卡特尔的反对声、对铁路运营权及收购硝酸盐矿场的法律挑战,达到了高潮。由于参议员人心涣散、意见不一,有些人支持诺斯,而另外一些人支持巴尔马塞达总统(打破诺斯对铁路的垄断),最后总统不得不关闭议会。随即在智利爆发了宪法危机。中央政府和硝酸盐生产商之间的斗争,加速了行政部门的政治派系和议会之间的政治斗争,并导致了1890~1891年的国内战争。战争最终以巴尔马塞达总统的失败和死亡而告终,并进而形成了议会制共和国制度。① 尽管巴尔马塞达总统并未从铁路所有者手中收回特许权,但在他失败后,硝酸盐铁路公司在1893年和1894年大幅降低了收费标准(《经济学人》,1897:612)。

硝酸盐生产商与中央政府就冲突进行的协商,集中在用缴税获得硝酸盐矿的产权以及将硝酸盐运往港口的权利上。特别地,在开始阶段,对税率的争议与协商是有选择性的,只允许一部分生产商参加,而且相对于那些主要由外国人拥有的生产率更高的北方矿主而言,税率对来自于生产效率低的智利本土生产商更有利。当硝酸盐卡特尔减少产量来提高价格时,税收收入因此减少,于是中央政府质疑其产权的合法性以及特许权的界限。政府同时也颁布条例,改变特许的条款,销售新的硝酸盐蕴藏地来打破硝酸盐业的寡头垄断。政府在这一阶段的政策往往难以预测,而生产商的应对策略更是如此,双方都在努力地增加自己在收入与利润中的份额,双方也都在组建联盟,以利用他们的影响达到各自的目的。政府将土地税转给地方政府,以便获得土地集团对硝酸盐出口税的支持,并使税收和其他国有化措施合法化。硝酸盐矿所有者给政府施加外交(英国)压力来维持旧契约,并获取新的有利可图的契约来开发和运送硝酸盐。为此,他们努力地游说政客及议会成员。

这次的权力之争,主要在现存体制内部进行:有些契约允许硝酸盐矿场所有者从硝酸盐矿获利,并允许他们建设运输网络,在法庭上这些契约中的一部分受到了挑战,而议会则支持税收的措施。然而,到后来出现了一套新的体

---

① 对国内战争这一主题有着不同的解释。在英国,可以从 Zeitlin and Ratcliff(1988)以及 Blakemore(1974)的著作中看到,在这个问题上有两种重要的观点。

制,财政部长和行政官员频繁地联系硝酸盐场所有者(包括个人和卡特尔组织)。政府也同时设立新的办公室,专门负责管理硝酸盐矿的拍卖以及强化硝酸盐地区的产权。

在1893~1894年短暂的需求高涨之后,硝酸盐生产商开始谈论成立新的卡特尔。然而,在这一次,中央政府接受了他们的观点。因此,在接下来的一段时期里,国家和硝酸盐生产商之间密切合作。

7.5 权力平衡期(1895~1915年)

在这一时期,国家机构和硝酸盐生产商之间进行了磋商与合作,在全球市场硝酸盐行业的重要性得以巩固,硝酸盐出口价格相对稳定地增长(Cariola and Sunkel,1985:186)。价格之所以能够稳定上升,部分原因是智利卡特尔控制了硝酸盐的生产与出口,部分原因是全球对硝酸盐需求增长。由于硝酸盐的生产与出口变得可以预测(国家收入也是如此),生产商对有助于其发展的国家政策和公共服务的要求也更加明确。国家机构继续参与协商,为硝酸盐矿主提供产权(尤其是针对那些新的硝酸盐矿藏),以换取他们纳税。同时,政府与硝酸盐生产商进行合作以控制硝酸盐产量。

中央政府第一次承认,必须控制硝酸盐的产量。一些学者认为,这一改变是由于智利生产商提升了他们在国际硝酸盐市场上的重要性(超过国外生产商),以及他们在议会以及政府行政中获得了更大的政治影响力(Brown,1963:238)。在1898年和1900年(见图7.1),硝酸盐市场变得更为萧条,威胁到了很多生产商的生存。另外,很明显,在依赖硝酸盐出口税长达十年之后,政府的运行对硝酸盐行业的盛衰循环状况变得异常敏感。公众对硝酸盐行业也更加愿意支持,他们普遍认为该行业的长期利益和政府的利益一致。

第三个卡特尔(1896~1897年)在政府支持下成立了,但其成员对出口配额没有达成一致意见,于是价格持续走低。内斗导致这一卡特尔的解散。随着经济不景气的状况进一步地恶化,英国生产商提出设立一个集权性组织从国内生产商手中购买硝酸盐然后将其出口到欧洲各国。他们认为,限制产量并不能提高硝酸盐价格。沿海生产商(主要是智利人)拒绝了这一提议,他们

第七章 智利的税收谈判与硝酸盐出口(1880～1930年)

害怕这种集权会加强那些大型的生产商(主要是英国人)的垄断势力。直到1899年,全球市场开始复苏,生产商和政府一致同意建立第四个卡特尔(1901～1905年)。部分地因为美国对硝酸盐使用的增加,硝酸盐市场繁荣起来,硝酸盐卡特尔也在这个繁荣期间运作起来(Brown,1963:241)。所有的生产商都从这次繁荣中获益良多,沿海的智利人生产商和安托法加斯塔省份的其他生产商增加了他们的贸易份额。生产商的数量增加了,被智利所控制的行业份额也因此增加。截止到1895年,在智利营运的硝酸盐矿公司所有者有6%是秘鲁人,22%是智利人,60%是英国人。30年之后(1926年),只有1%的公司由秘鲁人控制,42%为智利人拥有,还有41%是英国人所有(Bergquist,1986:36)。

在第四个和第五个硝酸盐卡特尔时期,塔拉巴卡地区大型且高效的外资硝酸盐矿公司,与小型、低效、新建的且主要为智利人控制的生产商之间,竞争激烈。较高的硝酸盐出口价诱发了硝酸盐出口超过配额,并导致第四个卡特尔的瓦解。然而,政府全力支持建立了第五个硝酸盐卡特尔,它从1906年持续到1909年。政府后来对这个卡特尔进行了干预,因为政府认识到,如果不控制产量,价格就会下降,并因此对智利生产商带来更大的伤害。尽管这个观点值得怀疑,但它引导政府官员就分配产量配额给各生产商进行了积极的调解(Brown,1963:242—244)。

生产商建议政府,帮助他们的办法是投资研发成本更低的硝酸盐提取方法(Cámara de Senadores,1913:587)。他们也要求政府,为陷入困境的生产商提供贴息贷款,并降低其税率。尽管政府拒绝减少税款,但他们的确开始组织国家机构来支持硝酸盐行业。政府成立了信贷援助办公室,以低利率为急需资金的生产商提供贷款;[①]同时成立全国硝酸盐财政事务办公室,处理该行业的各种需要与问题。在实践中,全国硝酸盐财政事务办公室的主要职能是,对政府与私人业主争议的土地进行产权界定,帮助政府拍卖硝酸盐矿场地。[②]另外,生产商获得了在国外对智利产硝酸盐进行广告宣传的经费支持,并且在

[①] 财政部长在报告中指出,在1915年,有72家企业有这种贷款要求,政府为其中的40家企业提供了低利率贷款(《庄园大臣会议录》,1915:421)。

[②] 在1917年,一名议员评论到"硝酸盐行业和国家财政有激烈的斗争",国家质疑每一块硝酸盐地的产权,迫使企业家承担为自己辩护的成本(Cámara de Senadores,1917:215)。

很多情况下,在卡特尔形成的过程中政府官员起到了牵线搭桥的作用。

硝酸盐生产商的数量,从1895年的53家发展到1914年的137家(Cariola and Sunkel,1985:186);因此,如果没有政府支持的话,维持卡特尔的难度就变大了。不过,政府拒绝支持第六个卡特尔,于是它只存在了1年(1908～1909年)。但是这次政府拒绝支持卡特尔的决心,反映了其对该行业长期健康运作的关注。据布朗(Brown,1963)描述,政府之所以采取这一举措,是因为世界市场上人工合成肥料开始出现。政策制定者相信,通过卡特尔限制供应量以支持高价的行为,会破坏该行业长期的健康运行。

至第一次世界大战伊始,政府介入到硝酸盐行业已呈不可逆转之势。生产商要求政府制定政策支持该行业的发展,而政府也是有求必应。因此,硝酸盐生产商开始逐渐依赖于国家所提供的一系列服务。在1909年,一些硝酸盐生产商建议政府将硝酸盐销售集中化(《南美杂志》,1909年6月27日:783)。这一提议在整个第一次世界大战期间频频出现,在当时政府建立了一种特殊安排,把硝酸盐销向一个联合的采购财团(《庄园大臣回忆录》,1919)。第一次世界大战后,相似的安排继续存在。政府有时也会提供资金,给收入减少的工人支付工资(《南美杂志》,1914年9月19日:220)。在生产商眼中,政府为他们提供的一些服务如为卡特尔提供中介、广告以及贴息贷款等,都是他们纳税的回报,尽管他们对税负仍有抱怨。

与前一阶段相比(1880～1895年),政府官员与生产商在1895～1915年间的密切合作带来硝酸盐价格和出口的相对稳定(见表7.2)。从三个时期的变量相关系数来看,在1895～1915年,出口量这一栏的数据波动趋势在下降,而价格的波动与第一阶段波动趋势相近。政府与生产商这几年的磋商与合作使他们很好地控制了硝酸盐行业。

表7.2　　　　　　　　　　智利:出口变量的相关系数

时期	价格	出口量(吨)
合计数	0.29	0.48
1881～1895年	0.14	0.32
1896～1915年	0.16	0.27
1916～1930年	0.27	0.32

很明显,国家要获得收入,严重地依靠硝酸盐出口;它们也不得不与硝酸盐生产商们进行磋商,尽管很多中央政府官员认为硝酸盐矿的外国所有者并没有将智利的利益放在心上。政府官员与硝酸盐生产商之间频繁地联络,经由各类政府部门(例如,那些负责在矿区划分硝酸盐矿土地权界的部门、税收部门、广告部门等),生产商获得了直接接触到国家机构的途径;而通过卡特尔,政府代表可以扮演中间人的角色。除此之外,硝酸盐生产商在议会中获得了巨大政治影响力,在那里硝酸盐对于国家经济中的重要性获得广泛承认。硝酸盐行业的利益被容纳到国家的民主制度框架中,尽管其形式仍不正式。

7.6 国家主导的税收与有限的代议制(1915～1930年)

伴随第一次世界大战而来的硝酸盐行业的严重危机,给智利带来了巨大的经济和政治动荡,也结束了政府官员与硝酸盐生产商之间的合作。由于利润与税收收入都在下降,双方都尽最大的努力来减少自己的损失。在上一个阶段彼此遵守的一些非正式的谈判规则,因国际市场上的动荡而逐渐瓦解。另外,两次军事政变也使得政策制定变得难以预测。政府干预效率变低,因此不能帮到生产商或维持产量的稳定。

第一次世界大战导致将硝酸盐作为肥料的需求急剧下降(见表7.1)。在1914年的年度报告中,总统巴罗斯·卢科(Barros Luco,1910～1915年)指出,智利的硝酸盐行业之所以能幸存下去,是因为政府为生产商提供了信贷补贴,使该行业得以维持战前40%的生产量(Cámara de Senadores,1915:8)。然而,由于硝酸盐是炸药生产的一个重要成分,因此对硝酸盐的需求量再次增大。在1916年,硝酸盐出口量创历史新高(见表7.1)。但在战争结束之后,这种繁荣景象不复存在,对硝酸盐肥料的需求一直没有恢复。在1919年,以不变价格计算的出口额只有1918年的1/5(见表7.1)。在20世纪20年代,出口价格指数大幅波动,且主要为下降趋势。伴随而至的是,进口价格不断变化,政府收入剧烈波动。例如,在1918年,政府总的普通财政收入(不算借款)大约为1.53亿美元,而到1920年仅为0.96亿美元,1921年下降为0.51亿美元(Cariola and Sunkel,1985:185)。这三个时期(见表7.2)的出口与价格的变化系数,反映了这一阶段的变化幅度。这些数据表明,在1915~1930年,变化幅度最大,出口(尤其是第二阶段)同样地非常不稳定。

由于担心硝酸盐部门就此消亡,再加上碰到财政危机,政府于是发起了一系列财政改革。最初这些改革无一影响到硝酸盐行业,如提高了现有税收的税率,同时引入了新的直接税和间接税,包括对农业财产征收了一种附加税。然而,由于土地价格被低估并给予许多补贴,这种农业财产税收并未变成重要的收入来源(McQueen,1924:15,33)。政府接着又进行了其他税收改革,包括1926年由军政府引进了所得税。

硝酸盐行业的危机,减少了大量的工作岗位,加大了工人以及雇主的流动性。1918年,担心大规模失业的政客们敦促成立了一个公共工程项目(Cámara de Senadores,1919:559)。为了避免挨饿,北部的失业工人不得不迁移到南部。自1918年之后,矿产业的就业率急剧下降,尤其是在1920~1922年的经济衰退期间。在当时,劳动力下降了近一半,最后只剩2.4万名工人。到1925年,劳动力增加到6万多人,不过两年后又减少至3.6万人。直至1932年,该行业仅雇用了8 535人(Bergquist,1986:29)。自1909年发生大罢工之后,现在工潮在各地大规模地发生。

1919年政府颁布法令成立了"硝酸盐生产商全国联合会",这样国家主导的政府部门与硝酸盐生产商之间的合作关系就此形成。在该联合会中,有四名董事会成员直接由政府任命。联合会的主要职责有,确定硝酸盐的固定销售价格,提供诸如宣传、研究、统计数据等统一的服务(《庄园大臣回忆录》,1919,1922:165)。这是政府官员与行业代表进行正式合作的第一个组织。双方存在着合作,然而这种合作受到了一些社团组织的限制,这些社团组织阻断了硝酸盐生产商和其他竞争性经济团体的要求,并切断其他经济团体与正式政治渠道的联系。这种组织化的形式,很有可能会限制硝酸盐生产商与其他团体进行政治合作的能力。

政府参与到该联合会中,便于它在该行业施加巨大影响。首先,政府有渠道可以得到内部信息(Soto Cárdenas,1998:168—171),并且能够对该行业需求做出自己的评估。其次,政府可以通过一些方式来削弱硝酸盐生产商潜在的集体力量与影响力,例如,政府通过和那些更为高效的、实行高产低价策略的生产商联合,以反对曾得益于低产高价策略的、效率低下的生产商(Soto Cárdenas,1998:175)。

在20世纪20年代,政府加大了自身在这个联合会的参与度。它们帮助生产商处理复杂的劳工关系,提供支付工资的资金,帮助建立辞工的标准化制度,以及在硝酸盐地区布置更多军队等(《庄园大臣回忆录》,1925:cxiii)。就硝酸盐生产额度、出口价格以及参与联合会的条件等,政府也与生产商进行磋商(《经济学人》,1919年7月26日:127-128;1921年2月19日:326;1921年10月15日:576-577)。这几年的议会记录表明,很多生产商反复要求政府作为协调人与购买者以集中硝酸盐销售。这样的集中化举措,需要政府为囤货预付资金,并自行消化从生产商购入的价格与在国际市场销售的价格之间的差额。

在20世纪20年代,一些硝酸盐公司尝试复兴卡特尔:为了减少供应并提高价格,他们开始停止生产。政府迅速做出回应,威胁那些停止生产的公司要对他们征收新的税收,并开始谈及国有化的可能性(Montero,1953:71-73)。生产商也抱怨道,政府正通过操纵缴税所用税率的方式对硝酸盐出口征收附加税(Cámara Senadores,1917:1474;1919:151),这种操纵方式来自1917年的法律,它规定一部分税收以黄金的形式支付,另一部分以纸币的形式支付,具体比例则由总统确定(Mamalakis,1971:201)。到1924年,智利硝酸盐在世界市场的份额从1913年的55%下降到35%(Cariola and Sunkel,1985:196),减少出口税的压力由此增大。该行业的一些支持者指出,那些生产人工合成硝酸盐的国家通过降低税率的方式来提高其与天然硝酸盐的竞争力(《经济学人》,1926年7月24日:153)。不过,政府继续维持对每100千克硝酸盐出口征收1.60比索的税率。

在20世纪20年代中期,硝酸盐行业引进了一种加速硝酸盐提取的新工艺,整个行业经历了短暂的恢复期。然而,这项新技术并未能振兴整个硝酸盐行业。实际上,硝酸盐矿的数量从20世纪20年代中期的96家减少到1930年的21家(Collier and Sater,1997:218)。为了应对持续的经济危机,1928年政府再次重组财政部,并组建了"中央销售公司",该公司固定了硝酸盐行业的税收收入水平;在达到确定的税收收入后,对超额出口的部分减少征税(《经济学人》,1928年10月13日:645)。但即使是这种重组也并非是最后的尝试。北美古根海姆集团作为主要的硝酸盐生产商,继续要求更低的税收以使智利的硝酸盐再次具有竞争力。军政府总统伊巴那(Ibañez)决定与该集团合作,这就促成了1931年"智利硝酸盐销售公司"的成立(Collier and Sater,1997:218),该公司一半的资本金由国家提供。然而,世界经济危机带来了进一步的变化。在1934年,"硝酸盐与碘销售公司"成立,这就使得政府"有效控制了该行业25%的利润"(Collier and Sater,1997:229)。

因此,在第一次世界大战之后的一段时期,硝酸盐行业快速地衰落,从而打破了硝酸盐矿主与政府之间权力平衡的状态。政府处于更有利的地位来执行一些关键任务,以减缓硝酸盐行业的衰落;这种角色同时也增加了政府单方面的、很大程度上不经协商而控制该行业的能力。对生产商进行经济划分、根据政府的财政利益来联合一些生产商并抵制另一些,政府官员至少能够做到将针对生产商的政治权力中性化。正如索托·卡德纳斯(Soto Cardenas,1998)所言,从20世纪20年代开始,政府逐渐地将自己的利益和政策的目标设定为国有化硝酸盐行业,而生产商努力追求独立的策略(像20世纪20年代建立的新的硝酸盐卡特尔)威胁到对该行业实行的国有化政策。

这一时期的政治互动都在国家领导的组织内部进行,硝酸盐精英成员也被纳入其中。毫无疑问,"全国硝酸盐生产商联合会"和其他继起的组织,都需要国家与生产商一定程度的合作。然而,这些组织机构越来越多地被国家控制,而这又严重限制了生产商的话语权及其谈判的能力。另外,在智利的代议制机构以外,还的确存在一些政治谈判。不过总而言之,生产商与国家之间的关系,正逐渐地从有意义的谈判与协商转变为单方面强制性征税。

7.7 结论

如果基于被征税群体与国家机构间权力的均衡,税收就可以带来包含谈判与磋商在内的政治交易。收入来源的类型、收入范围的专门与稳定程度以及在关键时刻的政治资源,这些因素都会影响税收谈判的性质,并决定税收是建立在磋商的基础之上还是基于国家单方面的权力之上。以智利为例,上述

第七章 智利的税收谈判与硝酸盐出口(1880～1930年)

三个时期就很好地验证了这一模型。在第一次世界大战之前,这些因素的特定组合结果如下:一开始出现的是争议性谈判;接着,大致平衡的权力使政府部门与生产商之间进行了合作与协商;在第一次世界大战之后,平衡权力逐渐偏向国家,它开始实行单边行动。

在第一阶段,税收类型(自然资源)以及政治资源的平衡状态,让国家机构受益匪浅。对硝酸盐矿藏征税,在技术上相对容易而且成本较低。不过生产商也有一些自己的优势:价格相对稳定,外国生产商能够利用外交压力来平衡国家权力。政府机构确认和保护硝酸盐矿的财产权,通过各种方式与强力集团合作,如免除有竞争优势的团体(主要是地主)的税收,利用国有化意识形态来动员工人及统治精英中的自由分子以抵抗那些来自外国的硝酸盐商人。硝酸盐行业的这些冲突,最初阻碍了合作与协商的顺利进行,使行业四分五裂,并使有效的集体行动难以进行。

然而,随着硝酸盐行业的巩固与发展,发生了一些重要事件。硝酸盐卡特尔一起努力,尝试着控制全球硝酸盐的供应量。同时,他们上缴的税收对国家财政收入极为重要。这样,他们与中央政权之间就形成了大致的平衡关系。国家从硝酸盐行业的成功中获得了自己的利益,而硝酸盐生产商又反过来依靠政府提供的各类服务。政府与生产商之间的协商与合作变得较为普遍,调节双方互动的机构随之出现。

在第一次世界大战之后,外部冲击改变了被征税的生产商与国家机构之间的政治平衡以及他们之间的谈判条件。硝酸盐生产商失去了控制供应量的能力,硝酸盐价格因此下跌。同时,一方面,生产商要求国家进行干预以帮助该行业;另一方面,国家行政部门又担心硝酸盐行业的衰落会导致自己财政收入的下降。因此,国家尝试控制该行业,设立国有机构,在这些机构中硝酸盐行业的代表与政治制度的联系被割断。虽然也存在双方的磋商与正式的代议制,但这些由国家控制的机构将硝酸盐行业的诉求与正式的、更广泛的民主进程相分离,并限制了(如果不是说消灭了的话)更广泛的问责机制,而问责机制本来是可以随着以税收为基础的协商而融入到政治制度的核心中的。

第八章 联合会税收：
对非正式部门征税的途径[*]

阿努鲁达·乔希（Anuradha Joshi）
约瑟夫·阿伊（Joseph Ayee）

8.1 导 论

大多数发展中国家都有着规模较大的非正式部门[①]，非正式部门在要素上典型地主要由劳动力构成（指资本和技术较少，劳动力是主要的构成要素——译者注）。同样典型的是，政府很少能从这个部门获得税收收入，直接税就更少了。显然可以这样说，界定"非正式"靠的就是这一显著特点，即它不在国家税收网络内。

这是否是一个值得关注的问题？政府是否应该对不断扩大的非正式部门征税更加关注？对这两个问题，人们的看法不一。从实际操作层面，大多数税收专家往往对此持怀疑态度。对非正式部门征税，征税成本要比征到的收入更高，并且其遵从成本或许主要取决于纳税人自己，那为什么要去跟踪这样的一个部门？一种带有怀疑性质的政策建议是，关注短期、关注规模大的纳税人，这与来自一些具有影响力的机构如国际货币基金组织的主张完全吻合。从长期来看，政府可以期望间接税，尤其是在过去三十多年来已经引入至大多

---

[*] 注：本研究受到苏塞克斯发展研究院未来国家研究中心的资助。Roshni Menon 为本研究提供了宝贵的帮助。本文首次发表于 2004 年 4 月哥本哈根举行的税收与责任工作会议，我们同时感谢该工作会议上各位学者给出的建议与批评，文章中如有错误或遗漏，概由作者负责。

[①] 人们对"非正式部门"这个术语颇有争议。有关该术语定义的最新讨论，请参阅 Gerxhani (2004)。在此处，我们认为它包含一系列活动，这些活动不正式的程度不一。

数国家的增值税①,能够逐渐渗入并深入到非正规经济中去。②

那些支持将税收拓展到非正式部门的倡议者,提出了一个同样现实的论断:到目前为止,发展中国家的经济变得越来越非正式化,因此,如果正式部门无法承受沉重的税收压力,政策制定者们就不得不想方设法来对这些非正式部门征税。然而,对该问题的关注不仅有实用主义的政策视角,也有税收关系中的长期政治视角。对非正式部门进行有效征税,或许可以帮助政府变得更具合法性,而且可以增强税收与问责制之间的正相关关系,而这恰恰是健全的民主制的核心(参阅本书第一章和第二章)。

不过,即使是那些支持对非正式部门进行征税的人,也对如何有效地征税莫衷一是。当然这也不足为奇,因为非正式部门确实非常复杂且成分多样。它既包括大型企业和小型企业、城市与乡村企业、雇主与雇员,还包括一些地方性的活动及跨越多个辖区的活动。任何一个单独的税收政策工具,都无法适用于这样的复杂经济活动。对我们来说,有关非正式部门的一般文献帮助并不是很大,因为它们是从狭隘的技术角度来处理税收问题的。我们在此要运用的是一个更明确的政治性方法,通过了解非正式部门的现状,分析非正式部门是如何围绕税收问题而与国家进行互动的。我们首先从一个宽泛的命题开始:如果通过国家和代表非正式部门的联合会(associations)进行谈判协商而征税的话,那么对非正式部门广泛地、可持续地征税之前景将大为改观。更具体地讲,我们认为只有存在下面两个主要因素,国家对非正式部门进行征税才有可能:(a)政府有很大的财政压力,必须增加收入,(b)非正式部门必须要有集体代表,它拥有制度化的渠道可以与国家进行协商。本文标题中的联合会税收(associational taxation)指的是这样一种税收制度,在这个制度中,代表非正式部门成员的联合会,能够在有关非正式部门的税收政策的制定与实施中发挥中心作用。

联合会税收这一概念,受到了我们对加纳一个相对成功案例的研究的启

---

① 在1969年有8个国家实行增值税,1979年有24个国家实行增值税,而到了2001年4月,实行增值税的国家达到123个(Ebrill et al, 2002:表1)。
② 最新研究表明,在很多贫困国家,增值税并不是诱人的收入来源:1975~2000年间的证据显示,一个国家越贫困,增值税就越不能有效代替进口税或出口税带来的政府收入(Baunsgaard and Keen, 2005)。

发(Qoshi and Ayee,2002)。从 1987 年开始,加纳政府把向那些经营旅客运输的非正式经营者征收所得税的任务,委托给他们的联盟——加纳私人道路运输联盟(the Ghana Private Road Transport Union,GPRTU)。这样一种安排,较为成功地增加了国家收入。尽管加纳私人道路运输联盟的征税角色,起源于 1981~2000 年杰瑞·罗林斯(Jerry Rawlings)领导的非民主政府,但这种税收管理方式一直持续到继任的新爱国党政府。目前,它已扩大到非正式部门的 12 个联合会。我们在塞内加尔和秘鲁也发现有其他两个案例的相关文献,它们可以帮助精炼和支持我们对有关联合会税收的潜力与局限的认识。在这些案例中,联合会在与政府的税收谈判中起着中心作用。然而,只有联合会的存在是不够的。我们对联合会税收产生的条件的探索,通过进一步的研究可以形成可证实的观点。本章的主要目的在于,促使我们对非正式部门的税收问题进行更明确的政治学研究与思考。

文章中案例素材和各个论点主要是有关城镇非正式部门的。在过去几十年来,这个部门发展速度较快,并为扩大征税以及联合会的成立创造了最肥沃的土壤条件。另外,由于非正式部门有能力妨碍(disturb)重要的公共服务,因而它具有了潜在的重要政治影响力。

在 8.2 节,我们将探讨为什么对非正式部门直接征税非常重要。8.3 节主要解释,为什么对非正式部门不太容易征税。这将对 8.4 节我们提出的关键论点,提供一个概念框架及其背景。在 8.5 节,我们运用这一框架,讨论加纳、塞内加尔和秘鲁这三个国家的经验。在对比这些案例后,在 8.6 节,我们会得出一些教训并交代更广泛的文献背景。在结论部分,即 8.7 节,我们将说明,对非正式部门征税的前景并不像流行的文献所描述的那样悲观。

8.2 为什么要对非正式部门直接征税?

对研究税收政策的学者而言,非正式部门的税收问题似乎并不令人感兴趣[①],因为研究有关非正式部门的税收问题太难、费力又无回报。而在过去二

---

① 2003 年在佐治亚州立大学安德鲁青年政策研究学院举行的学术会议就另当别论,其会议主题是"难以征税的部门"。然而,所谓"难以征税的部门"有三类,而非正式部门是其中之一。

十多年来,税收改革的关注点主要在简化税制、通过引进增值税来拓宽税基、提高税收管理能力(部分地依靠成立自主的税收机构)(Bird,1992;Goode,1993;Taliercio,2003;Tanzi and Zee,2001)。由于在这些国家,政府缺少良好的税收工具,以及人们指望通过扩大征收间接税(增值税)来渗透进非正式部门,因而忽视非正式部门不足为奇。

同样地,专门研究非正式部门的学者也不关心非正式部门的税收问题。他们的关注点在以下问题:非正式部门能够存活多长时间?该部门对经济有何贡献?对正式部门有何影响?(Gerxhani,2004;Peattie,1987;Fortes and Sassen-Koob,1987)直到现在,对非正式部门进行征税的想法听起来仍然有点矛盾,因为非正式活动的定义性特征就是它能避税。另外,人们认为税收会约束非正式部门的活力,而政府应该支持非正式部门(Sanyal,1996)。为什么我们要更加关注向非正式部门征收直接税?至少有如下六点因素值得考虑。

8.2.1 收入需要

研究表明,在有些国家,由于没有向非正式部门征税,带来的损失达到税收总收入的 35%~55%(Aimand Martinez-Vasquez,2003;Terkper,2003)。税收改革的传统方法并未直接针对这一问题,也不能成功地找到对非正式部门征税的途径(Smith,2003;Stiglitz,2003)。政府面临的明确挑战是,如何在保持较低征税成本的同时,向这一具有巨大潜力的收入源征税。

8.2.2 非正式部门的发展

非正式部门一直在发展,无论是在绝对值上还是在相对值上。尽管对具体的数字一直有争议,但在很多贫困国家,经济的非正式化这一点不可否认。譬如,据估计,马拉维的非正式经济成分,从 1972 年占 GDP 的 7% 增长到 1990 年的 39%(Chipeta,2002)。最新数据表明,非正式经济成分在各发展中国家所占 GDP 的比重不一,从印度尼西亚的 20% 到玻利维亚的 67%;在我们所调查的 55 个国家中,有 24 个国家的非正式经济收入在 GDP 中比重超过 40%(Aim and Martinez-Vasquez,2003)。如果非正式化现象继续发展下去,有收入需求的政府就必须更关注非正式部门。

169

8.2.3 对正式部门税收遵从的影响

研究表明,正式部门的纳税人认为,政府让他们缴税是不公平的,因为非正式部门一直游离在税收之外。忽视对非正式部门征税,降低了其他部门的纳税意愿,并增加了人们不遵从税收的风险(Terkper,2003)。拉丁美洲的证据表明,在那些非正式部门所占比例相对较小的国家,其正式部门的税收遵从度明显更高(Torgler,2003)。那些主要依靠正式部门征税的政府,要更加注意这一情况。

8.2.4 来自非正式部门的需求

有点讽刺意味的是,证据表明,非正式部门自身并不像我们所预期的那样反对税收。也有研究表明,避税并非是非正式部门存在的主要原因(Friedman et al.,2000)。① 躲避高成本的监管,也许是推动非正式部门产生更主要的动因(Ngoi,1997;De Soto,1990)。基于一些数据调查,阿劳约·邦让和钱巴斯(Araujo-Bonjean and Chambas,2003)认为,非正式部门的税收不遵从现象,起因于对税法的忽视或者税收制度本身的复杂性,而非故意地避税。有研究表明,非正式部门经营者愿意缴税,尤其是在当他们希望通过缴税而获得自身的合法性、可预知性时,或者以缴税而换取免遭国家代理人任意骚扰之时(Baross and van der Linden,1990;Dickovick in press;Roever,2005)。正式税收也许要比公务人员对"非正式部门"索取的贿赂更低廉。

8.2.5 国家的合法性

从定义上来看,非正式部门的经营者不怎么参与国家事务,他们也忽视参与国家事务的价值(即使是保护人身和财产安全等)。因此,在国家无法控制一些暴力事件的时候,民间就出现了治安维持组织(Hllela,2003)。如果一个国家有超过一半以上的人从事非正式活动,国家合法性就危如累卵。拓宽税收基础并发展"遵从文化",不仅可以简单地增加税收;它们也是让公民参与国家事务的一种方式。

---

① 这并不表明,由于不缴税,非正式部门经济活动的盈利能力不高。

8.2.6 税收和问责的联系

正如我们在本书其他地方所讨论的,我们认为那些依赖诸如税收等"挣得"(earned)收入[不同于"不劳而获(unearned)"收入如援助或矿产财富等]的政府,更可能对其公民做出回应,而纳税民众也想要一个更负责任的政府。如果这一论断在某种程度上具有正当性,那么将"非正式部门"纳入税收体系中能激发公民积极参与到国家事务中来——如提出要求、实现权利。尽管这些理由很有说服力,但它们并未告诉我们如何对非正式部门直接征税。相关的文献提供了一些有益提示,但是,正如我们在下节将要看到的那样,现有文献主要讨论的还是为什么非正式部门被少征税。

8.3 对非正式部门征税不多

一般而言,为什么对非正式部门征税较难,原因是显而易见的。非正式部门由大批小规模的经营者构成,营业额低。许多经济活动是家庭作坊式的,容易避开公众视线,因此很难成为征税目标。非正式部门的进入门槛较低,这就带来了激烈的竞争以及很大的不稳定因素。今天还在经营的生意,到了明天就可能无法为继。另外,交通运输业经营者及街头商贩等,流动性极大。由于文化水平较低,他们不懂银行业务,因此,他们主要用现金交易。大多数企业采用家庭式的、小规模的经营方式,导致他们无法将个人账户和商业交易账户分开。在非正式部门,使用会计业务极为罕见。

更具体地讲,我们可以总结出如下四个相互影响的原因来分析为什么政府不努力地从非正式部门直接征税:高昂的征税成本、能力限制、激励问题及"魔鬼交易"等。

8.3.1 高昂的征税成本

尤其是当征税机构通过正式的会计与收入核算系统、正式支付渠道来获取收入时,他们会发现,与所征税收数量相比,征税的成本往往过高。为了克服这些问题,政府部门近来致力于同时推行间接税和直接税机制。

国际上一些机构,将重点放在强调间接税制的优势。在最近几十年来间接税(如增值税)的下述优点被人广为认识,比如提高效率、减少对正式经济活动的反激励作用、迅速增加收入、简化税收管理过程、拓宽税收基础等。特别地,在将销售税和流转税转化为更少扭曲性的增值税体制方面,许多国家进行了努力,尽管这有时会导致示威游行甚至暴力冲突。① 值得注意的是,在我们进行目前的讨论时,在很多国家,增值税还没能渗透到非正式部门的经济活动中去。②

基于正式的收入计算、记账及付款方式而建立的税收制度,对大部分非正式部门来说并不合适,而用直接推定征税(direct presumptive taxation)方法也许更可行。在收入推定制度中,评估并非基于实际收入计算,而是基于更广泛的有可能获得的反映利润规模的指标进行(Bird and Wallace,2003;Chipeta,2002;Sadka and Tanzi,1993)。根据经济活动的性质,这些指标包括机械装置的大小和容量、商业空间的面积、员工数量及提供服务的客户数量等。发展中国家广泛实行推定税收制度,比如玻利维亚、乌拉圭、安哥拉、喀麦隆、摩洛哥、乌干达等(Bird and Wallace,2003)。该制度在实行过程中,往往同时运用简化的自我评估制度。玻利维亚在 20 世纪 80 年代中期改变了税法,引入了推定税收制度,根据商业资产的估算净值征收 3% 的税收;墨西哥在 1988 年同样实行推定税收,向 140 项经济活动征税(Wallace,2002);自 20 世纪 80 年代早期开始,加纳也实行了推定税收制度(Terkper,1995)。③ 尽管推定税收获得了一些成功,但它也未能充分渗透到非正式部门,取得的成效不多。

8.3.2 能力限制

尽管引入增值税以及推定征收所得税会简化评估和征税过程,但仍然需要有效的税收管理。很多发展中国家的税收机构,并没有足够的能力进行税收管理(Bird and Casanegra,1992;Kiser and Baker,1994;Magana, Lynn and

---

① 例如,在加纳,增值税在其实施之初就被叫停,因为它导致暴乱,但在后来又重新开始实施。
② 增值税有效性的标准是"c-有效性比率"(c-efficiency ratio):增值税收入与经济体中的总消费额的比率,再除以增值税的标准税率。在 2001 年,欧洲平均 c-有效性比率为 64%,但在撒哈拉非洲以南地区的比率仅为 38%(Ebrill et al.,2002:表 2)。尽管南非税务局(the South African Revenue Services,SARS)在征收增值税方面被认为很成功,但它还是无法触及非正式部门(Smith,2003:19)。
③ 包括非正式食品销售者、理发师、屠夫、汽车修理工以及商贩等。

Mendive,1965；Stella,1993)。有些国家试行了以下方法：(a)实行包税制,即把征税权力下放给私人代理机构以提前获取固定收入；(b)实行税收分成,即私人代理机构收税,并有权从税收总额中获得一定比例的分成(Toma and Toma,1991)。包税制和税收分成这两种方法可以减少管理成本,同时能提高收入、增强可靠性。有些批评家认为,包税制和税收分成并不能减少设立税务机构的成本。私人部门产生的征税成本,转移给了国家(Azabou and Nugent,1988,1989;Stella,1993)。在坦桑尼亚和乌干达,一些地方政府将征税外包,该措施极大地提高了征税效率,但与此同时增加了腐败现象(Bahiigwa et al.,2004;Kobb,2001)。更进一步说,如果不存在竞争或投标被垄断(tendering cartels)或拍卖者和投标人串通一气,那么包税制和税收分成就不会自动增加国家收入。相反,它们会导致对纳税人的过度征收和剥削。私有化的方式或许并不具有吸引力,因为它不能克服高昂的成本这一问题,即对非正式部门征税、监控、执行等,产生了一系列成本费用。

8.3.3 激励问题

对非正式部门征税不仅超出了税务机构的承受能力,同时,他们的员工也努力避免对非正式部门征税。与负责公司税收、关税、消费税等其他税务部门相比,负责非正式部门征税的工作人员地位低下、收入不高,有时甚至非常危险。在贫困地区巡逻搜寻逃税者,在几乎没有资源保障的条件下监控纳税情况,这是一个费力不讨好的任务。尤其是,受过教育的税务官员不喜欢与那些贫穷的、没有文化的,有时甚至有暴力倾向的公民打交道；而这些人也只是想养家糊口,不喜欢受到税收的侵扰。与税务部门的其他岗位类型相比,对非正式部门征税的人通过贪污受贿来弥补收入的余地也相对较低,因为他们面对的纳税人很穷,他们获得的额外收入非常少。我们对加纳的研究表明,负责非正式部门的税务官员工作积极性普遍较低。他们往往认为,这种工作地位低下,晋升无望,且属于"非专业"化工作,高级官员更是避免从事这类工作。在这种情况下,政府部门很难顺利地对非正式部门进行征税。

8.3.4 "魔鬼"交易

只要有选举竞争存在,非正式部门就可以成为巨大的选票库(Baross and

van der Linden,1990；Cross,1998；Tendler,2002）。它可以通过集体行动有效地抵制税收,尤其是当政客们与非正式部门经营者沆瀣一气,形成潜在的坦德勒(Tendler)所谓的"魔鬼"交易,即"如果你为我投票……我就不会向你征税；我不要求你遵守其他的税收、环境或劳动法规；我也不会让警察和调查人员骚扰你"(Tendler,2002:99)。

为了获得支持,公务人员和政客们愿意对非正式部门活动视而不见。同时,一些非正式部门的经营者组织起来给政府施压,强迫政府官员不要对他们征税。在非正式部门占据重要经济地位的地区,以及非正式经济活动聚集的重要选区,这样的局面就更有可能存在。一旦"魔鬼"交易形成,就很难再被打破：非正式部门企业喜欢那些笼统地呼吁减轻负担的人；国家官员能够继续收取小额贿赂；政客们也不愿意冒险采取其他策略去获得选举支持或者促进非正式部门的经济发展。我们并未能详细了解这种交易在何地以何种方式运作,事实上,我们对非正式部门的政治状况知之甚少,更不要说有关税收的具体议题了。[①] 然而,这一概念为我们提供了另外一种可行的解释,用以理解为什么政府常常不能或不愿意对非正式部门直接征税。

8.4 概念框架

税收的联合会路径(即由非正式部门的联合会和政府之间进行商议而达成税收协议),为有效征税于非正式部门提供了可能,而这又主要通过三个相关的机制进行。

第一,由于对非正式部门征税比较困难,并且可能发生随之而来的诸多避税行为,因而如果通过协商过程来征税的话,该过程就会渗透法律意识以及诚信意识,税收体制也就更加高效、更为持久。这样的话,纳税人个体更愿意纳税,而联合会更有可能鼓励其成员遵守相关规定。

第二,把联合会作为征税代理机构,有助于克服向复杂多样的众多小规模

[①] 桑亚尔(Sanyal)在十多年前(1991:39)的评论至今仍然很适用,他写道:"有关城市非正式部门的大量研究,都集中于把城市非正式部门视作一个经济实体来分析,因此对其政治我们知之甚少……我们对其与政府的外在关系,与各个政党以及正式部门工会会员的关系等相关的政治问题,也了解不多。"

企业征税的潜在高成本。对非正式部门纳税人直接上门征税,可以减少管理成本(较少的纳税表格,无需等待等),还能调整缴税顺序以满足纳税人需求。非正式部门的经营者,就像小额金融方案中的借贷人,会发现定期支付小额税款要比长期间隔后缴纳大笔税款更容易。因此在联合会内部让会员有规律地小额缴税效果会更好,联合会也比远距离的、正式的官僚机构更了解其成员的行为与不足之处。

第三,通过合法的联合会征税,可以把很多小规模且原本无权的个体的政治力量聚合起来,增加纳税人与政府就公共服务与其他事项进行谈判协商的机会,并在一定程度上促使政府更负责任。

我们对税收中联合会的重要性的猜想,也与下面相关的文献一致:比如促进非正式部门中的小企业集体行动,增强它们与政府进行集体谈判以应对主要的经济威胁(如贸易伙伴国实行进口限令,或来自便宜进口品的竞争等)。[①]政府即使不为企业免除税收,或实施其他保护主义的措施,但它可以为企业技术升级提供集体性支持,以及帮助企业进入更遥远的市场(Tendler,2002)。在有关成功的改革案例中,最典型的案例是,小公司联合会让小企业与国家的谈判成为可能。通过信息共享以及减少交易成本,联合会成功帮助小公司实现技术升级以达到国际标准,或者更新账务系统,以及通过集体学习来实现创新。

为了有效检验我们基于加纳经验做出的假设,即联合会在非正式部门直接征税中的作用,我们寻找了其他相关文献。我们发现,塞内加尔和秘鲁这两个国家的案例可以参考。[②] 通过对这三个国家的案例研究,我们来探索非正式部门联合会税收得以形成所需要的可能政治条件。我们的基本假设是:对非正式部门征税的政治问题,要解决的话主要取决于两个因素,即政府征税的需求力度、非正式部门集体行动的程度和类型。

发展中国家的大多数政府都觉得有必要追加税收。我们认为,要让政府

[①] 还有其他一些文献也强调非正式部门组织和联合会的重要性,例如强调对工人的重要性(ILO,1998,1999),以及强调对政府管理的重要性(Goldsmith,2002)。

[②] 有关塞内加尔的文献我们主要阅读了 Thioub, Diop and Boone(1998)的著作,以及 Dickovick 有关秘鲁的著作(出版中)。有关这两个国家的文献,并没有直接关注税收,但它们构成了税收史料中的重要组成部分。

努力克服障碍向非正式部门征税,就需存在一个非常严重的财政危机刺激到政府。[1] 那么我们如何辨别并给严重财政压力下定义?严重的财政压力,至少意味着以下几种情况交织在一起:该国出现了巨大的财政赤字、税收总收入急剧下降、高通货膨胀以及应对上述情形的国际压力增大。另外,我们认为,城市非正式部门在国内生产总值中所占份额越大,政府就越有动力来向其征税。

仅仅存在非正式部门联合会,是远远不够的。历史经验表明,经济部门与国家之间的谈判协商,必须要以制度化渠道为保障。[2] 在有些国家,政府和强大的非正式部门联合会之间建立了一种统合主义的安排(corporatist arrangements)。在另外一些国家,它们允许非正式部门参与到专门的论坛如商业议事会(Chambers of Commerce)中来。不管具体的形式如何,互动渠道在谈判过程中都起着关键的作用。联合会的代表性及内部的民主程度,同样重要。如果联合会不能代表其成员利益,他们的领导地位就无法获取广泛的支持及合法性,他们谈判达成的任何安排都会变得非常脆弱。

我们的核心假设是,以可持续的方式对非正式部门征税,其可能性取决于(a)政府增税需要的迫切性,(b)非正式部门以集体方式组织起来的程度以及它与国家谈判的可靠的制度化渠道。我们可以用矩阵的形式对此进行总结(见表8.1),在表中我们可以找到这三个案例的位置。接下来我们会提出更具体的假设。如果在一个国家,非正式部门组织无序、国家征税的迫切程度较小,那么对非正式部门征税的可能性就相对较小(表中的A情形)。如果征税的迫切程度很大时,但非正式部门组织无序、谈判渠道不多,那么政府就会强制性征税——根据政府政策执行力的不同,遵从程度也有不同(B情形,如秘鲁)。如果非正式部门组织有序、谈判的制度化渠道也已建立、国家额外征税的迫切程度较低,那么政府对非正式部门征税就变得非常困难(C情形,如塞内加尔)。当征税迫切程度和组织程度都高时,在实践中就很可能在征税方式

---

[1] 在分析发展中国家税收水平的决定因素时,柴巴布(1998)发现,总体的财政状况在统计上并不重要。这一结论和我们的假设并非不一致:从短期来看,向非正式部门征得更多税收,对国家税收水平总体不会产生太大影响。

[2] 在有些情况下,政党扮演了这一重要角色(Cross,1998)。然而,仅仅依靠政党也有缺陷,尤其是在政党与联合会存在竞争之时。

与税收水平上达成妥协(D情形,如加纳)。按照这个框架,我们可以详细地探讨对非正式部门征税的三个案例。

表8.1　　　　　　　　环境因素对联合会税收的影响

集体行动程度与可靠的谈判渠道 \ 税收迫切程度	低	高
低	A	B(秘鲁)
高	C(塞内加尔)	D(加纳)

8.5　三个案例:加纳、塞内加尔、秘鲁

8.5.1　加纳

在20世纪70年代后期和80年代,经济衰落、城市化和自由主义经济改革,都极大地增大了非正式部门的规模。20世纪80年代经济危机之后的经济复苏计划,对一些部门尤其是道路客运部门非常有利。客运费用的提高、零部件进口的便利以及大规模道路基础设施的重建,带来私人客运部门的巨大发展。[①] 城市非正式经济的其他部门(如街头商贩、小规模生产部门与服务部门、微小企业等),也随之繁荣起来(Widener,1991)。

1981年军事政变后,由罗林斯(Jerry Rawlings)领导的临时国防委员会(the Provisional National Defence Council,PNDC)上台,有效地压制了政党竞争。与之前相比,非正式部门内部的政治活动和政治组织在程度与性质上都发生了变化。在交通部门和市场商贩中,民众积极行动(activism)有很长的历史,而在食品摊位和美发行业,则很少有民众的积极行动。在1981～1985年,也就是"罗林斯革命"时期,非正式部门开始变得更有组织性。值得一提的是,代表车辆所有者和经营者利益的最大的客运交通联盟,"加纳私人道路运输联盟(the Ghana Private Road Transport Union,GPRTU)"成为重

[①] 在1984～1991年,私有客运车辆数量每年平均增长20%(Fouracre et al.,1994)。

要的经济与政治角色①,其成员不断发展。尤其在其新任秘书长科菲·阿金斯(Kofi Aikins)领导下,该组织与罗林斯及临时国防委员会关系亲密。加纳私人道路运输联盟与临时国防委员会之间的关系,基本上属于统合主义类型。凭其规模、其在乡村地区的组织基础、其通过控制道路交通而影响选举活动的能力,以及一旦罢工就能让加纳经济瘫痪的能力等各种因素,加纳私人道路运输联盟成为重要的政治行动者。临时国防委员会给予加纳私人道路运输联盟许多垄断性管理权,包括让其垄断性管理作为道路交通网络战略枢纽的停车场、唯一有权雇用警卫人员检查是否有人违反道路交通法规、补贴备用零件等商品进口、为车辆进口提供贷款保证等。反过来,加纳私人道路运输联盟通过各种公开的政治活动,为临时国防委员会提供支持。

截止到1993年,加纳过渡为一个正式的民主政权,罗林斯在大选中再次掌权,尽管对此次选举的"公平性"仍有争议(Nugent,1995)。1983年的财政危机,曾让政府承受了巨大的压力去增加税收、拓宽税基。而作为1985年经济改革的一部分,财政部进行了结构调整,建立了两个全新的自主收入机构:国内税务局(the Internal Revenue Service,IRS);关税、消费税与预防局(Customs and Excise and Preventive Service)。结构重组的目的,是让税收更加贴近纳税人、采取分权措施以加强纳税人的身份认同,并制定新政策去解决非正式部门中的税收遵从问题(Terkper,1995)。

临时国防委员会保证,国内税务局将向加纳私人道路运输联盟咨询前述改革措施,并在1986年召开了一系列咨询会议。之前就已推行但未取得成功的推定征税(presumptive taxes),成为现在向非正式部门征税的基础。国内税务局和加纳私人道路运输联盟之间的协商,突出强调了当前需要解决的一些问题,并提出了可行的措施。加纳私人道路运输联盟的领导层,并不反对征收直接所得税,部分原因是其成员受到警察骚扰并经常以被迫行贿告终。不过,它指出了传统的推定征税的问题:基于标准化的评估,先是按年后来又按季度缴纳,这些对小规模的客运交通经营者来说极不合适。由于逐日营业,经营者发现,如果隔一段时间一次性上缴一笔税额很困难。标准化评估并未考

---

① 在2001年,加纳私人道路运输联盟有55 000名会员,大约60%是车辆拥有者(主要是驾驶自用车的人),大约35%是受雇用的司机。

第八章　联合会税收：对非正式部门征税的途径

虑到平时车辆故障问题，或其他原因（如疾病）引起的损失等问题。另外，还有一个问题就是，负责完税后向车主颁发公路运营合格证（Road Worthiness Certificates）的车辆牌照管理处，存在着腐败现象。而在税务办公室，塞钱给有关人员就要花费一整天的时间。由于这些原因，旧体制中的税务管理、税收征缴与执行，问题重重。

在协商互动过程中，诞生了一种新的推定收入制度即"可识别分组税收"（Identifiable Grouping Taxation，IGT）。在该税收中，非正式部门联合会成为征税主体。联合会原已了解成员的各项活动，因此可以毫不费力地顺利征税。这样的税收，在制度上相对容易管理。缴税地点就在联合会管理的货车停泊处，经营者只需缴纳自己实际运营那几天中的税收。一开始每天征税，后来为了节约打印收据的成本，改为每周征税，联合会可以得到税收的 2.5%。截至目前，在 32 个实施可识别分组税收（IGT）的非正式部门中，公路客运部门是最大的一个。

在增加公路客运部门税收方面，这一安排非常成功。2000 年民主政权交接到反对党新爱国党之后，该税收仍然发挥着作用。然而，新政府不得不处理交通部门其他竞争性联合会提出的一些问题。这些联合会期待新爱国党能反对加纳私人道路运输联盟的垄断地位，该联盟与上一届政府关系密切。从 2000 年开始，有人认为尽管加纳私人道路运输联盟能够成功地向其成员征税，但无法有效地将收入交给政府。当然，其他联合会中也有不少问题，包括屠夫联盟以及商贩联盟，他们都实行了可识别分组税收制度。非正式部门联合会也成为一些大企业逃避纳税义务的庇护所，这些大企业声称自己属于非正式部门。为了解决这些问题，在 2003 年，国内税务局取消了与加纳私人道路运输联盟的征税安排，引入了新的车辆所得税标签制度（Vehicle Income Tax Stickers）。该税收制度要求以个体为单位，每个季度向国内税务局直接上缴税收。这种新的税收制度提高了税收收入，但遭到了加纳私人道路运输联盟的抵制。不过，在其他非正式部门联合会中[如美发师联合会或"肉店（chop bar）"①联合会]，可识别分组税收（IGT）制度仍然存在着。

加纳的经验表明，通过联合会征收推定税收的方式，或许是公共部门收入

---

① "肉店"指的是一些小型路边食品货摊。

征收机构实施更标准化的税制这一漫长进程的第一步。然而,这一案例也很具讽刺意味。作为各自领域主要的政治行动者,加纳私人道路运输联盟和临时国防委员会之间的密切关系就像一把"双刃剑":刚开始,它能推动可识别分组税收制度顺利实施;然而,一旦临时国防委员会下台,要终止它就会遭遇巨大压力。

8.5.2 塞内加尔

在很多方面,塞内加尔和加纳情况相似。非正式部门在塞内加尔的发展有其深厚根源。在20世纪70年代,通货膨胀持续,农业利润减少,为了生存下去,很多人开始走私进口货物,经营小规模贸易以及交通运输行业。政府对他们视而不见,因为这些商业活动能帮助应对高通货膨胀和经济衰退。由于逃避了大量正式部门必须承担的税收及管制措施,非正式部门变得非常有竞争力。

到20世纪80年代中期,塞内加尔经济不景气,干旱天气持续不断,债务累累,国际收支问题也持续不断。这一系列状况的出现,迫使塞内加尔不得不实施世界银行和国际货币基金组织所倡导的经济改革。在随后实施的贸易自由化和私有化运动中,塞内加尔的经济性质得以改变。之前,外国资本占据主导经济地位,国内企业通过与国家建立的关系也取得发展,但现在与非正式部门的发展相比,显得黯然失色(Thioub, Diop and Boone, 1998)。截至1991年,据估计,非正式部门占到GDP的41%(Kuchta-Helbling, 2002)。由于陷入与国家的统合主义关系的泥潭中,正式的商业联合会在经济衰退中逐渐衰弱。同时,各种各样关于结构性调整的谈判,促使越来越多的非正式部门开始关注自己的话语权与组织需求。代表非正式部门的一个新的商业联合会塞内加尔全国工商联盟(Union Nationale des Commercants et Industriels du Sénégal, UNACOIS)诞生,并成为20世纪90年代一股强大的政治力量。

塞内加尔国家工商联盟(UNACOIS)大约有7 000名成员,由一群有影响力的塞内加尔本地商人所领导,他们都是在非正式部门的贸易中发家的。由于塞内加尔国家工商联盟不受国家管理并实行自治,因而它并不是内部民主的一个典范。该联盟领导人通过商业关系与个人纽带而与其成员有着千丝万缕的联系,他们的政治权力来自对其成员的动员和管理能力。例如,在1989年,塞内加尔国家工商联盟组织人员抗议增值税的扩大,并能使达喀尔商业活动陷入瘫痪状态,最终迫使政府屈从于其需求。同样重要的是,塞内加尔国家工商联盟意识到谈判渠道的重要性,它因此随之控制了联系各商业与政府的正式机构,如达喀尔商业与社会经济咨询协会。然而,不像加纳私人道路运输联盟,塞内加尔国家工商联盟(UNACOIS)与任何政党都不存在密切关系。

塞内加尔国家工商联盟特别关注两大议题:首先,该联盟支持经济自由化以及打破国家垄断;其次,它强烈反对扩大向非正式部门征收间接税。1986年,新工业政策的实施带来进口税收入的急剧下降,塞内加尔政府受到布雷顿森林体系下的机构要求增加收入的压力。于是从1989年开始,政府通过一系列的努力,将增值税应用到非正式部门的商业中。在1989年,政府先做的是提高税率,而在1991~1995年,政府重新对纳税人进行了定义并简化了纳税程序。以上每一项措施,都促使塞内加尔国家工商联盟强化自己的力量,并触发它通过各类罢工和集会来抵抗税改。塞内加尔国家工商联盟申明,其立场是维持"脆弱的社会和经济稳定",以及成千上万成员的钱财安全(Thioub, Diop and Boone,1998:76)。然而,该联盟愿意考虑基于标准化年度评估而征收所得税。一些观察者曾经认为,这些给非正式部门持续免税的措施是新的政治交易的一部分,即用租金来获取政治上的支持(Boone,1994)。然而,到1998年,这种政治交易面临着威胁:国家的财政压力逐渐增大,塞内加尔国家工商联盟不得不放弃对非正式部门免税的要求。①

不像在加纳,塞内加尔的非正式部门经营者联合会跟政府或任何政党都没有密切的关系。由于财政危机不是很严重,加上其拥有的组织能力,塞内加尔国家工商联盟能够抵制向非正式部门扩展税收的企图。

8.5.3 秘鲁

与前两个国家的案例不同,秘鲁的有关资料主要关注的是当地政府的税收创新。自从20世纪70年代中期开始,秘鲁就作为城市非正式部门发展的

---

① 不幸的是,尽管做过努力,我们仍然无法更新有关塞内加尔国家工商联盟(UNACOIS)的描述。仔细分析1998年之后的相关情况能帮助我们重新界定本章相关假设。

经典案例而被人们频频引用,并成为赫尔南多·德索托(Hernando de Soto)的名著《另一条道路》关注的焦点(De Soto,1990)。秘鲁政府效率低下,一些小企业备受困扰,这让大量小型企业家在非正式经济中运行,以此避开政府管制与征税。存在于税收网络之外的非正式部门越来越多,带来了一种恶性循环,导致政府将更多的管制措施和征税要求强加于日渐萎缩的正式部门。这一趋势在20世纪90年代进一步加剧,在当时,由于自由化政策,失业人数增长,越来越多的人开始进入非正式的街头贸易及城市交通部门。国际劳工办公室(ILO)的最新数据表明,在秘鲁经济中超过60%是非正式部门经济(Tokman,2001)。

在20世纪80年代末期,财政危机达到最高峰。财政赤字从1980年占GDP的3.9%增长到1988年的7.6%。到1989年,秘鲁发生了恶性通货膨胀,税收收入几近崩溃。1991年实行的"藤森休克计划"(Fujimori shock plan)帮助经济趋于稳定,并将通货膨胀控制在可控范围。为了应对财政危机和政府收入的急剧下降,秘鲁政府简化了税收体系,特别是将非正式部门小企业的税制予以简化(Dickovick,出版中)。一种简单的被称作联合税收简化体系(Régimen Único Simplificado, RUS)的消费百分比公式得以引进,它使得商业人士很容易就能估算其应税义务。与此同时,政府设立了一种涉及所有企业的商业登记中心,称为纳税人登记中心(the Registro Único de Contribuyentes, RUC)。这些措施减少了很多小企业的正式成本。然而,通过这些措施带来的额外收入极其有限,估计纳税人人数增加了30%,但税收收入仅增加4%(Kuchta-Helbling,2002)。另外,财政问题在地方层面一直存在。财政上实行高度的中央集权,只有4%的国家开支是通过地方政府实施的(Kuchta-Helbling,2002),地方政府因此没有足够的资源来为其自身的管理工作提供资金。考虑到政治敏感性和有限的管理能力,地方政府通常采取短期行为,在可以操作的限度内向小型商业部门征税或罚款。

尽管秘鲁的商业出现了大规模的非正式化,但从历史上来看,它的地方政府并没有与非正式部门建立起协商性机构,也没有更多的资源投资于建立长期协商的建设性渠道。迪科维克(Dickovick,出版中)认为,这种缺乏"持久的对话和合作机制"也是城市非正式部门本身多变的性质导致的。自由化也削弱了非正式部门中的一些机构,或使之碎片化。不像其他国家,秘鲁的各个政党并没有起到联系非正式部门与国家的桥梁作用(Cameron,1991)。由于非正式部门经营者联合会过多,再加上地方政府能力和资源有限,这使得他们没有多大积极性来构建集体协商部门或沟通渠道。

迪科维克(出版中)调查了利马和什卡拉亚市(Chicalayo)三个地区的交通和街头商贩等非正式企业的集体行动。他的研究表明,当地方政府面临压力而征税时,他们倾向于尽其所能地强制征收,并且单方面征收而不和非正式部门协商。这样做,会分裂商业机构并减少集体行动的机会。在什卡拉亚市,市政当局偏袒缴税可能性大的大型企业,而将非正式部门中的小商贩从主要的商业区驱逐出去(Dickovick,出版中)。在利马拉维多利亚,地方政府给予一些劳动者以官方认可,例如,擦鞋者、贩卖苏打和糖果的小贩以及报刊经销商等。代表这些劳动者的机构,后来逐渐将自己与其他的街头小商贩区别开来(Roever,2005)。在利马另一个贫困地区圣胡安,当地政府将街头商贩驱逐出主要街道圣胡安大道,其目的是为了让留下来的正式部门多交税收。然而,政府并不能阻止非正式部门再次占领街道,结果商人们给政府上缴的税收要比以前更少。尽管比起当前无规则的罚款和征收,这些商人可能更倾向于"由每日有规律的缴税建立起的隐性合约"(Dickovick,出版中:21)。因此,他们反对的不是纳税这一形式,反对的是在没有得到任何明确服务的情况下被迫缴税。

在有些地区,地方政府并没有征税的压力,于是他们以更加开放的姿态和非正式部门进行谈判。在利马市中心地区,市政当局能够与街头商贩联合会协商并获得双赢结果:政府答应他们不在"严重经济危机"时征税,换取他们同意从市中心地皮昂贵的地方搬到地皮便宜的地方(Dickovick,出版中:19)。总之,对秘鲁不同城市地方当局的对比分析显示有以下一种关系(但由于缺乏数据我们还无法揭示这种关系的细节):至少在一些情境下,当与非正式部门谈判的制度化渠道比较弱时,迫切的财政压力会促使政府采取武断措施去征税;这样一来,谈判的可能性就会进一步变小。

8.6 案例比较

回头看看这三个国家的例子,我们可以发现,前面提到的两个因素(财政压力和联合会的性质)是如何影响不同结果的(见表8.1)。在秘鲁,面临收入压力的地方政府尝试着扩大对非正式部门直接征税,因自己的能力和联合会的谈判能力而取得不同程度的成功。由于政府与分裂的非正式部门集体行动者进行谈判的制度化渠道比较薄弱,城市非正式部门联合会影响当地税收政策的能力有限,他们从政府手中以税收换特许权的能力也有限。在塞内加尔,强大的非正式部门联合会能够反复地抵制政府向其成员发起征税的行为。相对较小的征税压力(可用财政赤字规模不大来衡量),也形成这种僵持的原因之一。在加纳的案例中,强大的加纳私人道路运输联合会和政府拥有良好的统合主义关系,可以设法为自己及成员谈判获取特许权,但必须承诺支付更多税款。就这样,联合会和政府之间的互动,形成了互惠互利的税收制度。

下面我们来仔细看看表8.2中的一些变量与议题,这张表更详细地总结了这三个国家的特征。

表 8.2　加纳、塞内加尔和秘鲁三个国家的总结

	加纳	塞内加尔	秘鲁
非正式部门的集体行动	组织程度较高;大多数组织结成联盟;所有联合会都和政党有联系 主要组织:GPRTU	经济改革带来组织化程度高;国家层面组织和政党没有联系 主要组织:UNACOIS	联合会数量多而分散;集体行动分散;联合会没有形成联盟;和政党没有联系
环境	财政危机;增加收入的压力;在非正式部门有税收遵从;基于标准化评估的旧的推定税收	税收方面有威胁;非正式部门在发展,但被争取发言权和组织权的其他公民社会组织削弱	财政危机;碎片化的行业联合会;政府和社会组织之间的联系渠道薄弱
税收潜力	自从1987年实行的可识别分组税收	代表其成员为反对间接税而参与协商的政治力量;反对增值税的罢工与集会活动	对非正式部门征税,有时采取对抗性方式
收入结果	向其成员有效征税;税收收入增加	不向其成员征收间接税	复合结果:在税收需求高的地方强加税收;税收紧迫性低的地方不额外征税,尽管沟通良好

续表

	加纳	塞内加尔	秘鲁
局限性	国内税务局征税的效率不高;缺乏内部民主;由于停车场的垄断,与其他运输联盟发生冲突	对非正式部门继续免征间接税;交付租金以获得政治支持	部门和地域不同,有竞争关系的联合会也呈现多样性;联合会的无组织性削弱了集体行动和协商的机会

8.6.1 财政压力

如果非正式部门规模较大,就可以激励政府采取专门针对非正式部门的税收。在伯德和华莱士(Bird and Wallace,2003)提到的对中小企业实行推定征税的8个国家中,非正式部门占GDP的比重都超过1/3。然而,这种税收往往是象征性的,对总体收入的影响也不大,这是因为税收机构征税的能力非常有限。若真的能对非正式部门成功征税,那很有可能说明存在着像财政危机之类的事情。当一个国家的财政基础危如累卵时,国家也就开始从政治上支持对非正式部门的税收。这样的危机,能瓦解"魔鬼交易",即在政客、非正式部门之间形成的以不征税换取政治支持的合谋协议。

我们所举的案例可以证实这一点(见表8.3)。在这三个案例中的国家,非正式经济都超过了GDP的1/3。在塞内加尔,尽管非正式部门庞大且存在财政压力,但该国收入并没有急剧下降,通货膨胀也不是很严重。在加纳和秘鲁,政府在采取措施扩大征收直接税,与此同时国内收入急剧下降,通货膨胀较高,尤其秘鲁更是如此。秘鲁的例子表明,增加地方税收的努力有复杂的后果。在迫切需要高收入的情况下,就像在什科拉亚和圣胡安,政府尝试强制征税而不是和非正式部门联合会商谈。但在收入需求不是很高的地方,如在利马(中心区),政府和非正式部门联合会的交流渠道有所完善,但收入没有增加。尽管财政压力可能会导致政府对非正式部门实施强制性税收,但它并不会增加收入,除非集体行动问题和谈判问题得到有效的解决。

表 8.3　　　　　　　　　　财政危机：加纳，塞内加尔，秘鲁

国家	非正式部门的规模——1999/2000 占 GDP 的百分比*	财政危机时期	财政危机程度				支持结构调整的国际项目
			政府债务占 GDP 百分比：最高数据(年)★	财政赤字所占 GDP 百分比：最高数据(年)☆	在危机时期最大的年收入下降(%)f	在危机期间(年)最高通货膨胀率√	
加纳	38	1981~1985 年	25 (1982)	7 (1981)	35	143 (1983)	经济复苏计划(1983)：国际货币基金组织支持
塞内加尔	43	1982~1985 年	68 (1984)	7 (1984)	10	16 (1982)	新工业政策(1986)：国际货币基金组织支持
秘鲁	59	1987~1991 年	190 (1990)	8 (1989)	30	7 649 (1990)	藤森休克计划：(1991)国际货币基金组织支持

* 注意非正式部门的估计规模不包括危机时期，因为很难得到比较时段的系列数据。数据来源：Schneider(2002)。

★数据来源：世界发展指标数据库。

☆数据来源：国际货币基金政府财政数据，各年份。

f数据来源：世界发展指标数据库。

√每年 12 月的同比消费者物价指数。数据来源：Bruno and Easterly 数据库(1999)。

8.6.2　联合会机制

非正式部门中的企业已经选择在国家权力之外运营，因此，他们对国家的法律法规及国家意愿不可能非常在乎。由于缺乏很强的组织及政治执行能力，对非正式部门直接征税的措施不会带来纳税人的税收遵从意愿，而且政治

成本可能巨大。在非正式部门,发起征税的人和联合会之间的谈判,对确保可持续的税收遵从意义重大。

当我们所谈论的非正式部门组织良好,并由少数强大且具有广泛代表性的联合会所控制时,通过联合会的形式进行成功的税收谈判及征税,可能性就更大。在加纳,由于客运部门围绕停车场进行结构划分与组织,而停车场由联合会控制,因此,如果没有成为联合会成员,运输车辆就无法运营,这就给予联盟巨大的组织能力和结盟理由。在没有相同的后勤联盟与联合会的部门和地区,非正式部门就往往缺乏组织性。在一些国家,各个政党很积极地组织非正式部门的联合会。然而,在政党活动不积极的国家,在没有迫切需要结盟的地区,各种各样的竞争性联合会就会非常普遍,秘鲁就是其中一例。各种各样竞争性联合会的存在让国家谈判变得困难,不管这种谈判是税收谈判还是其他方面的谈判(Davis, Aguilar and Speer, 1999)。

尽管这些问题的社会和政治因素在各个国家不尽相同,但有些因素还是普遍的。在全世界范围内,那些越明显的非正式部门的活动(比如街头贸易或交通),就越容易组织起来,因为这些组织更能吸引政府来接触(Davis, Aguilar and Speer, 1999)。其他一些不明显的部门活动(比如小规模生产),往往不容易组织起来,征税也更难。这就表明那些容易组织起来的明显的部门,更容易对其征税,因为这些部门愿意通过缴税的方式获取政府的安全保证,同时这些部门也往往容易受到监控。

我们所提到的案例是否适用这种分析?以秘鲁地方政府为例,碎片化的联合会和它们拥有的薄弱互动渠道,引发政府对非正式部门实施了不利政策。与此相对,在加纳,有一个强大的联合会与执政党关系密切,这就确保政府采取一种适合经营者的征税体制。在塞内加尔,税收带来的威胁是非正式部门组织起来的动力,尤其是大商人因在增值税扩大征收时损失最大而组织了联合会。随之出现的强大组织国家工商联盟(UNACOIS),能够有效地抵制政府进一步的征税行为。

8.6.3 互动的制度性渠道

联合会与政府之间的联系渠道,是这三个国家税收问题的核心。如果没有这种联系渠道,政府与联合会之间就无法建立可靠的契约关系。政党可以起到连接联合会和政府的作用,就像我们在加纳看到的情况。然而,与政党的联系能否帮助建立稳定的税收契约,取决于政治环境。政治竞争和联合会之间的竞争,会影响到联合会相对于政党的地位(Murillo,2000)。如果一个国家是多党政治,并且联合会也是碎片化的,那就不存在一种密切关系,能以此导向围绕税收而进行的建设性谈判。在一个多党制的国家中,一旦这个政党在下次选举中失利,非正式部门中主导的联合会与执政党的关系就会出现问题。如果一个主导政党和多个实力相当的联合会谈判的话,那么政府可以平等对待这些联盟,而没有亲疏远近。在那些没有政党或政党不起建设性作用的国家,就需要有其他的互动渠道。

我们分析的案例可以证实以上论述。在塞内加尔,代表非正式部门的联合会是一个独立的力量,不受之前与政府联系的约束。它控制着商业议事会,并因其对非正式部门免税的纲领而获得广泛的支持。面对这样的强大联合会,塞内加尔政府被迫让步,不再向非正式部门直接征税。至少直到20世纪90年代后期,税收问题都没有再被提上议事日程。政府也没有提供可信的东西给联合会,以便获取非正式部门的纳税同意。相反,在加纳,由于加纳私人道路运输联盟在非正式部门中占据主导地位,因而和政府有着紧密的联系。二者之间采用的税收谈判方式,既有益于该联盟自身,也有益于其成员,同时谈判这种形式也能加强政府与交通运营者之间的税收—问责关联(taxation-accountability link)。然而,由于内部民主有限,加上联合会对非正式部门的约束,其组成成员对税收了解不多。在秘鲁,尽管有强大的非正式部门的商人联合会,但由于缺乏互动交流的制度性渠道,当地政府无法满足非正式部门多样化的需求。

8.6.4 政治问题:中央还是地方?

与非正式部门相关的政治问题,大部分是地方层次的。除了交通部门是更明显的例外之外,非正式部门的企业主要是地方性的,一般与当地政府有政治往来。这些地方政府负责提供的服务对非正式部门来说很重要,如制定政策、实施管制、建造基础设施。与中央政府相比,他们可能更了解非正式部门的活动。比较而言,中央政府往往控制了收入最大的税源,而把少数的税收权力(除了收费和执照费)下放到地方政府,税收管理因而高度地集中化。

对非正式部门的税收而言,这种对比有几方面的含义。中央税收机构更有可能与全国层面的联合会联盟(federated national-level unions)协商相关政策。比如,我们提到的加纳,它成功地将非正式部门的税收予以制度化,而这归因于罗林斯临时国防委员会政府与加纳私人道路运输联盟(运输部门全国联合会中最重要的组织)之间的紧密联系。这种联合会税收路径,后来又扩大到其他非正式部门活动中。① 当然,全国联合会的联盟也能增强对税收的抵制,正如塞内加尔国家工商联盟所起的作用。另外,如果要跟同一部门的诸多地方联合会合作的话,中央税收机构就不可能欢迎这种联合会征税方式,因为这会耗尽精力。在加纳,在中央层次达成非正式部门联合会征税的统一协议,是以非正式部门组织的全国联盟结构为前提的。然而,在很多部门(比如美发业),地方联合会并无理由在国家层面结成联盟,在这种状况下,联合会税收并不起作用。②

然而,中央税务机构也许在地方层面上存在感薄弱。地方政府掌握更多的细节信息,可以此识别出非正式部门的经营者,并予以有效评估及征税。同时,地方政府负责提供非正式部门经营者认为有价值的地方性服务,并进行或明或暗的税收与服务的交换。我们对加纳非正式的美发店及肉店的研究表明,非正式企业更愿意上缴地方税而非国家税,这不仅因为在地方层面执行这些税收更加严格,而且因为经营者也能感觉到税收与看得见的、有用的服务(如街道照明和垃圾回收等)之间的关联。而税收与全国层面支出提供的服务(如医疗和教育等),关系就不是很明显。

这些反思表明,如果各级非正式部门联合会自身有足够的理由结成结合或联盟,并独立地与政府就联合会税收达成安排,那么有关税收的国家层面的谈判就能进行。相反,如果没有这种迫切需求,地方层面的谈判协商就更为有效。

---

① 在巴基斯坦,一名高级官员报告说,主要的全国运输联盟每年都想方设法接触行政机构(并不成功)以建立一种特定的安排,来向其成员征收联合会税收(Omar Masud,个人交流,2002年1月)。

② 2000年,加纳国家美容联合会瓦解,这给税收管理带来了很多问题,因为国内税务局(the Internal Revenue Service, IRS)只认这一个纳税机构。国内税务局禁止从中分裂出来的小派别(现在称作美容联盟)向其成员征纳税收,而且要求其成员每年都要报送收益文档。文档要求迄今一直是零星的。

8.6.5　税收—问责间的关联

税收安排在一定程度上能增强公民与国家之间的问责和响应（accountability and responsiveness），这个话题在本书其他地方已有讨论。我们的研究结果仅仅是关注具体的实证案例，那就是，在城市非正式部门实行推定所得税来增加收入，通过在纳税与服务回报之间建立具体的和有形的联系，看起来为加强问责提供了机会。

非正式部门经营者是自己选择从正式部门退出的，因而如果没有相应的利益，那就不可能自愿缴纳直接税。与间接税如销售税（尤其是增值税）相比，推定所得税为政府与非正式部门代表进行或多或少公开的谈判，提供了更多的机会。推定税围绕具体的非正式活动来协商，它允许区别对待美发业与街头商贩、小规模生产商。从可识别来源所获得的税收，可以用来换取相对更具体的利益。在对秘鲁的一项研究中，罗弗（Roever, 2005）发现街头商贩和非正式交通经营者并不反对地方政府征税，但他们反对缴了税却得不到相应的服务；当部分税收是用于为非正式部门提供一些服务时，城市摊贩还是愿意纳税的。在塞内加尔，国家工商联盟反对征收增值税，于是有人提议实行基于年度评估的一种类个人所得税，这样做可以简化对小公司征税并对小微型企业免税。在加纳，GPRTU成员愿意缴纳推定税以免遭骚扰，并获得适合他们需求的征收制度。对非正式部门中的大型公司来说，推定税的吸引力在于他们应缴的税收要比其按实际收入评估的税收少。① 因此，纯属偶然的是，最可能深入非正式活动并进行征税的工具——推定所得税，成了非正式部门喜欢的税收形式。正是通过这种税收工具，国家和纳税人之间才有可能建立起税收问责与响应间良好互动的桥梁。

8.7　结论

对城市非正式经济的讨论就到此结束。我们也许可以争论全球化进程以

---

① 在加纳，国内税务局废除与肉商联合会之间的协议安排，就是因为他们发现大型肉商尝试通过成为联合会的成员并支付推定税的形式来减少纳税义务。

第八章　联合会税收:对非正式部门征税的途径

及全球经济竞争对非正式经济发展不利影响的程度,但我们不会认为它将迅速萎缩。如果不要正式部门再去承担不成比例的税负,那么如何对非正式部门有效征税的问题就必须得到解答。然而,对该问题迄今仍很少有系统性的思考。我们尝试着从以下三个主要问题进行阐述,以便抛砖引玉。

首先,我们认为本文所说的联合会税收,或许是对城市非正式部门进行长期有效征税的良好路径。尽管我们并未发现如加纳那样的联合会税收的特别先例,但在19世纪的英国我们也发现了类似的情况,它当时长时期实行的是具有争议的直接所得税。在案例中的两个国家实行推定税并不足为奇,让人印象更深刻的是社会行为者(Societal actors)直接参与到了税收的评估、征收及政策建议等各个过程中来。正如邓顿(Daunton,2001:第7章)比较详细阐述的那样,在英国,非专业管理人员、估价员和征税者都参与到评估及征税过程中来,在某种程度上,他们都是从纳税阶层选举而来的,自己也是纳税人。"对所得税的管理主要依靠专业人员和非专业人员两者结合的管理制度,他们在促进一致行动和减少阻力方面起着至关重要的作用"(Daunton,2001:188)。"由于越来越复杂的税收体制运行良好,他们现在已不再依靠非专业估价员和征税人,而是更多地依靠税务局和纳税人的专业顾问——尤其是律师协会和注册会计师协会。"邓顿将这种关系称作"信任"或"互相支持"(Daunton,2001:200—201)。当然,在19世纪实行的对英国中上阶层的征税过程,相较于在当代贫穷国家对非正式部门小型经营者的征税过程,有很多不同之处,然而,两者间还是有相同的地方,那就是,如果正规的征税机构发现任务艰巨,他们就会选用私人商业承包商(即包税制)或直接放弃。在这里有好几种依靠现存的社会网络和机构,或者以此为基础来获得助益的方法。

其次,我们认为,推定所得税或许是通过联合会渠道向非正式部门征税的一种合适方式。推定所得税的征收形式,完全适合非正式企业的现金流模式,它也是有希望的类税收谈判工具(即协商以税收获取服务和政策影响力),这种税收形式能够让城市非正式部门为政府做出财政贡献。

再次,我们提出了一个从政治的(也因此是实践的)角度思考征收不同类型联合会税收的分析框架。其中的核心假设是:对非正式部门的持久征税,只有通过政府与有代表性的联合会之间的政治协商过程才能实现。当然,这一框架还需要更多的检验和完善，它主要关注以下三个方面：(a)政府面临的收入压力程度；(b)在非正式部门中联合会组成(associationalism)的程度与性质；(c)与国家机构互动的渠道。

最后，此处建议的对非正式部门征税的方式，与近年来重新设计税务部门组织的思考是一致的(McCarten，2005)。在过去二十多年，很多国家对税收管理机构实行了改革并逐渐带来组织形式的变化，从以前依据地点和税收类型(如销售税、财产税及所得税)设置机构，转变为依据纳税人类型设置组织机构(比如纳税大户、纳税中户、纳税小户等)(参阅本书第十章)。迄今为止，大多数贫困国家仍然采用一种做法，即建立大纳税户部(Large Taxpayer Units)来服务于为数不多的大公司"客户"(McCarten，2004)。然而，一旦依靠客户类型来组织税务机构，征收联合会税收的逻辑就很自然了。发展中国家的纳税人往往差异很大，而不同类型的纳税人就需要不同的对待方法。非正式部门作为最大一类纳税人，征税人员的触角还难以触及，因为作为大型的、正式的且相对封闭的官僚机构的人员，他们受限颇多。那么，在目前非正式部门成员与公共机构互动的渠道基础上再开拓税收潜力，不是很合理吗？

第九章　对制度能力与税收体制的再思考：以中华民国盐务稽核总所为例

朱莉叶·C.斯特劳斯(Julia C. Strauss)

9.1　引言

不管是在宏观层面的政治社会学和国家构建中,还是在微观层面的个人遵从或抵制方面,抑或是在宏微观之间,税收永远是政治学的核心问题,虽然它不受人喜欢,也无法避免。税收政策的制定本来就是一个政治过程,正是因为其政治性较强,我们才可以在此恰如其分地转化一句老话说:所谓政治,就是谁在付出什么？何时、何地以及如何付出？[①] 本章的基本观点是:税制的实践越是非政治化、"官僚化",税收的有关各方(即政治精英、纳税人和税收管理者)才更有可能取得合法化。国家税收征收的方式越具有合法性,国家本身就越有可能合法化。

由于"官僚政治"通常被视为与"税收"一样具有负面意义,我们需要在此做些说明。在我看来,"官僚政治"并不是指反应迟钝、不负责任的卡夫卡式的超现实制度、繁文缛节和第22条军规式的矛盾困境,尽管几乎所有的官僚体制都有可能而且有时确实产生这种后果。我只是简单地遵循韦伯的定义,他认为官僚制只是一种科层组织体系,该体系有如下内容:

- 上层负责制定决策,下层遵守;

[①] 作者在此处指的是美国政治学家拉斯维尔(1902~1977)在1936年出版的著作《政治学：谁得到什么？何时和如何得到？》(中译本由商务印书馆1992年出版)。——译者注

- 决策的制定需要依据客观规则；
- 基于技术和知识层面的决策往往要胜过个人偏好；
- 留下记录以提供制度性记忆；
- 实行正式且固定的工资制，让不正规的收费行为不再必要，并被认为是腐败行为；
- 在职者人身与职位明显分离。

官僚化过程当然有着消极面：根据斯科特（Scott）的观点，实际的国家行动简化了复杂的政策环境，以使其经得起客观规则的考验。[①] 那些"官僚制度"末端的接受者很可能被忽视（alienated），而那些凌驾于官僚制度之上的管理者往往拥有相应技术知识做出合适的决定。但是官僚体制要比其他形式的组织结构有更多真正的优势。官僚体制不崇尚个人权威，这样在时代更替及领导人更迭中，这种体制就可得以继续存在。它通过将规则制定标准化而进行简化，只要其政策仍在可以标准化且规则制定范围内，管理就能相对地直接、易操作。根据相同的规则体系对待外部"客户"，看起来最终比其他任何方式更为公平。事实上，很多发展中国家的一个关键问题，并不是这些国家过度官僚化，而是官僚化不足，不能将客观规则运用于所有人。在很多地方，安装空调的官僚办公室（官僚制及其主宰权威与领域的表现形式），它所能发挥的功能经常被"走廊上"一些现实的非正式活动削弱。在这里，因人而异、个人偏好、经常变化的处理方式，成为常规（Migdal，1988；Terray，1986）。我们可以将该比喻进一步延伸，也就是在所有发展中国家，都存在空间封闭的正规办公室，但是空调并不起作用，也许永远不会起作用。非正式形式及"走廊上"偶尔的微风，通常是解决问题唯一可行的方法，但接近通风口的机会是不均等的。在这里所做的决定，基本上是因申请者正好临近通风口位置的结果，甚至更糟糕的是，这些决定是决策者一时性起所做出的。从长远来看，对那些得不到或得到很少利益和照顾的人来说，这些决定看起来就不是很公平。运用客观而公正的规则，用同样的标准对待复杂多样的个体，就显得更为公平，并且从长远来讲，会给国家的合法性加分。

[①] 有关这些韦伯式规则的经典论述可以在 Gerth and Mills（1946：196—204，209—216）的著作中看到；James Scott 在其著作《国家的视角》中，从社会、生态和人力成本角度对官僚简化过程做了详尽阐述。

第九章 对制度能力与税收体制的再思考:以中华民国盐务稽核总所为例

相对于其他需要行为上改变的政策领域,比如教育、环境保护或健康问题,税收制度一旦建立,就很少受制于官僚化和非人格化的规则。这是由税收的"任务环境"和组织技术等内在特征决定的。① 不像教育问题(其长期结果难以衡量)和生活方式健康问题(需要个体行为的重要改变如戒烟等),税收管理涉及的是单位结果(unit outcomes),在原则上,这一单位结果在客观上可知晓、可计量、可量化并可分割。在这样的条件下,就其目标和实现方式达成一致协议本身是一个更为直接的过程。如果对将要进行成果衡量的单位进行标准化,就能从源头上减少政治斗争,缩小各个团体争议的范围。如果这些基本单位无法量化,或本身是整体性的,或者在价值上不一,那就很难达成一致。至少在理论上可以相对容易地设计一套基于公平的税制,它即使不能满足所有人但至少可以做到标准化。往往会有一个底线(获得的收入),可用来迅速确认一个组织是否具有效率(例如,收入与管理成本的比率)或效果(实现目标)。除了个体和企业要内化这样的规则即必须遵守政府的税收评估并配合纳税外,对纳税人而言还有一个最低的改变自己社会行为的需要。从某种程度上讲,让人惊奇的是,在运作良好的地方,个人在相当程度上已经能内化这一规则。在发达的工业化国家,我们已不习惯将国家看作组织化的暴力与强制。然而,年复一年,我们一边叹息一边或多或少地主动将 1/3~1/2 的收入上缴。与警察、安保和军队等这些明显的国家强制性要素相比,税收所包含的国家强制性质是隐含的,以经常的、有规律的且持续的形式,出现在我们的生活当中。在宽泛的社会意义上的官僚化(即以一年为周期出现的一套可预期的程序),看起来大大有助于纳税人将自己的服从与行为广泛地内化。

尽管组织技术和任务环境所具有的优点,让税收至少可以相对容易地官僚化和客观化,但在发展中国家,税制的实际运行却不容易。在很多地方,用于税收评估和税收征集的经费不足,税收逃逸现象频繁,腐败和渎职行为随处可见。实际上,在很多地方,税务官员在国家行政人员中是最可憎可怕的,这不仅因为税收征收所固有的强制性,也因为征税行为常常任意且方式特别(参阅本书第四章和第五章)。

---

① "任务环境"这一概念对组织功能的重要性援引于汤普森(Thompson, 1967)的著作,决策的"官僚"形式(目标和达成目标的方法都得到同意)被认为是"计划好的"(programmed)决策行为。

195

发展中国家的税收与国家构建

　　在此我们试举一例。在历史延续性令人惊异的中国,在过去一百多年里发生了巨大的制度变迁。出于意识形态和现实情况的考虑,在中国基本的土地税一直刻意地保持在较低的水平,在实践中,基本土地税的征收管理是很难的;并且从历史上看,在中国,很多治国理念倡导贤能政府应该在农业歉收和自然灾害时期减轻甚至免除税收。在帝国末期及随后的民国统治时期(1911～1949年),情况就是如此;到中华人民共和国(1949～1978年)它仍被奉为正确的政策,其逻辑过程直到现在才结束。中央政府决定土地税逐渐淡出。这样的基本土地税,按道理很少会引起政治精英的担忧和纳税者的抗议,当然保持低税率的基本土地税也几乎不能成为中国实现现代化和发展的基础。不过,地方政府为了填补资金缺口而在基本土地税基础上征收的各种各样的摊派和杂税,却成为民众抗议的导火索,并让中央政策制定者夜不能眠(Bernstein and Lü,2003)。[①] 在惊人的、沉重的历史延续中,地方政府官员不规范、缺少监督的征税行为泛滥,成为下层民众抗议的导火索,并发展为上层领导一再忧虑要解决的问题(如特别权益、临时资金安排、监管与审计职能薄弱以及无规则掠夺等)。在帝国末、民国及当代改革阶段,情况都是如此。[②] 例如,在20世纪90年代末,对广西壮族自治区的一项调查表明:一些经济拮据的县对林产品征收7～19种不同的费用,占实际产值的30%～50%。作者悲观地指出,这些结果既破坏了地方经济发展,其具体操作也非常不公平,因为最无力的人却要缴纳最多的额外税费(Li Mingfeng,1999:58－59,62)。当然,李明凤(Li Mingfeng)避免使用"抗税"一词,因为该词暗含着合法抗争之意。用来修饰的一个词"破坏社会稳定",清楚地说明这一现象对乡村中国政府合法性的潜在威胁。

　　税收、国内外安全以及外交等,是一个国家的核心要素。但是税收有所不同,它是赋予国家构建其他方面能力的关键助推器(enabler)——如果一个国家没有收入流进来,它就难以通过事先规划而有所作为;与此同时,税收还是反映一个国家制度能力的晴雨表(一个粗略的指标)。一般而言,实力强大且

[①] 有关预算外收入的动态增长的最好描述,请参阅C.Wong(1997,1998)。
[②] 对民国和新中国改革开放时期地方政府的税收反应之比较,其典型案例请参阅雷米克(Remick,2004)。他的观点并不表明,民国时期和改革开放阶段有体制上的历史延续性;他想说明的是,上层管理者资金不足、监管审计能力薄弱等这些结构的相似性,带来了不同时期相同的结果。

第九章　对制度能力与税收体制的再思考:以中华民国盐务稽核总所为例

前瞻性强的国家,其财政收入能力也强,它们通过组合的方式来获得收入,如征税、从公共企业获取非税收入(如 19 世纪的普鲁士)、以税收或非税收入为抵押通过金融机构向其民众低价借款(如 17 世纪的荷兰和 18 世纪的英国)等。然而,当代很多发展中国家既不是高效的税收国家也非财政国家,日本、韩国、新加坡、中国台湾以及马来西亚等国家/地区很可能属于例外。更为普遍的情况是像喀麦隆、埃及、尼日利亚和乌兹别克斯坦等国家,它们的官僚自主性和征税能力非常有限。这些国家面临国家构建的一个基本困境:当现存的财政和管理基础不足时,如何发展国家的制度能力。很明显,第一个迫切的需求就是将注意力转向加强税收体制。但这里又有一个负面的循环路径:由于国家制度能力问题而导致基础条件薄弱和税收获得能力低下,这又导致了收入来源不稳定、获得高税收收入不可能,反过来又在很大程度上影响国家构建和关键的社会规划。在这种鸡与蛋的模式中,薄弱的税收体制提供了一个基础的环境;在这个环境下,一些特别的、不受监管的、掠夺成性的地方政府官员,被收买的地方精英以及实质上的包税制等,非常盛行。这种结果在地方层次上来看基本合法,但从根本上来看又是非法的,或者既有合法因素也兼具非法成分。然而,不管在地方层面上如何看待这些税收,这样的税收模式很难让整个税收体制(最后就是国家本身)变为受规则束缚的、更客观的、更合乎规律的体制。总而言之,发展中国家整体上需要一个相对有效的税收体制,以促进国家制度的构建和其合法性的提升。一个相对客观的、官僚化的体制是解决这些税收问题的关键。然而,在很多发展中国家,税制中制度薄弱、官僚化不足,表明税收乃至整个国家在正规化和官僚化方面存在弱点,而且还使这些弱点进一步持续下去。

不过,有些税收组织已经做出努力来解决上述制度建设方面的困境。中华民国盐务稽核总所(the Sino-Forein Salt Inspectorate)就是这种组织,它从 1913 年开始运行,中间虽几易其名但一直到 1949 年才终止。它挤进了民国初期复杂而分裂的盐税体制中,其所采用的策略很有意义,在近一个世纪后仍有很好的启迪作用。盐务稽核总所自觉地采取了一套严格的官僚组织制度以应对恶劣的环境,并用官僚化、程序性方法实现了其目标。它良好的表现和不俗的成绩反过来能让其"买到"继续存在下去的机会,并事实上能自主运行而不管运行环境的压力重重。在此期间,它先是被军阀掠夺,后被国民政府接管,最后又并入新政府统治下的财政部。

本章第9.2节将对盐务稽核总所进行历史回顾。在9.3节,我将对有助于促进专业化盐税管理的一些因素进行分析。9.4节将探讨盐税管理是如何在非常不利的政治环境中得以幸存这一问题。9.5节是本章结论。

9.2 体制构建困境:1913～1937年的盐务稽核总所

从历史上来看,中国国家的财政基础是土地税,但由于各种原因,土地税却并不能满足建设现代化军事、教育体制、交通运输体制和工业的需求,也无法弥补1900年义和团运动后,外国列强对中国造成的惩罚性损害。首先,一种不受挑战的理想治国方略教导说,要保持低税率土地税以展示君主的胸襟和美德。其次,进行实际的地籍测量难度较大,因而事实上无法得到精确的土地占有记录。[①] 再次,事实上的帝国官僚与文人雅士间的合作关系,意味着在实践中地方精英其实能够避开税收清缴。从19世纪中期开始,政府开始实施一系列的特别税收,主要是对国内货物运输征收"厘金"税,以筹集资金镇压太平天国运动(1851～1864年)。太平天国运动结束后,这些税收由有势力的地区总督来征收,他们向中央政府请示要求用这样的税收进行现代化建设。这样一来,非正式的次级官吏开始在各个省份扩展。尽管这些官吏不算非法,但他们并非中国政府正式体制结构的一部分,因而也不在中央政府的审查和监管范围之内;与普通官僚体制中那些什么都管的官员不同,他们不受禁止在家乡省份工作的规则约束(Morrisson,1959)。

通商条约签订后兴起的口岸,带来了国际贸易的开端及工业的发展,并由此创造了一个虽小但充满活力、日益发展的高度集中的经济部门。从理论上来讲,这一部门是可以征税的。正如很多发展中国家的情况,民国时期国家税收努力的方向,主要集中在城市开放口岸和新兴的工商业经济体上。从清朝的衰落再到国民党统治时期,中国既没有一个可靠的中央政府机构在各省征税,也没有在乡村地区唤起民众进行精确的地籍调查,或采用更公平、更统

[①] 最新的地籍调查是在16世纪中期的明代进行的。

第九章　对制度能力与税收体制的再思考：以中华民国盐务稽核总所为例

一的税收体制(Rawski,1989)。

然而,在20世纪早期,中国的盐税体制所处的"税收环境",与营业税、消费税以及印花税等相当不同。几百年来,政府就一直以各种形式征收盐税。盐税不像现代商业部门那么容易征税,因为盐业生产往往分散于偏僻荒凉的不毛之地。就像帝国征收的各项税收一样,大清帝国晚期的盐税体制管理往往充满了特例、免税及习惯性特权等现象。不同的征税形式同时存在,有的征收于拥有特权的盐运输业,有些征税于被政府赋予零售特权的盐商,还有的在盐产地进行一次性征税。每一个制盐场所都面临不同的税收体制与习惯性做法,但官方在称重、盐运输及销售等环节实行的多重征税是基本相同的,这样就带来了完全不同而在大多数情况下又是累退的税率。内地贫困地区往往税赋最重,而商业发达的富裕沿海地区税赋最轻。有时,盐税还会被声名狼藉地"漏掉"。很多时候盐税的诸多附加税,在各地也不一致,在多数地区烟叶还受到准军事化的"盐警"管理。这些盐警的工资不高而且不能按时支付,所以盐警的主要收入来源是获得贿赂,因此他们对本应该阻止的盐业走私睁一只眼闭一只眼(Adshead,1970:20—38)。盐业体制的改革者早在20世纪即将到来时,就敏锐地关注到了这些问题。但是,除了在1912年设立了装点门面、管理无效的中央盐税办公室(盐务署)之外,就没有任何实质性的体制性改革。民国时期的政府本就弱势,在乡村地区没有实质性的权力。在1916～1928年军阀混战时期,它无助地控制着政治上四分五裂的国家。可想而知,当时的税收体制问题重重,对构建有效的管理体制没有什么帮助。

尽管用来论证的语言不同,但中国进行盐税体制改革的动力,与现今国际货币基金组织(IMF)资助结构调整计划和制度构建项目的动力是相似的。另外,组织机构也非常相似,即建立一个类似于在当今发展中国家也有的那种半自主性收入机构(ARAs)(参阅第十章)。① 在1913年,当时的民国政府强人袁世凯希望与国外财团签订长期借款协议,偿还即将到期债务以免违约。他这样做的主要目标是增加一大笔借款来建设军队,压制南方的分裂活动。在谈判中,要点是与外国银行财团[即盐务稽核总所所称的"银行集团"(The

---

① 有关半自主性收入机构以及它们的优势,请参阅Talierco(2004),对这类收入组织机构更全面的介绍,请参阅Moore and Schneide(2004:22—26)。

Group Banks)]签订备受质疑的善后大借款,款项中大部分债务实际上继承自刚被推翻的清帝国政府。袁世凯得到了总额2 500万英镑的资金,而银行集团要求有贷款保证。中国海关总税务司一直是中央政府硬通货的主要来源,但其收入已经全部抵押出去。于是银行集团就转向了盐税,希望建立一个新的组织机构即盐务稽核总所来征税,并负责向国外债权人移交资金。

盐务稽核总所在组织上显得有些殖民色彩,并有点异样。一个英国人,理查德·丁恩爵士(Sir Richard Dane)加入了盐务稽核总所的筹建工作,可他一点中文都不会讲。他的职业事业起步于印度的文职部门,在那里他主管印度的消费税和盐税。盐务稽核总所在很多偏远地区设立了办事处,管理者既有中国人也有外国人,他们的权力相当。在该组织中,外国人不只是扮演顾问的角色,实际上,他们处于真正的决策管理层。理所当然地,这种怪异组织的设立,与当时正逐渐兴起的民族主义和反帝国主义思潮完全格格不入。但是在20世纪初期,这样的制度安排实际上随处可见。从19世纪中期开始,后来成为国民党海关管理部门的海关总税务司,就一直是中外管理者共同掌管,盐务稽核总所的管理模式就是直接从它模仿而来的。海关总税务司的管理模式,又是复制于19世纪初期的印度国民事务局(the Indian Civil Service)。法国人建立的中国邮政服务部门,也有着相似的组织结构。这与当时在另外两个尚未殖民化的大国土耳其与波斯的管理情况也极为相似。盐务稽核总所就是在当时设立的最后一个中外合作管理机构。

从其成立之初,该稽核总所在政治上就不合时宜。自1913年该机构设立起,它就成为民族主义者各派系和袁世凯的政治对手们的众矢之的。至20世纪20年代早期,它日益成为民族主义的政治攻击目标。1927~1928年间,革命的国民党掌权,它所做的第一件事情就是废除盐务稽核总所,同时还废除了海关总税务司以及独立的邮政局。尽管这些确属真正的内政,应由中国政府决定,但由于外国政府对这一剥夺帝国特权的行为进行了严重的干涉,盐务稽核总所还是保存了下来。盐务稽核总所一方面要应对政治压力,一方面又要完成征税的任务,在这样极其不利的环境下,它还是取得了成功发展。在1910~1920年军阀混战时期,盐务稽核总所成为为数不多的由各省向中央政府解缴资金的组织机构。从其成立之初直到20世纪20年代,它就一直在连

第九章 对制度能力与税收体制的再思考：以中华民国盐务稽核总所为例

续不断的国内战争中寻求发展，并成功应对了1927～1928年国民党政府表现出来的巨大敌意。1928年，盐务稽核总所被解散，然后在新的国民党政府财政部的名义管理下，得以再建并成功地融入新政府，它后来成为国民政府财政的第二支柱，并在20世纪30年代，成为国民党政府财政部改革者为其他部门树立的新税制典范。后来，该机构在抗日战争期间逐渐衰落，此时国民政府几乎各机构都普遍瘫痪。但也正是在这段时期，各政府机构的员工却至少增加了4倍，很多机构都迅速招聘了大量受过断断续续教育且社会经验不足的年轻员工。

我们需要分析并解释一下盐务稽核总所取得意外成功的原因，尤其是为什么能在下面的条件下成功：成立之初在政治上就不合时宜，后来又一直受到政府内外民族主义者的敌视，并能在大部分政府机构（尤其是税收机构）办事效率低下、充斥腐败现象的这样一个政治环境下运作。那么，它这种出乎人意料的成功，秘诀到底是什么？一百年之后的今天，对我们有何种启示（如果有的话）？我们可以至少分析并得出以下两个"经验"。

● 建立并保存机构自己的内在统一性（主要通过"封闭策略"）的需要；
● 同时发动导向外部的"目标实现策略"（strategies of goal achievement）的价值。

如果盐务稽核总所没有把自己隔离于充满敌意的环境之外并减缓这一环境带来的影响，那么在特权阶级的压力和家族势力的冲击下，也许尚未运行它就失败了，正如民国初期建立的盐税管理局一样。鉴于大部分盐务稽核所处于复杂不利的环境中，如果不付出一定的代价，它就无法实现其内部"封闭策略"，就会被收买。一旦一个机构可以用客观且无可置疑的方式显示，它能够有效地完成盐税征收任务时，它就更有可能获得支持者和潜在反对者的理解和支持，这其中包括最初的银行集团、后来的军阀以及最终国民党政府本身。

表9.1和表9.2展示了稽核总所征收的净税收收入。表9.1主要包含的是1913～1927年的数据，在这段时间稽核总所直接向银行集团存入供还贷的资金，如果有盈余就将资金转交给北京政府，而不管北京政府由谁当权。表9.2反映的是"南京十年"的收入状况，在当时国民党政府致力于恢复中央政

府,但因 1937 年抗日战争的爆发而迅速中止。这两个表格都表明盐务稽核总所在征税方面是何等的成功,同时表 9.2 也反映了盐税对国民政府收入的重要性。[①] 当盐务稽核总所在 1913 年成立时,没有人能够想象它后来会有那么成功。从 1914 年盐务稽核总所正式全面运行起,税收稳步增加,这种状况一直持续到 1922 年。但当内战加剧时,军阀控制了(盐务稽核总所的)地方机构及收入时,收入便开始波动并有下降趋势。1926 年,国民革命军在北伐战争中获得胜利,国家重新统一,很多稽核总所的办事处也因此被关闭。

表 9.1　　　　　　盐务稽核总所税收净收入(1913～1927 年)

年　份	税收净收入(百万标准银元)
1913	12
1914	60
1915	69
1916	72
1917	71
1918	81
1919	81
1920	79
1921	78
1922	86
1923	80
1924	71
1925	74
1926	64
1927	58

资料来源:P.T.Chen(1935～1936:1,298)。

[①] 不幸的是,我们无法得到 1913～1927 年期间盐税收入在总的中央政府收入中所占的可靠比例。这段时期是北京中央政府与地方各省就国家组织机构和税收进行激烈争论的时期。1911 年,清王朝被推翻,很多省份不再向中央政府上缴税收。除了 1914 年一段短暂时期外,中央政府对各省的资金流动情况无力干预。在 1916 年袁世凯去世之后,国家逐渐陷入了军阀割据时代,除了从外国顾问主导下的事实上独立的机构获取一些关税及盐税外,中央政府几乎没有任何收入。

表9.2反映了如果按其收入来衡量,盐务稽核总所在最初被关闭之后,又在国民政府财政部支持下的重建是多么成功。在南京十年期间,税收收入继续攀升,尽管应税基数有所减少:在日本入侵东北三省并于1931~1932年建立伪满洲国时,一些重要的制盐所纷纷关闭。收入增长额的一部分来自于因中央政府的压力而提高了税率,但管理机构的整顿也有帮助,如均平关税与行政瘦身。当代一些观察家同意,和其他当代国家机构的管理成本相比,盐务督察所的管理成本不算高。尽管如此,在20世纪30年代初期,迫于国民政府的压力,它从管理成本中,硬是额外挤出了6%作为收入上缴,这部分收入用现在的话来说应该称为增效收益(Strauss,1998:90)。

表9.2　国民政府统治时期盐务稽核总所征收的收入(1928~1937年)

年份	征税的盐(百万担*)	征收的税收(百万标准银元)	税收占中央收入的%
1928	53	54	n/a
1929	61	61	12
1930	42	42	27
1931	44	44	28
1932	48	48	23
1933	47	47	27
1934	45	45	27
1935	53	53	26
1936	49	49	30
1937	43	43	26

注:*担是一种重量单位,用来描述谷物、鸦片和盐的重量,一担大约等于52公斤。
资料来源:Changqing Ding等(1990:218-219)。

9.3　盐务督察所的机构设置及其内部封闭策略

"内部封闭策略"与"外部目标实现策略"结合,听起来很好,但在实践中,两者都不是自然形成的;两者都得之不易,相互依赖又相互增强。如果没有自我封闭和良好的专业员工,稽核总所就无法向其支持者即民国早期的银行集团以及南京十年（1927～1937年）的国民政府展示出其高效有力的办事风格。通过研究自主收入机构（ARAs）的文献，我们可以理解一定程度的员工封闭与组织自治是治理机构办事低效、腐败成风的一剂良药，但没能引起我们足够重视的是，外部的、可衡量的目标实现策略和内部封闭策略一样，都是制度构建的重要组成部分。事实上独立的管理机构，尤其是强势的外国人主导再加上工资高于基本水平，往往会引起别处官僚的注意并引起不满。很自然，这些管理机构自然会令民族主义者讨厌，并会引出政治责任和忠诚性等严肃问题。如果与其他这一领域同时期或之前的税收机构相比，不能显示出其办事效率（更多的税收收入入账）以及高效能（减少管理成本），那么盐务稽核总所（20世纪初期）或者类似的自主收入管理机构就很容易受到政治上的攻击。这就将我们带回到这样一个问题：既然自我封闭策略和目标实现策略关系紧密，那么到底这两种策略是什么？在民国面临困难的政治时期，盐务稽核总所是如何实现这两个策略的呢？

简单的一个回答就是，通过同时运用内部封闭策略和外部目标实现策略，进行前后逻辑一致的官僚化过程：在管理中去除个人色彩，简化和标准化征税程序，尽力通过自由市场让税率趋于合理，并实行单一环节征税政策，即"就场征税"后自由交易。上述组织使命、管理结构和管理计划融合在一起，于第一阶段取得了巨大的成功，而这又多亏了盐务稽核总所第一任总督察理查德·丁恩非凡的视野和杰出的管理才能。他在印度公职部门已经拥有相似的职位，主要负责消费税及盐税，他不仅熟知如何着手建设一个实际可行且没有腐败的盐税管理机构，也深谙权术之道，以及在必要时采取强硬手段。在盐务稽核总所成立之初，丁恩接管时，诸如资金的控制直至将其转账给银行集团等细节还没有制定出来，此时没有人能够预测到盐务稽核总所是如此高效的征税机构，它居然能在每年上缴完"善后大借款"的款项之后还有盈余。丁恩敏锐地掌握了稽核总所的这些功能，之后该稽核总所的中央办公室就一直控制着这些税收资金，直到将钱支付给银行集团。在1914年，稽核总所做出一个规定，盐税所有的盈余都应上交给当时执政的中央政府。在这样的早期将官僚机构企业化（bureaucratic entrepreneurialism）至关重要，因为它为组织机构提供了封闭自我以及为员工提供各类高额福利报酬的方法。正是丁恩为盐务

第九章　对制度能力与税收体制的再思考:以中华民国盐务稽核总所为例

稽核总所的机构理念打下了坚实的基础,他所提倡的一些理念发展为后来的"十四条规则",这些规则包括以下几种:围绕行政事务规范而推行的机构完全独立与封闭;用一套集中的机构所制定的(低而可行)税收标准来替代各类政府及盐商对生产、销售及运输的垄断;所有的时候都要向外界展示自己是一个办事高效的管理机构这一形象。这一点至关重要,因为在其成立之初,盐务稽核总所就有一个潜在的竞争对手盐务署。在1913年,盐务署就是当时中央政府的一部分,目的是通过建立监督管理机构来监督所有的盐税。如果盐务署有规划能力、能得到资金,或者有盐务稽核总所这样的视野的话,那么它就可能成为盐务政策方面的主要对手。然而,盐务署从一开始就充满关系、办事效率低下。事实上,它唯一的优势在于向民族主义者表明,该机构没有任何外国管理者(Strauss,1998:75—78)。

在盐务稽核总所成立后最初关键的几年里,丁恩的个性素养与政策偏好已隐约可见。我们不能低估他个人的持久影响,但与此同时,我们也要注意到早期顶层领导的强大管理能力并非稽核总所成功的关键因素。丁恩在稽核总所任总督的时间也就是前四年,他之后又有很多无名和不突出的人士接任管理岗位。不过,正是丁恩坚持内部封闭管理与外部目标实现相结合的清晰的管理策略,一旦树立就能让他以及其他能力较低的管理者保持下去。盐务稽核总所的使命和理念的核心,就是完全坚持韦伯式的去除个人色彩及理性主义,这是帮助盐务稽核所能顺利度过抗日战争(1937~1945年)时间的首要的原则。

从这个意义上来讲,对那些为之努力的人而言,官僚化并非总是一种干巴巴的、令人疏远的行为。相反,它能鼓舞人心,是承载能让人追求的积极规范。有证据表明,盐务稽核总所的员工具有很强的身份认同感,即使在离岗后多年,他们依然记得稽核总所的好。正是丁恩和其他管理者一致认可的稽核总所的"强烈的政务传统",才使得其员工具有高度的忠诚。那些曾为稽核总所工作过的员工,在写政策文件以及回顾近期历史时,都有这种感受。对稽核总所而言,其机构诚信的核心价值、封闭管理策略及目标实现管理策略的关键理念,在于其从成立之初就创造并一直保持下去的独立的政务体制。这一体制包括内部的级别考核、业绩评比、招聘及晋升标准等规则,这些规则受到高水平的薪资级别及丰厚的福利政策支持,而这种薪资与福利又远远超出当时为中国政府服务的其他部门(海关税务司除外)员工的水平。稽核总所建立并得以维持的政策核心是,员工办事公正、行为廉洁。从1913年成立到20世纪30年代,盐务稽核总所就一直以高工资及独立的政务体制而著称。后来,在财政部新的政治领导者管理下,外籍的地区总督非常担心"鲜明的政务传统"整体会受到弱化,尤其害怕他们的地位会受到威胁(参阅 J.D. Croome 1939 年的报告,后文简称"Croome 报告")。即使又过了50年,中国台湾地区的受访者仍然表达出他们对稽核总所政务和人事体制的怀念之情。他们谈到,和当时其他类似机构相比,稽核总所的管理是多么的先进,对未来的预见是多么高明[1]。

盐务稽核总所独立的政务体系为地方官员呈现了完整的职业和生活方式。在其成立之时,它就从一般政府部门中脱离出来,同时通过奖励有资历的员工来维持员工稳定性和较低的流动率。稽核总所的工资级别(尤其是该机构的中等收入者)和其他一般政府机构的工资相比,要高很多。实际上,粗略看一看其工资级别,我们就会发现盐务稽核总所和其他一般国民政府差别不是很大:双方起始工资和最高工资基本一致。但是这些起始工资和最高工资的相似掩盖了两种工资体系的巨大差异,这些差异体现在员工是如何经由各等级而逐渐提升的。与国民政府一般的人事体系相比,盐务稽核总所人事体系等级较少,在六个级别中,只有三到四个等级。一般而言,不同级别的晋升虽然比较缓慢,但是仍有希望,并且如果地方管理机构有空缺,就会直接晋级。这一点在一般政府机构中根本不可能,它只有三种不同的级别,每一级别又有很多等级;同时,从"委任"晋升到"荐任"职位,有巨大的"瓶颈",在"荐任"和"选任"级别,同样有小的"瓶颈",级别晋升体系的严格配额设定在10%(见表9.3)。

表9.3　　　　国民政府与盐务稽核总所人事分类与工资级别比较

国民政府			盐务稽核总所		
级别	等级	月工资(元)	级别	等级	月工资(元)
特任("特别"任命)		800	A	a	800

---

[1] 参加访谈的人士有 Chen Guisheng(台北,1989年1月16日)、Lin Jiyong(台南,1989年1月24日)、Zhong Liangzhe(台北,1989年1月20日)、Zhou Weiliang(台南,1989年1月23日)。

第九章　对制度能力与税收体制的再思考:以中华民国盐务稽核总所为例

续表

国民政府			盐务稽核总所		
级别	等级	月工资(元)	级别	等级	月工资(元)
荐任("推荐"任命)				b	750
				c	700
	1	680		d	650
	2			e	600
	3	600			
	4	560	B	a	550
	5	520		b	500
	6	490		c	450
	7	460		d	400
	8	430			
委任("委派"任命)	1	200	C	a	350
	2	180		b	300
	3	160		c	250
	4	140			
	5	130	D	a	220
	6	120		b	200
	7	110		c	175
	8	100			
	9	90	E	a	160
	10	85		b	140
	11	80		c	120
	12	75			
	13	70	F	a	100
	14	65		b	85
	15	60		c	70
	16	50		d	60
				e	50
				f	40

来源:改编自 Kwei Chungshu(1936)及盐务人事规则。未出版的小册子。中国台湾:"财政部"(c.1950)。

207

与一般政府里同级别的员工相比,盐务稽核总所的员工如果不换工作,就可以抱有定期涨工资的希望,或至少可以类似常规性的晋升。中方员工只有一种办法可以进入盐务稽核总所工作,即参加公务员考试,并从基层干起。①在考试结束后,成绩合格者需要进行三个月的盐政管理培训,之后参加一个分级考试,然后他们才可以得到一个最低的空缺职位。当然,员工想要从最低岗位升上去,也有内部考试晋升渠道。之后,晋升速度就大大减慢,因为要晋升就得有岗位空缺;不过与一般的政府管理机构相比,它没有固定的晋升限额。在同一级别内,禁止等级跳升。如果能力一致时,就需要进行年度考察,而资历往往是决定晋升的关键因素。当然,在最开始,只有极少外国人可以应聘到机构高层监督岗位,但即使是他们,想要晋升也需要多年的服务。他们像机构中大部分中国员工一样,一般会在盐务稽核总所工作一生。但这样的稳定且连续的管理方式也有其不足之处:毫无疑问,那些能力很强,抱负远大的员工要爬到最高职位,需要等待好长时间,这令他们沮丧之极。当时,人们甚至认为盐务稽核总所缺乏"向前看的精神"(Strauss,1998:70—72)。

不过,尽管入门太难,晋升也不易,但盐务稽核总所的福利要比其他任何同期同类部门都要好。在职员工每达到七年服务期就能享受一次较长的"年假",平时还有探亲假、病假及养老金。②像很多地方组织机构一样,盐务稽核总所实行员工频繁流动制,中高级员工不能在同一个地方工作超过五年以上,即使是同一地区的文秘人员和后勤人员,也必须在不同的办公室频繁轮换,担任不同的工作。

在盐务稽核总所,与丰厚福利等正激励因素匹配的,是严格的纪律。该所内部封闭管理策略的目的,是为员工提供一个环境,能让他们努力工作、遵守规章制度、防止腐败堕落。这就意味着,如果有腐败的苗头或不当的影响,甚至执行任务时有偏袒,就会导致立即受到制裁,如行政警告或记大过。如果有明显的腐败表现,就直接将其开除,不管他的职位有多高。③尽管对那些雄心

---

① 相反,外国人则可以通过公开招聘,从地区助理督察职位开始干起。
② 50年之后,中国台湾一名受访的当年员工回忆到当时年假有多棒,非常希望这种福利在1949年之后一直能保持下去。
③ 在我得到的1914年至20世纪30年代185位员工的个人档案中,总共有14件解雇案例。其中大多数员工都处于较低阶层,他们在称重和税收评估过程中有腐败现象。但有一名被开除员工已经到了地区助理督察的级别,十名员工在该机构工作超过10年以上,还有一名因其杰出的工作获得表彰。该机构有着严格的规章制度,全体员工都必须认真遵守。更多详细资料请参阅斯特劳斯(1998:72—73,30)。

第九章　对制度能力与税收体制的再思考：以中华民国盐务稽核总所为例

勃勃的员工来说，这是一个保守且论资排辈的机构，令他们失望，但还是有很多员工尽职尽责、能力超强，甚至甘于为其奉献终生，不管是内战时期还是外国入侵阶段，都是如此。

尽管盐务稽核总所一直倡导的"有效的政务"源自印度公务系统模式，并基于公平高效原则，但这些理念对当时所处的社会环境产生强烈的影响。"对有才华者开放的职业"，通过公开的公务员考试而获得工作，以及官员要诚实正直等这些理念都深刻融入到了制度规范中，而这一直是过去两千多年来中国传统政治文化的重要组成部分及治国方略。实际上，这些理念合情合理，原本就存在于中国正统文化中，以致成为几百年来联系（精英）社会与帝国国家的纽带（Elman，1991，2000）。在20世纪初期的中国，政治体制环境支离破碎，这些标准规范并没有被遗忘，大多数政府机构缺乏的是将其变为现实的做法。盐务稽核总所特别强调的中立的政务体系，就是基于普遍的准则。它所拥有一套能引起整个社会强烈共鸣的规范作为组织的核心，自然没有什么坏处，在1927年之后该规范仍引起已与其达成和解的政治精英们的反响。盐务稽核总所所独有的正直、中立的政务原则，与更为广泛的政治文化规范不谋而合，同时体现和反映了善治的特征。尽管民族主义者极端抵制盐务稽核总所的存在，但它倡导的去个人色彩的政务理念和实践确保了盐务稽核总所在1927年之后能继续存在并发挥影响。

盐务稽核总所另外一个成功的支柱就是它能"运输货物"。它不仅仅能够给银行集团上缴款项，也能每年为中国衰落的名义上的全国政府提供一些意想不到的资金。即使在20世纪30年代，国民政府对其进行短期束缚后，盐务稽核总所仍然能够幸存并发展起来。它成功的部分原因在于丁恩在任时，行事和定位都围绕其十分有益而又高度精炼的"十四条原则"进行。另外一部分原因是稽核总所一直完全坚持管理的去个人化，并将其与盐税的可区分性及可计量的特点恰当结合起来。对盐这类商品进行征税，完全可以实行标准化的计量，一般是重量和金额。因此，会计账单非常直接明了，在特定时期所征收的税收数额清楚，如果税收数额有问题也容易找出原因。稽核总所要完成有限的核心任务并不容易，在征税过程中，有时会遭遇重重阻力，有些人会故意拖延，稽核总所还得不到政治上的支持，有时在偏远地区征税，还会遇到强盗拿枪指着脑门抢劫。但是基本的任务需求,如对盐税环境的控制,避开盐商和其他盐税征集机构的竞争,将征税过程和税率合理化及简化等,有着易于操作的优点,在具体的实施过程中可进可退。成功的项目能够随时监控,如果条件允许,可以迅速复制到其他地区。由于任务可以分开,可以具体计量,涉及的关键技术也非常具体,因此,如果遇到个别军阀的侵略,甚至在丢失整个地区(如1931年丢失整个东北)的情况下,也能对其进行有效管理。可分性、可计量性及独特性,让盐务稽核总所能够非常客观公正地制定规则。客观的官僚化标准,不但适用于内部的封闭管理,还应用于外部的目标达成的过程管理。而且,通过集中化、标准化和规则运用,外部目标本身就可以自然达成。

9.4 1927年之后在严酷环境中艰难维持的盐务稽核总所

在1927年,盐务稽核总所遭受严重的打击,这个打击足以让其永远关闭,那就是新上台的激进的国民党政府决定将其撤销。然而,1928年,盐务稽核总所(1928年以后,盐务稽核总所几易其名,为表述方便,后文仍使用旧名——译者注)在国民党政府统治下又迅速恢复,直至1938年。在这一时期多变的政治环境中,它一直在扩大着自己的影响。不足为奇的是,与当时其他一些大型的独立税收机构如海关总税务司一样,盐务稽核总所受到较多的限制,它一方面受到财政部的管辖,另一方面又奇怪地拥有半自主管理的正式地位。[①] 最重要的是,它可以保留独立的政务管理体系核心,如独立的人事分级、入职考试、较高的工资级别等,并保留了中外不同国籍的地区督察在地位上的相同。不过,它对善后大借款实际还款的责任被财政部接管。

然而,随着国民政府掌权,盐务稽核总所确实处于一个更加不利的政治地位。[②] 由于外国人多数处于上层管理岗位,加上其独立的人事体系,因而导致

[①] 国民政府甚至为盐务稽核总所正式定名。财政部之下的"常规"部门叫作司;半自主机构如海关总税务司和盐务稽核总所等可以保留它们自己的人事体制和工资级别,它们被正式命名为署,其含义就是可以有大量的自主权。在1928年,盐务稽核总所变成了盐稽署,隶属于财政部。然后,作为财政机构重组的一部分,在1936年,它再次更名为盐务总局,它也正式吸收了曾经的竞争对手盐务司。

[②] 尽管国民政府名义上是以分权体制为特征,有着同级最高政府机构(如行政机关、立法机构、司法机构和考试院),其真正的权力主要集中在行政院和国民政府军事委员会管理下的一部分部门。一些力量薄弱的机构如立法院、监察院和考试院等对盐务稽核总所进行攻击,这就清楚地表明了在1927年之后,盐务稽核总所政治上非常脆弱。

第九章　对制度能力与税收体制的再思考:以中华民国盐务稽核总所为例

许多人怨气冲天,管理压力增大,甚至会引起直接攻击。立法院("橡皮图章式"的议会)(随声附和)中的国民党籍立法委员及监察院成员发现,在该机构中有很强的外国帝国主义列强的元素,政府的其他部门,尤其是考试院的官僚理想主义者们被盐务稽核总所所激怒,因为他们反对在整个政府机构强制推行唯一一套官僚阶层分类与定级标准体系。财政部中那些盐务稽核总所的直接管理者的态度有些矛盾,因为他们"既想利用盐务稽核总所,又希望控制它"(Strauss,1998:93)。一方面,人们发自肺腑地钦佩盐务稽核总所能在长期艰苦的状况下获得一些成就,但另一方面人们又很愤恨外国人也能参与到税收管理中来,并与中国管理者一样享有相同的管理权,再加上与一般的公务员相比,他们的工资很高,这都让人非常不满。在20世纪30年代,这种矛盾最终导致非正式的权力共享,而这又带来了很多压力。盐务稽核总所的老员工非常不喜欢首席中国总督,他由国民政府直接任命。在国民政府的规定下,外国员工逐渐从当时与中国人共享管理权的管理岗位变为20世纪30年代末期的"顾问"角色。

在财政部的管理下,盐务稽核总所实际上以不太明显的方式逐渐增加了其非正式的影响力。首先,它说服财政部允许另外两个主要机构并入盐务稽核总所,先是盐务署并入(1931年),接着在1932~1933年合并了盐警。其次,盐务稽核总所受到税收改革者和机构建构者的赞赏,因此,除了外国人不参与上层管理之外,财政部新设的统税管理局直接模仿了盐务稽核总所。[①] 统税是对产量较大的制造品征收的一种间接商品税,卷烟和烤烟是其中最重要的税目,还有面粉、水泥、火柴及棉纱等。它"一个税目,一次征税"的口号,听起来明显很像盐务稽核总所的标语"就场征税,自由交易"。它的一系列政策如集中管理、合并和标准化,以及在组织上由高薪专家频繁地在各地方办公室工作等,都与盐务稽核总所非常相似。不管就绝对值还是相对值而言,统税后来成为南京国民政府统治时期(南京十年,1927~1937年)国家构建的一个重要方面,其收入从1929年大约占总收入的12%增加到1937年占政府税收收入的20%。统税的成功不仅在于它模仿了盐务稽核总所的组织形式和核心理念,更在于其税收领域和盐务稽核总所非常相像,两者都是在集中且可以

[①] 该表述引自斯特劳斯(1998:126—133)。

控制的地理空间对容易计量且可分割的产品进行征税。统税从核心地区上海逐渐扩展到其他地区，其税目也逐渐扩大到其他商品。由于它是逐渐发展的，因此，其评估及征税能力并未超出可承受的范围之外。除此之外，另外一些大手笔的税收措施进展就不是很顺利。例如，在 1936 年，财政部同样模仿盐务稽核总所设立了直接税管理局，但它没有取得盐务稽核总所及统税管理局那样的成功(Strauss, 1998：133—139)。一些雄心勃勃的计划如所得税、遗产税、储蓄税、财产税、利得税等超出了技术和人的能力范围，即使对那些精心挑选的高素质的年轻技术人员来说也是如此。抗日战争爆发，加上随后国民党失去了在华东地区军事、政治、经济、社会等方面的基础，这些计划变得更加遥不可及。

盐务稽核总所在 20 世纪 30 年代成功融入到财政部，主要有以下两个原因。首先，它能继续为仍然虚弱而又高度军事化的国民政府提供急需的财政收入。在 1927 年前后，盐务稽核总所必须从军阀和国民政府两方面"买"得其自治权，几乎没有政府愿意"杀鸡取卵"。其次，虽不明显但很重要的一点是，盐务稽核总所的核心理念，能让它保护自己在去个人化且官僚化的管理体制下获得一定的保护。它一直坚持自我管理，愿意并能够向政治统治者们低头，这就保证了在 1927 年国民政府上台后它能继续存在下去，并发挥出了不曾预料到的影响。盐务稽核总所的员工们顶住了上述压力，继续征税，但用唯一合适的方法即"顺从"来应对合法政府。尽管还有来自政府其他部门的压力和骚乱，财政部的政治领导人们在大多数时候还是让盐务稽核总所自己应对这些问题。不仅如此，每当建立新的税收机构时，它都或明或暗地将盐务稽核总所视为榜样。然而，盐务稽核总所的成功不可复制到其他更为分散的税收领域，虽然财政部很多技术官员非常希望能够这样。

9.5 结束语

中华民国盐务稽核总所在极其恶劣且令人忧虑的政治环境中，运行得相当不错。在被撤销之后，它很快又在新政府的领导下成功复苏。在税收体制条件具备时，它成为其他税收机构竞相仿效的榜样，而这些税收机构同样取得

第九章　对制度能力与税收体制的再思考：以中华民国盐务稽核总所为例

了相当的成功。摧毁中国国民党政府的并不是关键的国家机构（如税务机构）的不良运行，事实上是战争击败了国民党政府，让它在华东地区失去了经济、社会和政治基础，并最终失去了对全国经济的控制。盐务稽核总所的例子成功表明，不管"官僚制度"（体现为非个人化规则、标准化管理和集中控制等）显得多么古怪惊奇，但在有条件时还是可以发挥效力的，以及官僚化可以在相对来说极薄弱的基础开始。不过盐务稽核总所历史也表明，它在技术官僚统治方面，尤其是半自主管理方面，具有一定的局限性。技术官僚的权力及影响力来自他们善于向政治领导人讲真话，并顺从权力。但从长远来看，向当权者讲真话，或者保持半自主的税收管理制度，取决于那些政治领导人是否愿意或能够"倾听"，然后采取行动。

第十章　全球化背景下的
税收改革与国家构建

奥德—黑格尔·菲耶尔斯塔德(Odd-Helge Fjeldstad)，
米克·摩尔(Mick Moore)

10.1　引　言

　　正如本杰明·富兰克林曾经表达过的那样,每个人在一生中确定无疑都要经历三样东西:死亡、税收和税收改革。几乎没有一个政府,不对其税收制度进行无数次的年度修改。同样,税收方面的变化,几乎很难让大街小巷的普通人全面了解。税收的修订主要涉及以下几个方面:对投资性"可扣税的支出"的定义、销售税管理部门可接受的手写收据的标准、对所得税评估提出上诉的截止日期等。当然,有时也有例外,如对整个税收制度或税率进行剧烈变革等。从狭义的角度来看,税收改革就是持续不断地对税法和程序进行小型的、技术性的修改,它们反映了具体的国情,体现了各个地方利益集团的游说,并融入了财政专家为了平衡政府各项财政活动目标而进行的持续不断的努力。[①]

　　如果鸟瞰这一切的话,情况就有所不同,税收改革有着全球化的模式。公共财政的经验和体制技术是各个政府相互学习、相互借鉴的一个重要方面。例如,社会福利制度在各个国家就大不相同。相对而言,国家的税收制度,与中央银行一样,更像是全球化大家庭的成员,在过去二三十年里,家族相似性越来越明显。大多数政府,不管是贫穷国家还是富裕国家,都已经参与到了税

[①]　在做出税收决策时,政府不得不在收入需求和其他一系列影响因素之间做出平衡:关于宏观经济管理的建议;各个利益集团的政治需求;对私有部门激励可能带来的影响;对将来征税能力所带来的潜在的长期后果等。

第十章　全球化背景下的税收改革与国家构建

收改革的真正的全球化过程中。全球化首先要求他们改变对税收制度的看法,税收改革不再是人们积极利用的一种通过微调干预实现各种社会经济政策目标的工具。尤其是发展中国家被要求做到:政府不通过税收手段去动员人们的储蓄,或者将资源从农业转向非农业;政府不过分依靠进出口税收获得收入;政府不应过多强调利用较高的边际税率来减少收入和财富的不平等性(Bird and Zolt,2003;De Mooij and Ederveen,2003;Goode,1993;Stewart,2002;Tait,1989;Tanzi,2000;Tanzi and Zee,2000a;Thirsk,1993)。这里想传递的总体信息是,如果税收作为政策工具使用得太匆忙、太频繁的话,就有可能变成生硬无效的,或不正当的。政府应该致力于建设一个简单、可预见、中性的税收制度,这项制度不会挫伤私人企业的积极性,并且能够减少对市场信号的干扰。在一定程度上,大多数政府遵守了这一建议。在这种情况下,我们就可以探讨一个全球化的改革计划。除了不再积极利用税收制度来追求其他的社会经济目标,这个全球化的改革计划还有三个要点:(1)引入税基更宽泛的消费税(如增值税),(2)简化税制设计,(3)改进税收管理。①

1. 增值税(VAT)已经迅速成为全世界范围内主要的税收形式之一。它首先是在1948年引入法国,之后在1967年引入巴西,现在有130多个国家实行了增值税。在20世纪90年代,征收增值税的非洲国家从2个增加到了30个。尽管增值税还没有引入到美国,它已占据世界税收收入的1/4(Ebrill et al.,2002)。在一些富裕国家,增值税已经取代了其他的销售税和消费税。由于能够在经济交易过程中保存完整的书面和电子记录,增值税是一种非常有效的征税方式,它不仅通过替代出口税和进口税促进贸易自由化,而且有助于促进政府财政收入的稳定增长。在一些贫穷国家,政府过去一直主要依靠对贸易征税获取收入,而征收增值税后这些国家的贸易进一步地自由化了。②

2. 各国也非常强调对税收的"简化",即让税收更加清晰、更加透明、更加可预见,以及让其管理起来更加方便容易,同时减少各类敲诈勒索和腐败现象。在实践中,税收简化意味着要减少税收管理者和政客自由裁量的很多东

---

① 这些要点或类似的说法,出现在很多出版物上。例如,詹姆斯·马洪发现,"在拉丁美洲,'税收改革'的定义全都相似,包括减少累进税、减少免税、强调增值税(VAT)的主体地位,以及加强税收管理"(Mahon,2004:3)。

② 有关贫困国家实行增值税的全面讨论,请参阅 Bird and Gendron(2005)。

215

西:特定公司的税收义务、投资项目种类或进口商品种类、税种的数量、每一类税收的税率或税率表、税收减免、税率累进程度、最高边际税率、估税和征税以及裁决争议的程序数量等。①

3. 人们对税收管理改革的关注,在很大程度上是受到"税收管理就是税收政策"这一口号的影响。在一些国家,税收管理改革主要是落在已有的内容上(Bird, Martinez-Vazquez and Torgler, 2004; Owens and Hamilton, 2004)。不过更为广泛的还包括以下内容:利用新信息通信技术的潜力;从按不同税种设置组织机构体系转变为按地区或行业设置税收组织机构体系,这样每个纳税人会面对较少的税务官员;在每个独立的纳税单位引进唯一的识别码;为不同种类的纳税人设置不同的办公及纳税程序,典型地如为大型公司设立的"大型纳税户";让征税过程更加人性化;特别是在拉丁美洲,利用商业银行作为税收代征人;巧妙而有策略地利用审计单位检查基层税务官员的表现;以及我们在下面将要详细讨论的,给予征税机构半自主化的地位。人们认为,当面临的任务更加简单、稳定和可预见时,税收机构的效率才能提高,因此税收的简化和税收管理的改善两者密切相连。

本章的目的是评估税收改革的全球化浪潮,对国家构建的作用有多大。我们的概括性结论更好地反映了关于全球化的一些其他讨论:在很多贫困国家及依赖性强的国家,有许多好的方面可以报告,但也确实存在一些令人忧虑的问题。这些国家的政府除了遵守这些改革议程,几无其他选择,而这些改革议程并非强烈根植于它们自己具体的国情。政策问题的选择以及处理这些问题的方法,反映了太多国际体系中强国的关注点。或许最重要的是全球化改革议程,并没有针对贫穷国家面临的更为紧迫的问题。虽然在其他地方和其他时间,税收过程的确有助于国家构建(参阅本书第一、第二、第三及第六章),但当代全球化改革议程却极少适合最需要进行国家构建的那些国家。在先探讨全球改革议程是如何形成的之后,我们将在10.3节再提出自己的论点。

---

① 如今在一些地区有实行"单一税率(平税)"的趋势,也就是每个税种只使用一个税率。单一税率在中欧非常有影响力,它是对税收简化原则的扩展应用。

10.2 税收改革全球化的驱动因素

国际货币基金组织(IMF)毫无疑问是全球税收改革的首要推动者。不管发展中国家的政策制定者是否向国际货币基金组织咨询有关税收问题,国际货币基金组织都会以相当权威的方式对其产生影响。在经济衰退或经济危机时期,特别有可能对实质性的税收改革做出决定;也正是在这种情况下,国际货币基金组织团队才更能发挥其影响力。通过研究1977~1995年的拉丁美洲,马洪(2005)指出,税收改革的发生率和国际货币基金组织显性的影响之间,统计上有着强烈的相关关系。但是危机和压力不是国际货币基金组织发挥其影响力仅有的或主要的渠道,它主要的权力体现在财政政策和货币政策两个方面。几十年来,它是贫困国家获得税收改革专业知识、观点和出版物的主要来源。有关税收改革的专业文献主要来自国际货币基金组织,其他组织如世界银行、经济合作与发展组织(OECD)以及世界贸易组织(WTO)等,只发挥着补充性的作用,地位远不及国际货币基金组织。[①]

这些信息足以让我们得出这样一个假设,即全球税收改革议程主要是由一些国际金融机构(如国际货币基金组织、世界银行、地区发展银行、援助机构等)所设定,其目的是追求同一种目标,即在全球范围推行新自由主义的纲领,主要有加强市场作用,同时弱化政府、工会、有影响力的政治运动及其他政治组织的影响力。有足够的支持性证据说明,我们无法否定这一假设。我们再来看看全球税收改革议程。用增值税(VAT)替代贸易税,这种做法导致很多贫困国家政府财政收入明显减少(Baunsgaard and Keen,2005)。税收管理最显著的改革是设立半自主的收入机构,该机构独立于财政部,由主要来自私人部门且收入较高的专业人士掌控,这看起来像是抑制政府权力的一种尝试,或许也是在税收征收私有化道路上迈出的一大步。

然而,我们很难支持这样的结论,即全球税收改革议程是新自由主义削

[①] 这些机构的看法并非总是完全一致。例如,国际货币基金组织主要关心有关税收决策对财政和宏观经济的直接影响,而世界银行更有可能提出一些不是很紧迫的问题,比如资源配置效率的微观经济影响等。

弱政府力量的重要组成部分。其中一个反例就是,迄今很少有严肃的行为去尝试将税收评估和征税过程外包或私有化。① 在很多国家都成立了半自主的收入机构,并将部分税收管理和政策权限让渡给它,这一做法和标准的公共改革行为相一致;但我们没有理由在逻辑上或根据经验和意图,就将它看作是税收私有化的前奏。第二个非常有说服力的反例就是,国际货币基金组织和其他的国际金融机构通常积极鼓励贫困国家的政府增加他们的税收收入。②

正如我们在本章后面将提到的,国际货币基金组织增加收入的压力有时非常大。这一点与国际货币基金组织在全球金融体系中的角色相一致,因为它有很强的使命来确保政府能够以可靠且持久的方式获得足够的收入,以支付贷款利息、归还债务,以便能再次借款。至少从财政角度来看,国际货币基金组织更加青睐强大的而不是软弱的国家(Mahon,2005:25)。

为了更好理解税收改革议程的全球化特征,我们需要仔细地对组织进行社会学研究,并关注制度创新方面的相关知识与传播。马洪做了如下简单的概括:"西半球(尤其是拉丁美洲)的税收官员组成了一个越来越明显的社会网络和认知共同体,这或许可以从1967年成立于巴拿马的美洲税务行政管理中心(Centre Interamericano de Administraciones Tributarias,CIAT)的活动中得到最好的证明"(Mahon,2005:24—25)。马洪所指的这个过程在拉丁美洲最常见,但后来在世界其他地方也越来越多见。税收管理和税法是非常专业化的主题,在很多情况下,一般是税收专家之间才可以进行探讨的话题。但近几十年来,用来支持全球化的那些技术变革与政治经济过程,也加强了税收领域国际专家的联系与互动。在2001年,CIAT联合其他很多区域性的专业团体,创立了全球化的专业论坛——税收管理国际机构委员会(the Committee

---

① 也有一些边缘性的例外。正如我们在上文所提到的,在一些拉丁美洲国家,商业银行分包了征收税款的任务。在有些年份里,莫桑比克把海关税的征收主要外包给了英联邦代办(Crown Agent),这是一个由多个公共机构拥有的非营利性英国公司。然而,这种安排很快被叫停,主要是因为改革没有获得持久性的成功,外国承包商交接的技能非常有限,合同代价对政府来说非常高。我们无法得到令人信服的证据表明税收征收的私有化是解决腐败问题和其他问题的可行方法。

② 在20世纪90年代,在由世界银行资助的有关税收和关税改革项目中,2/3的项目的目标是增加政府收入(世界银行,2000:1)。

of International Organisations of Tax Administrations,CIOTA)。① 成立于1952年的政府间的机构——世界海关组织(the World Customs Organisation),如今有169名会员,它是税收专业人士又一个重要的全球化论坛。有一些纳税人也开始在全球化层面组织起来。②

全球税收改革背后的政治与知识推动力,并非仅来自如国际货币基金组织这样一些国际组织,还来自越来越有组织性的税收专业人士知识共同体。该类共同体包括国家税收管理者和一些国际组织(如国际货币基金组织)的员工,还有来自学术圈和跨国咨询公司专门从事税务的经济学家、会计师、律师。全球税收改革进程的一致与简化,看起来就是来自于一个策略选择的过程。一群虽然没有直接政治权力但有着高度专业技术的行动者,更有可能产生巨大的影响力,只要他们联合起来并能对掌权者给出可以理解的、连贯的、令人信服的政策议程。③ 在这种情况下,策略选择过程成功地推动了真正的政策变化。尤其是在拉丁美洲,对新自由主义总体经济改革议程人们有很多争议,但对税收政策的实施几乎没有抗议和明显的争论,二者形成了鲜明的对比。④ 税收专家、国际货币基金组织和其他金融机构以及税收经济学家之间,有着相

---

① 非洲税收管理者协会(the African Association of Tax Administrators,AATA),加勒比税收管理者组织(the Caribbean Organisation of Tax Administrators,COTA),税收与财政研究管理中心(the Centre de Recontres et d'Etudes des Dirigeants des Administrations Fiscales, CREDAF),税收管理者联邦协会(the Commonwealth Association of Tax Administrators ,CATA),欧洲内部税收管理组织(the Intra-European Organisation of Tax Administrations,IOTA),经济合作与发展组织以及亚洲税收管理与研究组织(the Organisation for Economic Cooperation and Development and the Study Group on Asian Tax Administration and Research ,SGATAR)。

② 世界纳税人协会(the World Taxpayers Associations)1988年成立于美国,他们发表了强硬反对税收使命的宣言。该协会官方网站目前列出了41个国家的55个成员组织;21个成员组织成立于1990～1999年,另外20个组织成立于2000～2006年,其官网为www.worldtaxpayers.org。

③ 对全球税收改革的解释,来自当代政治科学对有关制度创新国际传播的研究。对税收管理等专业组织产生影响的税改方案,最核心的决定往往是由官僚化的专业政治精英做出的。对什么是最有可能予以实施且又能让人满意的方案,他们的理解极为关键。Weyland(2005:23-24)探讨了在这种情况下"认知心理学家记录的三种主要的启发":可获性(availability,即最近发生的鲜活事件包括相邻国家经验,影响比其他事件更大);代表性(representativeness,在有限的数据中能看出清晰模式的一种特征);以及锚定性(anchoring,最初的线索强烈影响了后来的判断,导致很多国家不做修改直接引进国外模式)。Weyland(2005:37-38)认为,玻利维亚采取了智利的'新自由主义'养老金体系,因为玻利维亚精英在上述推理分析后确信其非常符合他们自己的国情,但面临国际货币基金组织和其他国际金融机构的反对。

④ 的确,在加纳和乌干达,有一些反对增值税的暴乱行为,并引起人员伤亡。主要的原因是,增值税增加了小型企业的税收遵从成本(参阅第二章)。在加纳,暴乱活动至少还要归因于政治操作不当;引进太快,没有与受到负面影响的小贸易商进行咨询交流等(世界银行,2001)。另外,由于增值税能减少在批发活动中的避税行为,因而也造成了大贸易商的反对。在印度,有组织的批发商和零售商们长期抵制增值税。

219

对统一的战线。鉴于此,很多税收改革是作为必要的技术现代化过程而得以引进来的。

是否真正有这么一个统一战线?答案是不尽然。特别地,真正的税收改革实践和一些新颖的税收政策和理论观点之间有不一致的地方,而这些税收理论观点引发了学术界很多经济学家们在最近20年对"最优税收政策"的讨论。最优税收政策背后的核心观点是,所有的税收都会扭曲市场激励,税收政策和改革应该关注以相同的方式对待同等经济地位的市场主体,以减少扭曲现象(Ahmad and Stern,1991;Slemrod,1990;Stem,1987)。最优税收政策和强调贫困国家应减少贸易税以降低税收负担的看法高度一致,然而,大多数潜在的最优税收政策实践需要对不同类型的纳税人的实际或可能的行为有细致的了解和估算,而这与税收管理一直强调的简化原则背道而驰。尽管国际货币基金组织的研究著作表明,最优税收政策理念导向收入方法的问题,但其操作建议还是有实用性的。

由于全球税收改革议程体现了一定程度上的妥协性,因而在其中包含了一些矛盾的观点。我们更为关注的一点是,在很多贫困国家或影响力不大的国家才可能有的一些特别问题,一定程度上被排除出了这一议程中。我们不能认为全球化改革议程对贫困的发展中国家来说本质上是错误的,但可以肯定的是,对贫困的发展中国家来说,它并不完全合适。通过研究税收改革对国家构建的不同贡献方式,我们可以解释这一点。

10.3 税收改革对国家建构的潜在贡献

国家构建可以宽泛地定义为国家为提高政府能力而与社会各利益集团进行建设性的互动,从这些集团获取支持和资源,并寻求前后一致的行动方针。通过以下四个渠道,税收改革有助于国家建构:(1)提供收入;(2)转向更合适的收入来源;(3)创建更高效的税收管理;(4)国家与社会围绕税收进行建设性的互动。下面我们将从这四个潜在渠道来逐一谈谈全球税收改革对国家建构的影响。

10.3.1 提供足够的收入

除了在战争和危机时刻,政府的收入看上去具有黏性,每年变化都不大。[①] 从长期来看,在国民收入增加的时候,政府收入也会随之增加(参阅本书第二章)。如今,高收入国家的平均"税收征收率"大约为国内生产总值的37%,这一数据是低收入国家征收率(14%)的2倍多。对所有国家的可靠数据进行观察,我们发现1975~2000年,平均税收征收率变化较小。然而,更有意义的是对高、中、低收入国家群体所呈现的不同趋势进行分析,可以看到:在高收入国家税收征收率稳步提高,在中等收入国家则缓慢下降,而在低收入国家则明显下降(Baunsgaard and Keen, 2005:7)。为什么会这样?

在历史上,贫困国家一直主要依靠进出口税("贸易税")来获得收入。那些贫困的农业化国家,有效的"税柄"相对较少,政府发现将征税人员集中布置在边境海关的岗位容易获取税收。由于越来越多的发展中国家融入到全球劳动分工体系中来,成为初级产品的出口国,因而国际贸易成为政府取得收入的主渠道。在1975年,贸易税只占高收入国家政府收入的极小部分,但在中低收入国家,贸易税的比重很大。全球税收改革方案有一个重要的方面,那就是减少贸易税,逐渐强调宽税基的消费税(如增值税)。从20世纪80年代中期开始,低收入国家政府的总体贸易税收入下降。鲍恩斯高和基恩(Baunsgaard and Keen, 2005)估计,截止到2000年,中等收入国家的政府已经找到了贸易税的替代者,可以弥补因放弃贸易税而损失的税收的45%~60%,但对低收入国家来说,这个数字最多只有30%,即使引进增值税也貌似没有任何帮助。

我们可以得出这样一个结论:就政府总体收入而言,全球税收改革议程在贫困国家效果不是很大,它并未能实现增加国家收入的诺言,即通过增值税代替贸易税,在降低税费的同时拓宽个人所得税的基础。它为何失败我们并不清楚,最直接的解释或许是在很多贫困国家,增值税难以征收,除非像贸易税那样在边境征收。一般来说,正在应对国内冲突和对权力种种挑战的政府,不会有组织能力来保障其向更费力的税源成功地过渡。另外,增值税的税基经

[①] 最近也有例外情况,即在严重的政治经济危机时期,收入从急速下降中又迅速地止跌回升。例如,在乌干达,穆塞维尼(Museveni)总统重建政治秩序后,税收收入从1991年占国内生产总值的7%增加到1996年的12%(Katusiime, 2003)。

常受到宽泛的免税及零税率的破坏。① 增值税要有效,主要取决于完善的记录和可靠的自我评估。税收专家早就警告说,在这些条件不完善的国家,增值税无法有效地运行。即使在富裕国家,增值税也提供了很多欺骗和腐败的机会。对贫困国家来说,增值税并不是错误的税收,但它可能推行得速度太快、范围太广。

10.3.2 转向更合适的税收来源

如果不考虑对总体税收水平的影响,那么全球税收改革是否表现出税负转向了更合适的税源?可以预料,多数讨论都会关注这场改革影响收入分配和经济激励的方式。降低个人所得税的累进性对富人有利,而转向如增值税这样的消费税将使穷人负担沉重。不过,改革的推动者往往认为,简化的税制能更有效地向那些应该缴税的人征税,因此能减少不公平现象(Bird,1992;Khalilzadeh-Shirazi and Shah,1991;Tanzi and Zee,2000a;Thirsk,1993)。最近,格默尔和莫里西(Gemmell and Morrissey,2005)在评估现有证据之后发现,无法证明税收负担总体上向穷人转移。

关于这些税收改革对分配的影响,这是一个至关重要但未解决的问题。在这里我们只关注那些对贫困国家非常重要(或可能重要)但在全球税收改革议程中并不重要的税收和政策措施。之所以如此,要么是因为贫困国家对改革议程的形成影响不大,要么是因为能产生巨大影响的行动者和机构(如税收专家、国际金融机构、跨国咨询公司)争论的都是富裕国家中的税收政策,关注的重点在别处。我们优先考虑的问题主要有三个:对非正式部门征税、对城市财产征税以及对援助资金免税。

1. 对非正式部门征税。正如阿努鲁达·乔希和约瑟夫·阿伊在第八章解释的那样,在很多贫困国家,经济活动越来越集中在非正式部门。对非正式

---

① 然而,或许还有其他原因。在同一时期内,也就是从20世纪80年代开始,发展援助逐渐向贫困国家尤其是非洲倾斜。很多国家发现,它们获得的援助占国内生产总值的一大部分,更占政府支出的大部分。我们也仔细分析过,受援助程度太高往往会影响政府的税收努力程度(Bräutigam and Knack,2004;Moss,Petterson and van de Walle,2006)。增值税没能替代贸易税的部分原因很可能就是国际援助太大,让它们失去了实施增值税的紧迫感。我们了解到很多国家政府实施增值税时半心半意(Baunsgaard and Keen,2005:23)。不过,我们无法通过一些国家的数据分析得出结论,因为对那些依靠援助的贫穷国家来说,公共财政方面的数据往往支离破碎,不够可靠。

部门征税非常不易,税收管理部门往往很少去关注非正式部门。这是因为,非正式部门大多是现金交易,征税努力的回报率非常低。只要可以,税务官员就会避开对该部门征税,因为收入回报很低,征税过程有可能非常不顺利,困难重重甚至会充满危险。然而,正如乔希和阿伊解释的,关注城市非正式经济活动有公共政策方面的理由,一方面出于扩大税收范围的公共治理考虑,另一方面,从长远来看,也是为了探索更有效地对非正式部门征税的方式。乔希和阿伊探讨了种种非正统的税收征收机制,这种机制至少在最初阶段不需要现任的征税人员与非正式部门经营者有密切的往来。找到对非正式部门征税的最好方式,实际上并不包括在全球税收改革议程中。人们频繁提出要"拓宽税收基础",但这更多是指减少免税政策,以及弥补税收漏洞,而不是指要把非正式部门作为一个一般性问题来解决。我们从内心希望非正式部门能够通过逐渐扩大增值税的范围的方式而被引到税收体系中来,不过它目前在很多贫困国家覆盖面很窄(Bird and Wallace,2003;Terkpe,2003)。

2. 对城市财产征税。多数发展中国家的政府应该积极考虑完善其城市财产税制度,并将其作为获得更多收入的方式。① 这里有三个可能的原因:第一,政府对财产收入和财富征税严重不足,并因此成为不平等的一个源头;第二,中央政府将更多职责下放给各个城市政府,但并没有增加相应的财政支持,因此对很多城市政府来说,财产税是为数不多的重要的潜在收入来源之一(Bird and Slack,2002;Dillinger,1992;Mikesell,2003);第三,构成现代产权登记制度核心的数字化数据库可同时服务于城市财产税和城市规划,从逻辑上说,城市财产税的实施比过去更加容易。然而,财产税并没有在全球税收改革议程中受到特别关注,也不是国际货币基金组织制定的各种税收政策指南的关注点。由于需要对分散的城市管理者提供资助,国际开发机构的一些执行人员最近开始对这个问题产生了兴趣,但仍然没有什么实质性的进展。为什么大家对该问题关注较少?我们认为有三种可以说得通的解释,每种可能都有一些作用。第一,财产税是地方政府的主要领域,而国际货币基金组织有着解决宏观经济问题的强烈使命,而宏观经济问题几乎只跟中央政府有关,所

---

① 在大多数贫困国家,由于现实和政治上的原因,对农村和农业财产税的征税范围非常有限(Skinner,1993),但对较大的农村企业进行有效征税的可能性很大,相对而言,农业财产税的可能性较小。

以全球税收改革议程几乎只针对中央政府收入。第二,有效的财产税的建立是一个长期事业,需要大量的早期投资①,因此财产税不像增值税那样吸引人的眼球,因为只要在增值税方面付出中等程度的努力就可带来更多的收入。第三,全球税收改革的内容受到经济合作与发展组织国家最近经验和实践的直接影响,尤其是其中以英语为母语的国家的影响。从历史的角度来看,财产税的重要性在美国和英国要高于多数经合组织国家。但在最近几十年,财产税越来越不受富有的纳税人的欢迎,因此其重要性随之下降(Heady,2002)。根据拉丁美洲最杰出的财政专家理查德·伯德的观点,这种对财产税的敌视已经开始渗透到富裕国家的发展政策中来:

我们来看看北美洲财产税的不幸故事。财产税曾经被看作地方民主和问责的支柱,但随着时间的推移,这种税收被公众认为是累退的且不平等的,因此促使精英们降低对财产税的兴趣,而财产不成比例地掌握在精英手中。反对财产税的行为逐渐发展到更不平等的南方社会,使建立财产税更为困难……即使确实需要低税率的财产税为地方政府提供资金。(Richard Bird, 2003:44)

3. 对援助资金免税。发展援助项目有效地避开了公共发展政策议程,包括全球税收改革议程,而最让人困惑的一个方面就是援助机构成功地在其所帮助的地方获得了免税政策:标有援助项目字样的进口商品以及援助机构员工在受援国境内使用的商品免征关税;援助国派遣的员工收入免征所得税;对一些援助国雇用的外国公司如工程建设公司免征增值税和其他形式的税收。这并不是受援国收入多少的问题,因为大多数援助金都流向了政府,不管以援助金的形式还是以税收的形式——只要免税制度没有被人利用,没有被用来给非援助活动进行不正当的免税。② 然而,在有些情况下,这些方式就很有可能被滥用,更重要的是,它开了一个不好的先例,即他人也会竞相要求免税政策。尽管缺乏有力的数据,但我们知道,全球税收改革在简化税收制度和废除

---

① McCluskey and Franzsen(2005)近来详细调查了53个国家的财产税,这些国家主要是发展中国家。他们指出,财产税的实施极度不乐观,其中一个原因是很多国家采取的财产估算体系太过复杂。一些城市管理机构正在转向更简单、实用的评估体系,在印度尤其如此。

② 在2005年,坦桑尼亚的关税免税总额中,17%给予了受赠国,3%给了非政府组织(NGOs)。另外,很可能还有部分免税给予了私人公司用援助资金资助的活动。(坦桑尼亚税局为Fjeldstad提供了相关数据。)

免税政策方面所取得的成功不断受到破坏,因为政治家们不断给予新的免税政策。对援助资金的免税是隐含的,或至少是间接的。同样地,援助国集体决策为受援国提供资金(以拨款或贷款形式)而不是让受援国选择将其作为税收,说明他们错过了机会去鼓励受援国加强税收制度、迅速摆脱援助。然而,援助机构更喜欢扩大自己的预算,避免在国内遇到议会类似这样的质询,为什么"我们"旨在帮助穷人的援助要以税收的形式流向(不够格的)政府?①

10.3.3 创建更有效的税收管理机构

精细化的机构改革(nuts-and-bolts organisational reform)。"改善税收管理"的概念非常宽泛,并且有时解释不当,很难想象它是怎么成为全球税收改革议程的支柱之一。不过,也许这种开放性就是其吸引人的一个方面。它并不是空洞的说辞,在过去二十多年里,税收管理引起了世界范围内税收专家的真正兴趣和大量实际改革。或许,其部分原因是数字信息通信技术的广泛传播,正是数字信息通信技术在税收管理和其他组织领域的兴起,产生了一系列新的组织和工作方式。数字化带来的一些有意义的重大变化还包括以下几个方面:

● 为每一个纳税户建立唯一的标识号;

● 从按不同税种设置税收组织体系转变为按地区和行业设置税收组织体系,这样每一个纳税人就只需和少数税务官员打交道;

● 为不同类型的纳税人设立不同的缴税办事处和缴税程序,如首先为大公司设立大型纳税户服务中心;

● 将"后台业务"和"前台业务"的具体功能分开,以减少敲诈勒索和贿赂行为。"后台"主要负责纳税评估、税收审计、交叉审核等职责,"前台"主要负责实际的征税。②

---

① 国际税收对话论坛(International Tax Dialogue, www.itdweb.org),代表了主要的国际组织,如国际货币基金组织、美洲开发银行(the Inter-American Development Bank)、经济合作与发展组织以及世界银行等。该论坛在2006年对减少免税的问题发表了一篇详细的论文(国际税收对话论坛,2006),该论文在税收问题联合国国际合作专家委员会(United Nations Committee of Experts on International Cooperation in Tax Matters)中引起了热烈讨论,但由于援助国和受援国双方的反对,最后被雪藏。

② Bergman(2003)比较了阿根廷和智利两国征税机构的不同,包括内部的功能区分、审计单位的合理利用、对征税能力和纳税人遵从的长期影响等。

另外，税收管理者对纳税人的态度也有了巨大的改变。在研究了各国[起先是美国（Slemrod，1992），后来是其他经合组织成员国家包括澳大利亚（Braithwaite，2003）]影响税收遵从的因素之后，"客户服务"和"以人为本"成为税收管理的基本规范。各国国家税务局竞相仿效，设立"一站式服务"，简化征税程序，纳税申报表网上备案，为纳税人提供纸质和电子版表格，并为"客户"提供解释等。坦桑尼亚税务局的工作宗旨是，通过称职的、积极的员工，公平而正直地为客户提供高质量服务，从而成为一个能促进税收自愿遵从的高效税收管理机构。这一宗旨，或许与任一英语国家的税收管理机构相同。南非税务局（the South African Revenue Service）是最为成功的全新的税收管理机构之一，它广泛宣传"您的税收将用来建设道路/学校/医院"，并宣称他们同时与"蝎子"（the Scorpions，附属于国家公诉部门的严格的犯罪侦查机构）合作，来处理知名度较高的疑似拖欠税款者。

很明显，很多税收管理机构的新的"以人为本"举措，到目前为止不过是粉饰橱窗的行为。纳税人还是会碰到敲诈勒索、受贿行为，以及执行不到位现象，服务时能主动进行回应的税务官员还比较少。显然，"以人为本"目前只是广泛应用于（或者说最适合于）税收管理者和大型公司客户之间的关系。然而，尽管我们无法衡量税收管理水平是否提高，但是有很多明显进步的标志，如我们上文提到的具有各种细节的精细化管理革新。

重拳出击：自主化的税收机构。在关于发展中国家税收管理改革的文献中，关于精细化改革的文献尚很少，文献的主要关注点还是在一些看得见的变化上，像新的（半）自主化税收机构的设立（ARAs），例如乌干达税务局（Uganda Revenue Authority，URA），南非税务局（SARS），秘鲁国家税务总局（National Superintendency of Tax Administration，SUNAT）和其他一些机构。一些援助机构和国际金融机构实际上倾向于将税收工作集中在支持设立自主化税收机构上。[①] 如 2006 年 3 月，在发展中国家，尤其是在非洲和南美洲，大

---

① 例如，20 世纪 90 年代，我们回顾了由世界银行资助的 83 个税收和关税改革项目，结果发现"只有极少数项目关注提高服务客户的水平或尝试税收的新途径，如推定课税、将征税或检查服务私有化、推行与绩效挂钩的津贴或行政预算等。其中一个例外就是对自主化税收机构的支持"（世界银行，2000：3）。世界银行员工往往否认他们曾在发展中国家推动自主化税收管理模式或提供相关帮助。我们很难确认其真实性，但至少有一点很清楚，即世界银行偶尔是自主化税收机构的有说服力的推动者。

约有30个自主化税收机构,这些机构大部分是最近设立的。[1]

什么是自主化税收管理机构?事实上没有一个明确的定义,因为人们有着各种各样的理解。对它的定义,最本质的特征在于(某种程度的)自主性,即把财政部直接控制的征税职责部分或全部下放,自主化税收管理机构的领导人有着独立的组织管理结构,包括雇用和解聘员工等人事权。[2] 正如我们即将看到的那样,人们对自主的概念争议颇多,并在概念上和实践上带有误导性。在很多情况下,自主化税收管理的设立涉及(a)主要的内部结构重组以及从私人部门、财政部、中央银行等机构招聘新员工,和(b)将两个或更多曾经管理同一类税(如关税、所得税、销售税等)的机构进行合并。

自主化税收管理机构多种多样,这是我们无法判断它是否是好事情的第一个原因。第二个原因是,大部分自主化税收管理机构仍然是新生事物,还处于发展阶段。第三个原因是,由于自主化税收管理机构受到援助国和国际金融机构的推动,并受到教条化条款的影响,因此,根据个人印象来解释支持或反对的证据都会失之偏颇。我们可以理解为什么要引入自主化机构,因为在充斥着大量腐败现象和政治化过程的税收环境中,带有根本性的体制改革是非常有吸引力的。然而,我们无法了解这种改革在何种程度上是正确的,但我们的确知道改革提出了相关问题。要了解其原因,我们需要走出目前的政策争议,并基于第九章朱莉叶·斯特劳斯提出的观点,从组织理论视角来考察税收的功能。

朱莉叶·斯特劳斯认为,不管出于积极的原因还是消极的原因,税收管理的核心功能(即评估和征收税款)几乎都需要一套常规的韦伯式官僚化,主要包括层级管理、监督者对工作表现的密切关注、坚持正规程序、工作纪律、长期职业定位以及精英的招聘与晋升。积极的原因是,评估和征税这些核心任务是可衡量、可量化和可区分的,因此经得起强大的项目和层级管理组织的考

---

[1] 在拉丁美洲和加勒比各国,以下国家建立了自主化税收机构:牙买加(1981)、阿根廷(1988)、玻利维亚(1987,在2001年再次成立)、秘鲁(1988/1991)、哥伦比亚(1991)、委内瑞拉(1993)、墨西哥(1997)、厄瓜多尔(1999)、危地马拉(1999)、圭亚那(2001)。在非洲成立税收机构的国家有加纳(1985)、乌干达(1991)、赞比亚(1994)、肯尼亚(1995)、马拉维(1995)、坦桑尼亚(1996)、南非(1997)、卢旺达(1998)、津巴布韦(2001)、埃塞俄比亚(2002)、塞拉利昂(2002)、莱索托(2003)、冈比亚(2005)以及毛里求斯(2005)。布隆迪正在规划设立自主化税收机构,其他几个西非国家也紧随其后。

[2] Grindle(1997:491)解释了人事管理自主对整个机构自主的重要性。

验。消极的原因是,税务官员与纳税人之间的关系中曾经存在腐败和欺诈行为,因此,该机构强调要通过将内部监督、严格纪律和创建强大的组织文化结合起来,以减少这类破坏性行为的发生。毫无疑问,管理良好的韦伯式组织机构有时就成为非常高效的征税人,它们在管理上与其他的公共服务机构不同,享有建立它们自己组织机构的巨大的独立性,斯特劳斯所描述的中国盐务稽核总所就是一个历史事例。另外一个更久远的例子是18世纪英国的税务部,它同样参照类似于韦伯式的组织理论建立,有着严格的内部纪律管理、监督体系、精英的聘任与晋升机制,这或许是有着详细记录的最早的现代税收管理机构(Brewer,1989:101—114)。

如果英国和中国这两个历史上的税收管理机构和现代税收机构要求非常相似,那么我们就可以看到自主化税收管理模式背后理念所具有的巨大吸引力:建立一个独立于其他代理机构(因此也独立于政治)的新的组织,这种组织能够创立一个强大的组织文化并能在韦伯式组织理论下运作。不过,问题是建立现代的国家税收管理机构并非易事,这主要体现在两个方面。

首先,即使是最先进的现代税收体系,也要比简单的盐税征收(中国)或货物税管理(18世纪的英国)要复杂得多。现代税收管理机构需要同时管理几种不同的税收。更为重要的是,他们往往花大量的时间来处理那些相对较大的公司客户,这些客户是在复杂的会计系统的基础上进行运作的,他们的商业合作对象也是类似的复杂企业,有时还涉及他国不同的币种、法律和会计系统。很多当代企业的税收关系也不仅仅局限于所有者、管理者与征税人,还涉及诸如律师、会计师、税收顾问、其他(海外)分支,以及复杂公司的子公司和附属机构等方面。同时,在解释账目时,不可避免地要行使一些自由裁量权。正式的税收规则并没有决定最终的税收评估,而是创造出一个可进行评估的环境。今天很多的税收义务,不像中国案例中的盐税那样可以界定和衡量。

紧接着来看第二个不同。正如我们在本章引言里面解释的,税收改革是一种典型的持续性和技术性的过程,需要对规则和程序进行不断的修改。在一定程度上,这些变化需要体现在法律和财政预算政策上。因此,政府需要收集大量的有关征税过程的详细信息和反馈意见,而这些反馈意见不可避免地都是来自征税机构。征税任务实际上不能跟制定税收与预算政策的工作完全

第十章　全球化背景下的税收改革与国家构建

分离开来,但这些任务与工作由不同的机构来完成,它们需要相互合作。

上面两段的讨论意味着,建立自主化税收管理机构可能带来两个潜在的问题。首先,由于当代税收征收总是涉及一些自由裁量权,而创建一个强大的、自主的、不受外界制约的税收管理机构可能会让纳税人面临敲诈勒索。因此,只有纳税人能够受到免遭勒索的保护,即享有实在的纳税人权利时,税收关系才会和谐。其次,如果自主税收管理机构从财政部得到的自主权引起两个部门的相互反感,或不能为合作提供激励,那么税收和预算政策就可能受到损害。第三个问题涉及将自主概念应用到处理大笔钱款的这样一个机构。管理自主听起来非常容易理解,即以一种符合其特殊功能的方式管理一个税收机构。问题就在于政治控制的水平,税收机构的顶层管理人员不能允许随心所欲地处理税收,因而他们应该向某些人,更确切地说是向某些机构负责。在发展中国家,自主化税收管理机构的问题是"自主"的标签实际上隐藏了这样一个事实,即他们只需向一个人负责,而这个人常常是总统。

关于自主化税收管理机构,并没有典型的例子可以介绍①,但我们可以用当代第一个自主税收管理机构——秘鲁国家税务局(SUNAT)——的经验来解释上面的观点。② 秘鲁国家税务局(SUNAT)在藤森(Fujimorio)总统的领导下成立于1991年,当时全国正处于政治危机时期,暴乱四起,通货膨胀极度严重。在这种情况下,政府的税收收入减少到了 GDP 的 4%~6%,③达到了一个极低的数字。藤森来自于执政党体系之外,他凭借着其承诺"作为一个不容忍无稽之谈的成功商人,将扭转秘鲁的局势"而顺利当选。藤森命令第一任秘鲁国家税务局局长从财政局的手中接管征税权力,采取必要的行动重建有效的税收机构。很多现任的税务人员被解雇,同时,主要从中央银行和私有部门招聘新员工。为了吸引优秀人才并减少腐败的诱惑,他们的薪水要高于财政部官员。秘鲁国家税务局诚实、高效,并愿意利用引人注目的方法从拥有政治影响力的商人身上征收税收。于是,它迅速建立了良好的声誉。税务局局

---

① 想要了解一些案例,可参阅 Chand and Moene (1999); Devas, Delay and Hubbard(2001); Fjeldstad(2003, 2006); Taliercio(2003, 2004); Terkper(1999); Therkildsen(2004a); Zuleta, Leyton and Ivanovic(2006)。
② 更多有关秘鲁国家税务局(SUNAT)经验的详细内容,请参阅 Durand(2002); Estela(2000); Mostajo(2004)。
③ 在恶性通货膨胀时期,这一数据稍有变化。

长直接向总统汇报。一时间,人们赞美秘鲁国家税务局是一个极大的成功。它的成功经验无疑强化了国际金融机构中一些人的观点,即他们的体制创新可以很成功。尽管没有一个国际金融机构曾经公开说明他们想建立自主税收管理机构(ARAs),但他们强烈建议发展中国家采取这种思路。

但在数年之内,几件事情的发生导致了人们不再对秘鲁国家税务局抱有期望。究竟发生了什么?企业部门开始抵制国家税务局高调的征税方法。虽然该机构还被用来反对总统特定的政治对手,并用来威胁潜在的反对者,但藤森看起来不再支持强迫企业缴税的政策,甚至不再支持税务局长本人。财政部尝试重新获得征税权,因此出现了很多公开冲突和员工的变动。一个税务局长逃离秘鲁,后来在国外遭逮捕并被指控有腐败行为。从发展的眼光来看,国家税务局只在最初几年征税业绩令人难忘,后来的征税能力一直保持在较低水平,没有起色。自主化税收管理机构的一些批评家,引用秘鲁国家税务局后期的例子来证明该模式的缺点。然而,下这样的结论为时过早。

乌干达税务局在最初几年同样非常成功,但后来税收业绩也平平。一些观察者认为,这主要与总统穆塞维尼(Museveni)直接相关(Therkildsen, 2004a)。同样,在2004年民主革命之前,直接由总统控制的乌克兰税务局拒绝向立法机构提供任何相关信息,并有效地将立法机构排除在税收政策制定过程之外。相反,南非税务局就倾向于和其他相关机构如财政部进行密切合作,并完整地记录它加强税收征收的过程和税收收入的显著增加(Moore and Schneider, 2004)。南非税务局主要由执政的"非洲人国民大会"的主要领导管理。在坦桑尼亚,税收目标的设定基于坦桑尼亚税务局和财政部的谈判基础之上,一旦总的税收目标得到大家认可,坦桑尼亚税务局的"研究、政策部和计划部"就开始为税收征收部门设立征收目标(Fjeldstad, Kolstadf and Lange, 2003)。由于这种安排将政治家们排除在慎重的决定之外,而税收管理机构又为自己设定具体的业绩目标,这就带来了道德风险。因此,自主化税收管理机构和财政部需要进行合作,但是它们间的合作也会带来一些问题。

很有可能再过一些年,推动贫困国家自主化税收管理机构的政策,或许会被视为积极的力量。它有着促进提高管理自主程度的优点,而管理自主化是很多税收管理机构急需的。① 从这点来看，我们可以得出一个结论，即引进及推动自主化税收管理机构的方式，带来了我们本应该预见到的问题。毕竟，一个全新的独立的超强机构有着无限的潜力，这种潜力分散了我们的注意力，让我们忽视了这样一个事实，即税收机构与任何一个公共部门一样，良好的组织效能常常取决于各机构之间关系的性质。尤其是以下几个方面：

1. 税收管理机构需要和财政部进行合作，特别是在税收和预算政策方面。如果自主税收管理机构的建立激起了财政部的嫉妒和敌意，它们的合作很可能会遭到严重破坏。②

2. 如果自主化税收管理机构没有被强势的总统滥用，没有被用作一种私人收入来源或威胁政治对手的工具，那么它们的社会地位和管理自主权就需要被多元化的治理安排所制约。从其积极方面来看，政治的自主权可以会被放大到以下程度：(a)自主化税收管理机构有确保的预算，它不会被当权政府所改变；(b)其地位、责任和权力可以通过警察和法庭受到法律的保护；(c)监管委员会(the supervisory board)的任命由各公共机构代理人(如不同部长)和非政府机构(如企业和律师协会)决定；(d)对监管委员会的任命是长期的且有着固定任期；(e)管理和执行人员只对监管委员会负责。③

3. 正如一些组织理论家一直讨论的，斯特劳斯在本书第九章中也说过，公共服务领域可持续的组织自主性不能被授予，只能靠它自己持续地赢得。由于一直处于威胁中，该组织机构就不得不始终要向那些可以终止它的人显示自主化具有的巨大价值。

最后，我们要注意的是，可用来证明自主化税收管理机构具有合理性的组织行为假设，是有很大争议的。例如，人们认为自主化税收管理机构的费用应该通过宪法规定获得，或从它们自己征收的收入中按比例自动提取，这样它们就不用依赖那些坐在内阁或立法局的政治家们维持生计。但是让我们觉得诧异的是，尼日利亚高级税收官员坚决地认为，只有每年向议会汇报税收工作进

---

① 这至少是因为他们常常要和私人律师及税务顾问争夺人才。如果税收部门不能提供较高的酬劳和工作满意度来吸引高素质的员工，它就很容易发现自己被其他机构胜过。
② Therkildsen(2004a)认为，乌干达税务局变成了打击、嫉妒、政治干涉的对象，尤其是就人事管理方面，因为它提供了高薪职位和巨大的寻租机会。
③ 非常感谢 Rob Taliercio 对该话题的论述，从他未发表的文章中，我们得到相关观点。请参阅 Taliercio(2003,2004)。

231

展或解释为什么他们的营运预算要求应该被通过时,他们的机构才能得到政治上的支持。

10.3.4 鼓励国家与社会之间围绕税收形成建设性契约

假设税收改革者确信本书提出来的观点有效,并且确实想鼓励政府和公民间就税收问题形成建设性的契约,那么他们会怎么做?具体细节可能要取决于特定的环境,但总体而言他们会尝试同时做以下两件事。首先,通过向民众征税,他们想让大部分民众都能将注意力和政治能量转向税收问题。缴税行为不仅局限于一小部分公司和非常富有的人士,广大民众都应该缴税,并应该注意到税收问题是公共政治问题非常重要的方面。其次,税收改革者想要尽可能在双方自愿并且透明的情况下征税。他们想要终止随意评估、暴力征收、运用征税权时搞腐败(向民众和公司敲诈勒索)等一系列现象,并努力让税收成为可以预见的、双方协商的过程,这样纳税人在遇到不公平对待的情况下可以有权诉诸法律。

这两个目标往往并不总是完全一致。在征收税收的过程中,肯定总有一些强制性因素。一方面,要减少强制性因素以及随之而来的敲诈风险;另一方面,要确保公共收入需求得到满足,并希望即使和征税人员有不愉快的经历也能以建设性的方式调动纳税人的政治积极性。本章两位作者对于如何在两者之间做出平衡,也有稍微不同的倾向。我们在此关注的并不是如何在具体的情况下平衡不同的立场,而是全球税收改革议程是否并如何促进这两个目标:通过征税动员民众;从强制性征税转向依靠同意和透明来增加税收。

全球税收改革的主要推动者可能不会考虑这些政治问题。正如我们在本章第一节所解释的那样,改革受到各种观点和不同专家言论的影响和驱动。不过,改革的确会带来政治影响。我们无法了解这些影响的具体细节但可以归纳出以下几个主要的明显趋势。

1. 对高度复杂、在实践过程中有很大随意性的税制加以简化,很可能会鼓励纳税人就税收问题进行政治动员,这是因为此时税制对普通民众来说变得更为透明易懂,同时纳税人尝试与税务官合谋少缴税的行为也有所减少(Moore,2004b)。如在坦桑尼亚,大型企业纳税人对税收若有不满会越来越多地求助法律体系，有时也会求助于集体组织如行业协会。政府和企业逐渐开始建设性对话，并越来越希望相互达成妥协。这对那些直到现在私有部门还完全被政府忽视、税收评估过程中盛行贿赂和私人交易的国家，意义重大。

2. 简化税收制度，改善税收管理的动因之一是降低税务机关的征税管理成本和纳税人的遵从成本，这是合理的。但这样做，在现实中却变成了把那些税收贡献较小的纳税人排除在税收网络之外，而这是与全球税收改革议程中拓宽税收网络的原则背道而驰的。我们无法得到全球纳税人数量变化的总体数据，但纳税人的数量很可能并没有大量增加，在很多国家，注册纳税人的数量很可能有所减少。我们并不是在说，一个广泛的税收网络总是件好事。只是我们担心，税收改革可能会被明确的经济计算所驱使，它只强调从税收网络中排除边际纳税人的优点。我们没有听到和看到要求将这些纳税人包含在税收网络中的政治诉求。当然，如果贫困国家实际税收负担分布公平有效，这就不成为一个问题，但实际上并非如此。特别地，经常会出现的情况是，这些负担全都落在了注册的正式部门的公司身上。

坦桑尼亚总人口超过了 3 500 万，而 286 个大型纳税人支付了国内税收的 70%。[1] 征税范围没有涵盖很多专业人员，如律师、医生和私人顾问，以及传统的低收入非正式部门企业。在秘鲁，不到 1% 的纳税人缴纳了超过 85% 的直接税（Mostajo，2004）。我们从很多途径了解到，严重地依靠一些大型纳税人会带来不好的后果。[2] 不管是征税机构还是征税人员个人，他们都非常希望从现存的、已经注册的企业获得更多收入，而不是通过将另外一些较小的企业和个人纳入税收网络来拓宽税收基础。这是因为，要识别、发现并注册新的纳税人不是很容易，同时依靠现存的企业纳税个人好处也大，因为较大的纳税人更可能愿意去支付更多的贿赂金。这些过程反过来又让税收问题和勒索现象避开了公共政策的关注范围：小型企业几乎不受税收影响，而大型企业继续通过贿赂来解决它们的问题。[3] 我们并不认为这些简单的因果模式反映了问

---

[1] 2005 年 6 月的数据，由坦桑尼亚税务局友情提供。
[2] 在对阿根廷和智利的比较研究中，Bergman 介绍了阿根廷的情形。在那里，反复的"紧急"征税运动，对征税能力造成了长期性的破坏。参阅 Gloppen and Rakner(2002)。
[3] 在私下交流时，阿姆里塔·耶拉伊告诉我们，她在对印度的研究中发现，税务顾问经常将贿赂金隐藏在他们缴纳的费用中，以减轻自己充当行贿者的道德谴责。

题的全部,但它的意义在于,通过这些分析,我们完全有理由质疑下面的经济性论断:基于纯粹的效益原因,将小企业排除在税收网络之外。我们应该继续探索拓宽税收网络的潜在的政治优势。

3. 上一段的论述是针对这样一些国家而言的,这些国家的政府面临国际货币基金组织要求实现收入目标的巨大压力,它们的税收管理机构做出了下面的回应:(a)对注册纳税人征税更为严苛,(b)用准军事化队伍对那些他们了解不多的其他企业进行"突然袭击"。在乌干达,专门配备军事人员来查处走私和逃税行为,加拉约和阿内娜(Gariyo and Anena,2001)就提到过税收征收的军事化。特希尔德森(2004a)认为,通过设定不现实的极高的税收目标,财政部破坏了乌干达国税局在公众眼中的名声和信誉。如果法律程序和纳税人的权利被搁置一边的话,为了满足外部设定的税收占GDP的目标而做出的努力会破坏民主问责制度(Luoga,2002)。显而易见,对这种行为的责备应该由大家来承担,而非仅仅由国际货币基金组织来承担。我们这么说的目的是想再次表明,用纯经济的方法制定税收政策或许会对政治和经济带来有悖常理的后果。

4. 最后也是最明显的一点,截至目前,全球税收改革议程主要是侧重于中央政府和中央财政收入的筹集,最典型的是通过自主性税收机构来进行。一些地方性管理机构,尤其是部分非洲地区(第四章)和中国(第三章)所实施的高度强制性税收实践,没有包括在税收改革者的关注范围之内。要结束这类强制性税收,就需要更多地关注地方政府财政。如果从减少大多数税收的强制性这一结果来评判全球税收改革项目的话,那么成绩并不乐观。

正是因为我们在第二章所讲的结构性原因,贫困国家的税收往往更具有强制性。在某些方面,全球税收改革项目看起来能促进国家和社会之间围绕税收达成更多的建设性契约;但从另外一些方面来看,它也许会适得其反。我们应该小心而为之。

10.4　结论

在最近的几十年,一国的税收政策开始变得越来越全球化。促成这一趋势的因素并不是单一的,数字信息技术在全球的传播是重要的原因。当我们考察不发达国家时,我们会很容易地发现,国际货币基金组织和其他国际金融机构也对此产生了影响,尽管它们的实力和影响正在逐渐衰减。从长期来看,促成全球化的一个更重要的因素是,出现了由税收专家组成的知识共同体。这一共同体,由受雇于国家税收管理机构、咨询公司和各国际金融机构,并以区域性或全球性的专家协会的组织形式出现。它促进了20世纪80年代以来发展中国家的税收改革,同时也反过来受到税收改革的影响。它围绕着少数强有力的观点和制度技术,在税收方面达成了许多共识,如推广增值税、简化税制、改革税收管理机构等。尽管在传统上,税收一直被看作极具争议的政治过程,但这些专业上的共识使得税收改革成为可能。除了个别带来明显抵制的例外情况,改革总体上没有遭到公开的抵抗。正如我们在本文一开始就说明的,税收改革者的工作看起来是无止境的,改革的需要在当前和在20世纪80年代一样迫切。但在此期间,进步已然巨大。

全球税收改革是否对国家构建好处良多?在这里很难给出一个明确的答案。正如我们在本章所提出的,这一改革并没有反国家的意图。改革的主要策源地,国际货币基金组织,出于其机构利益来帮助政府更有效地征税。今天的很多中央税收管理机构,要比20年前更加专业、更加高效。税收改革效果明显,因此没有明显的压力要让税收征收私有化。从国家构建和经济政策的角度来看,全球税收改革议程强调利用增值税的潜力、简化税体、改进管理等,看起来大致正确。但我们担心全球税收改革议程对贫困国家的国家构建会带来影响,这是因为该改革议程是由关注富裕国家状况和需求的人士及机构制定的,他们只关注税收的经济层面而非国家构建的维度。贫困国家要比富裕国家更加复杂多样,但是他们在改革计划设计中却被边缘化了,由此错失了为他们自己制定适应特定需求的政策的机会。我们主要讨论了如下几个问题。

- 许多贫困国家的政府失去了财政收入,是由于贸易税快速减少而替代它的增值税尚不能融入贫困国家的困难环境中,在那里,非正式经济盛行,没记录的经济业务非常普遍。
- 贫困国家没有什么兴趣来寻找方法对非正式部门征税,它们应该有效地开发城市财产税的潜力,并应该处理对援助机构免税而带来的不良后果。

● 建立有权威的、享有特权的自主性税收机构,是解决税收管理问题一次性的、独特的方案,但其他部门的经验和基本的组织分析表明,要注意自主性税收机构和其他财政机构之间的关系。

● 对于税收和国家构建之间关系的历史证据,我们普遍地缺乏关注,特别地我们需要构建一个税收制度,它能让民众积极参与到政治中来并进而能促进国家的合法性。

最后一点或许最为重要。全球税收改革议程之所以能够非常有效,部分原因是其倡导者有意识地避开了政治话题。同样地,他们能够实现改革的目的,其部分原因是他们成功地使人相信,税收改革是全球化进程技术的和不可避免的结果,也是在全球化经济中变得更加有效、更具有竞争力的现实需要。他们一般并不希望让更多民众参与到税收问题中来,并且想要将大多数政治家们排除在外。这些策略是完全可以理解的。截至目前,他们获得了一些成功,并且承担着避免灾难的责任。然而,我们认为不应该就此满足。税收改革不可避免地会带来一些政治后果。那些跳过国家构建问题来追求纯粹的技术议程的改革者,很可能会错失良机,因为他们不能对建设有效的、可问责的国家做出贡献,有时甚至还会破坏这个目标。

参考文献

Adams, C. 1998. *Those Dirty Rotten Taxes: The Tax Revolts that Built America*. New York and London: Free Press
Adshead, S. 1970. *The Modernization of the Chinese Salt Administration, 1900–1920*. Cambridge MA: Harvard University Press
Africa Research Bulletin 15 July–14 August 1982
Agence France Press 29 and 30 August 2000
Ahmad, E. and Stern, N. 1991. *The Theory and Practice of Tax Reform in Developing Countries*. Cambridge and New York: Cambridge University Press
Aitken, B. 2001. 'Falling Tax Compliance and the Rise of the Virtual Budget in Russia'. IMF Staff Papers 48 (special issue). Washington DC: International Monetary Fund
Akira, S. 1989. *Capital Accumulation in Thailand*. Tokyo: Centre for East Asian Studies
Allingham, M. G. and Sandmo, A. 1972. 'Income Tax Evasion: A Theoretical Analysis', *Journal of Public Economics* 1: 323–38
Alm, J. and Martinez-Vazquez, J. 2003. 'Institutions, Paradigms, and Tax Evasion in Developing and Transition Countries', in J. Alm and J. Martinez-Vazquez (eds.) *Public Finance in Developing and Transition Countries: Essays in Honor of Richard Bird*. Papers presented at a conference at Andrew Young School of Policy Studies, Georgia State University. Cheltenham, UK: Edward Elgar: 146–78
Alm, J. and Torgler, B. 2004. *Culture Differences and Tax Morale in the United States and Europe*. Working Paper. Atlanta GA: Andrew Young School of Policy Studies, Georgia State University
Amis, P. 1998. 'Urban Management in Uganda: Survival under Stress', in H. Hansen and M. Twaddle (eds.) *Developing Uganda*. Oxford: James Currey: 215–26
Anderson, L. 1995. 'Peace and Democracy in the Middle East: The Constraints of Soft Budgets', *Journal of International Affairs* 49(1): 25–45
  1987. 'The State in the Middle East and North Africa', *Comparative Politics* 20(1): 1–19
Andreoni, J., Erard, B. and Feinstein, J. 1998. 'Tax Compliance', *Journal of Economic Literature* 36: 818–60
Anonymous 1884. 'Popular Banquet Offered to H. E. Sir John Pope Hennessy, by 650 Inhabitants of Mauritius on the 13th September 1884 in the Grounds of the Royal College, Port Louis, Mauritius', pamphlet. Port Louis

Araujo-Bonjean, C. and Chambas, G. 2003. 'Taxing the Urban Unrecorded Economy in Sub-Saharan Africa'. Paper prepared for the 'Hard to tax' conference, Atlanta, May 2003, Clermont, France: CERDI-Université d'Auvergne

Ardant, G. 1975. 'Financial Policy and Economic Infrastructure of Modern States and Nations', in C. Tilly (ed.) *The Formation of National States in Western Europe*. Princeton: Princeton University Press: 164–242

Argumenty i fakty 12 June 2002

Ayee, J. 1997. 'Policy Management in Ghana: The Case of Value Added Tax', *African Journal of Public Administration and Management* 8–9(2): 51–64

Azabou, M. and Nugent, J. B. 1989. 'Tax Farming: Anachronism or Optimal Contract', in M. K. Nabli and J. B. Nugent (eds.) *The New Institutional Economics and Development: Theory and Applications to Tunisia*. Amsterdam: North Holland: 178–99

1988. 'Contractual Choice in Tax Collection Activities: Some Implications of the Experience with Tax Farming', *Journal of Institutional and Theoretical Economics* 144: 684–705

Bahiigwa, G., Ellis, F., Fjeldstad, O.-H. and Iversen, V. 2004. *Uganda Rural Taxation Study*. Report commissioned by DFID Uganda. Kampala: Economic Policy Research Centre

Ballhatchet, K. 1995. 'The Structure of British Official Attitudes: Colonial Mauritius, 1883–1968', *Historical Journal* 38(4): 989–1101

Balogh, T. and Bennett, C. J. M. 1963. *Report of the Commission of Enquiry (Sugar Industry) 1962*. Mauritius Legislative Council Sessional Paper 4. Port Louis

Baltimore Sun 18 April 2001; 12 February 2001

Banyuetan-neibuban [Semi-monthly; edition for internal circulation] 2000, no. 2: 1–22

Barkan, J. D. and Chege, M. 1989. 'Decentralising the State: District Focus and the Politics of Reallocation in Kenya', *Journal of Modern African Studies* 27(3): 431–53

Baross, P. and van der Linden, J. 1990. *The Transformation of Land Supply Systems in Third World Cities*. Aldershot, UK: Avebury

Bates, R. H. 2001. *Prosperity and Violence: The Political Economy of Development*. New York and London: W. W. Norton

1997. *Open-Economy Politics: The Political Economy of the World Coffee Trade*. Princeton: Princeton University Press

1981. *Markets and States in Tropical Africa: The Political Basis of Agricultural Policies*. Berkeley: University of California Press

Bates, R. H. and Lien, Da-Hsiang D. 1985. 'A Note on Taxation, Development and Representative Government', *Politics and Society* 14(1): 53–70

Baunsgaard, T. and Keen, M. 2005. *Tax Revenue and (or?) Trade Liberalization*. IMF Working Paper WP/05/112. Washington DC: International Monetary Fund

Beblawi, H. 1987. 'The Rentier State in the Arab World', in H. Beblawi and G. Luciani (eds.) *The Rentier State*. New York: Croom Helm: 46–62

Beijing Review 13–19 January 1992: 37–8

Benians, E. A., Butler, J. and Carrington, C. E. (eds.) 1959. *The Cambridge History of the British Empire*, III: *The Empire-Commonwealth, 1870–1919*. Cambridge: Cambridge University Press

Bergman, M. 2003. 'Tax Reforms and Tax Compliance: The Divergent Paths of Chile and Argentina', *Journal of Latin American Studies* 35(3): 593–624

2002. 'Who Pays for Social Policy? A Study on Taxes and Trust', *Journal of Social Policy* 31(2): 289–305

Bergquist, C. 1986. *Labor in Latin America Comparative: Essays on Chile, Argentina, Venezuela, and Colombia*. Stanford CA: Stanford University Press

Bernstein, T. 1984. 'Stalinism, Famine, and Chinese Peasants: Grain Procurements during the Great Leap Forward', *Theory and Society* 13(3): 339–77

Bernstein, T. and Lü, X. 2003. *Taxation without Representation in Contemporary Rural China*. Cambridge and New York: Cambridge University Press

2000. 'Taxation without Representation: Peasants, the Central and the Local States in Reform China', *China Quarterly* 163: 742–63

Berthelot, L. 1991. *Chambre de Commerce et D'Industrie de Maurice: Histoire de la plus ancienne institution du secteur privé Mauricien*. Port Louis: Chamber of Commerce and Industry of Mauritius

Best, M. H. 1976. 'Political Power and Tax Revenues in Central America', *Journal of Development Economics* 3(1): 49–82

Bianco, L. 2001. *Peasants without the Party: Grass-Roots Movements in Twentieth Century China*. Armonk NY: M. E. Sharpe

Bigsten, A. and Kayizzi-Mugerwa, S. 1999. *Crisis, Adjustment and Growth in Uganda: A Study of Adaptation in an African Economy*. New York: St Martin's Press

Bird, R. M. 2003. *Taxation in Latin America: Reflections on Sustainability and the Balance Between Equity and Efficiency*. Paper for World Bank Study on Inequality and the State in Latin America and the Caribbean. Washington DC: World Bank

1992. *Tax Policy and Economic Development*. Baltimore and London: Johns Hopkins University Press

Bird, R. M. and Casanegra, M. 1992. *Improving Tax Administration in Developing Countries*. Washington DC: International Monetary Fund

Bird, R. M. and Gendron, P.-P. 2005. *VAT Revisited: A New Look at the Value Added Tax in Developing and Transitional Countries*. Toronto: International Tax Program, Joseph L. Rotman School of Management, University of Toronto

Bird, R. M. and Slack, E. 2002. *Land and Property Taxation: A Review*. Toronto: University of Toronto

Bird, R. M. and Wallace, S. 2003. *Is It Really So Hard to Tax the Hard-to-Tax? The Context and Role of Presumptive Taxes*. International Tax Program Papers 0307. Toronto: International Tax Program, Joseph L. Rotman School of Management, University of Toronto

Bird, R. M. and Zolt, E. M. 2003. *Introduction to Tax Policy Design and Development*. Paper for a course on Practical Issues of Tax Policy in Developing Countries. Washington DC: World Bank

Bird, R. M., Martinez-Vazquez, J. and Torgler, B. 2004. *Societal Institutions and Tax Effort in Developing Countries*. International Studies Program Working Paper 0406. Atlanta GA: Andrew Young School of Policy Studies, Georgia State University

Blakemore, H. 1974. *British Nitrates and Chilean Politics, 1986–1896: Balmaceda and North*. London: Athlone Press

Boaz, D. 1997. *Libertarianism: A Primer*. New York and London: Free Press

Boix, C. 2001. 'Democracy, Development and the Public Sector', *American Journal of Political Science* 45(1): 1–17

Bollen, K. A. and Jackman, R. 1985. 'The Economic and Noneconomic Determinants of Political Democracy in the 1960s', *Research in Political Sociology* 1: 27–48

Boone, C. 2003. *Political Topographies of the African State: Territorial Authority and Institutional Choice*. Cambridge: Cambridge University Press

  1994. 'Trade, Taxes and Tribute: Market Liberalizations and the New Importers in West Africa', *World Development* 22(3): 453–67

Bowman, J. R., and Wallerstein, M. 1982. 'The Fall of Balmaceda and Public Finance in Chile', *Journal of Interamerican Studies and World Affairs* 24(4): 421–60

Boylan, D. M. 1996. 'Taxation and Transition: The Politics of the 1990 Chilean Tax Reform', *Latin American Research Review* 31(1): 7–31

Braddick, M. J. 1996. *The Nerves of State: Taxation and the Financing of the English State, 1588–1714*. Manchester and New York: Manchester University Press

Braithwaite, V. (ed.) 2003. *Taxing Democracy: Understanding Tax Avoidance and Evasion*. Aldershot, UK and Burlington VT: Ashgate

Bratton, M. and Lambrecht, G. 2001. 'Uganda's Referendum 2000: The Silent Boycott', *African Affairs* 100: 429–52

Bräutigam, D. 2005. 'Strategic Engagement: Markets, Transnational Networks, and Globalization in Mauritius', *Yale Journal of International Affairs* 1(1): 43–78

Bräutigam, D. and Knack, S. 2004. 'Foreign Aid, Institutions, and Governance in Sub-Saharan Africa', *Economic Development and Cultural Change* 52(2): 255–86

Brewer, J. 1989. *The Sinews of Power: War, Money and the English State, 1688–1783*. London: Unwin Hyman; New York: Alfred A. Knopf

Brown, J. R. 1963. 'Nitrate Crises, Combinations and the Chilean Government in the Nitrate Age', *Hispanic American Research Review* 43(2): 230–45

Bruno, M. and Easterly, W. 1999. *Inflation Crisis and Long Run Growth*. Policy Research Working Paper 1517. Washington DC: World Bank

Bukurura, L. H. 1991. 'Public Participation in Financing Local Development: The Case of Tanzanian Development Levy', *Africa Development* 16(3–4): 75–99

Burgess, R. and Stern, N. 1993. 'Taxation and Development', *Journal of Economic Literature* 31(2): 762–830

Burns, J. P. 2003. 'Downsizing the Chinese State: Government Retrenchment in the 1990s', *China Quarterly* 175: 775–802

Cámara de Senadores 1913–1925. *Actas de Sesiones Ordinarias y Extraordinarias: Documentos Parliamentarios.* Santiago de Chile: Imprenta Nacional (and others)

Cameron, M. A. 1991. 'The Politics of the Urban Informal Sector in Peru: Populism, Class and "Redistributive Combines"', *Canadian Journal of Latin American and Caribbean Studies* 16(31): 79–104

Cariola, C. and Sunkel, O. 1985. 'The Growth of the Nitrate Industry and Socioeconomic Change in Chile 1880–1930', in R. C. Conde and S. Hunt (eds.) *The Latin American Economies.* New York: Holmes and Meier: 137–254

Casanegra de Jantscher, M. 1990. 'Administering the VAT', in M. Gillis, C. S. Shoup and G. Sicat (eds.) *Value-Added Taxation In Developing Countries.* Washington DC: World Bank: 171–9

Catterson, J. and Lindahl, C. 1998. *The Sustainability Enigma: Aid Dependency and Phasing Out of Projects: The Case of Swedish Aid to Tanzania.* Stockholm: Management Perspective International for SIDA

Centeno, M. A. 2002. *Blood and Debt: War and the Nation-State in Latin America.* University Park PA: Penn State University Press

 1997. 'Blood and Debt: War and Taxation in Nineteenth-Century Latin America', *American Journal of Sociology* 102(6): 1565–605

Chand, S. K. and Moene, K. O. 1999. 'Controlling Fiscal Corruption', *World Development* 27(7): 1129–40

Changqing Ding *et al.* 1990. *Minguo Yanwu Shigao* [draft history on salt affairs in the Republican period]. Beijing: Renmin Chubanshe

Chaudhry, K. A. 1997. *The Price of Wealth: Economies and Institutions in the Middle East.* Ithaca NY and London: Cornell University Press

 1989. 'The Price of Wealth: Business and State in Labor Remittance and Oil Economies', *International Organization* 43(1): 101–45

Cheibub, J. A. 1998. 'Political Regimes and the Extractive Capacity of Governments: Taxation in Democracies and Dictatorships', *World Politics* 50(3): 349–76

Chen Daolong 1994. 'Xiangcun zai huhan' [The cries of the countryside], *Yue Hua* Supplement (Zengkan): 2–22

Chen, P. T. 1935–6. 'Public Finance', in Kwei Chungshu (ed.) *The Chinese Yearbook, 1935–36,* Shanghai: Commercial Press: 1, 298

Chen Yimin 1983. 'Nongmin fudan ji de jianqing' [It is urgently necessary to reduce peasant burdens], *Nongcun Gongzuo Tongxun* [Rural Work Bulletin] 8: 19–20

Chesterman, S., Ignatieff, M. and Thakur, R. (eds.) 2005. *Making States Work: State Failure and the Crisis of Governance.* Tokyo: United Nations University Press

China Daily 20 September 2003

Chipeta, C. 2002. *The Second Economy and Tax Yield in Malawi.* Nairobi: African Economic Research Consortium

Ciesielski, W. 2004. 'Tax Administration and Tax System in Poland', *Tax Information Bulletin* (Warsaw: Ministerstwo Finansow)

Cohen, Sir A. 1950. *British Policy in Changing Africa.* London: Routledge & Kegan Paul

241

Collier, P. and Hoeffler, A. 2004. 'Greed and Grievance in Civil War', *Oxford Economic Papers* 56(4): 563–96

Collier, S. and Sater, W. F. 1997. *A History of Chile 1808–1994*. Cambridge: Cambridge University Press

Colony of Mauritius 1953. *Legislative Council Debates*, 23 June 1953
  1948. *Mauritius Economic Commission 1947–48*, Report Part I. Port Louis
  1934. *Blue Book of the Colony of Mauritius and its Dependencies 1934*. Port Louis
  1928. *Blue Book of the Colony of Mauritius and its Dependencies 1928*. Port Louis
  1921. *Blue Book of the Colony of Mauritius and its Dependencies 1921*. Port Louis
  1920. *Blue Book of the Colony of Mauritius and its Dependencies 1920*. Port Louis
  1910. *Blue Book of the Colony of Mauritius and its Dependencies 1910*. Port Louis
  1901. *Council of Government, Session of 1901*, 24 September. Port Louis
  1900. *Blue Book of the Colony of Mauritius and its Dependencies*, 1900. Port Louis
  1885. *Blue Book of the Colony of Mauritius and its Dependencies 1885*. Port Louis

Colton, T. J. and Homes, S. (eds.) 2006. *The State After Communism: Governance in the New Russia*. Latham MD: Rowman, Littlefield.

Commission on Financial Situation of Mauritius 1931. *Financial Situation of Mauritius: Report of a Commission Appointed by the Secretary of State for the Colonies*. London: HMSO

Corbett, D. C. M. [1989] 2002. *F.A.R.C. and the Organisation of Agricultural Research in Mauritius*. Food and Agriculture Research Council, Government of Mauritius. http://farc.gov.mu/othrpub/cr.htm (accessed 3 October 2005)

CRC (Constitutional Review Commission) 2003. *The Report of the Commission of Inquiry (Constitutional Review): Findings and Recommendations*. Kampala: Republic of Uganda, Government Printer

Crook, R. 2002. 'Decentralisation and Poverty Reduction in Africa: The Politics of Local-Central Relations'. Mimeo. Brighton, UK: Institute of Development Studies

Croome, J. D. 1939. 'Report by J. D. Croome in United States Department of State Records with Special Reference to the Internal Affairs of China, 1930–1939'. Microfilm DS 893.51/150. Washington DC: US Department of State Records

Cross, J. 1998. *Informal Politics: Street Vendors and the State in Mexico City*. Stanford CA: Stanford University Press

Crystal, J. 1990. *Oil and Politics in the Gulf: Rulers and Merchants in Kuwait and Qatar*. New York: Cambridge University Press

Cukierman, A., Edwards, S. and Tabellini, G. 1992. 'Seigniorage and Political Instability', *American Economic Review* 82(3): 537–55

Cummings, R. G., Martinez-Vazquez, J., McKee, M. and Torgler, B. 2005. 'Effects of Tax Morale on Tax Compliance: Experimental and Survey Evidence'. International Studies Program Working Paper 05–16. Atlanta: Andrew Young School of Policy Studies, Georgia State University
  2004. 'Fiscal Exchange and Social Capital: Effects of Culture on Tax Compliance'. Unpublished manuscript.

Curtis, J. L. 1989. Review of M. Levi *Of Rule and Revenue* and R. Rose and T. Karran *Taxation and Political Inertia*, in *American Political Science Review* 83

Daily News (Dar es Salaam) 28 November 1997

Daunton, M. 2001. *Trusting Leviathan: The Politics of Taxation in Britain 1799–1914*. Cambridge: Cambridge University Press

Davey, K. 1974. *Taxation of Peasant Economy: The Example of Graduated Tax in East Africa*. London: Charles Knight

Davis, C. L., Aguilar, E. E. and Speer, J. G. 1999. 'Associations and Activism: Mobilization of Urban Informal Workers in Costa Rica and Nicaragua', *Journal of Interamerican Studies and World Affairs* 41(3): 35–66

De Mooij, R. A. and Ederveen, J. P. 2003. 'Taxation and Foreign Direct Investment: A Synthesis of Empirical Research', *International Tax and Public Finance* 10: 673–93

De Soto, H. 1990. *The Other Path: The Invisible Revolution in the Third World*. New York: Harper and Row

Devarajan, S., Rajkumar, A. S. and Swaroop, V. 1999. *What Does Aid to Africa Finance?* Policy Research Working Paper 2092. Washington DC: World Bank Development Research Group

Devas, N., Delay, S. and Hubbard, M. 2001. 'Revenue Authorities: Are They the Right Vehicle for Improved Tax Administration?' *Public Administration and Development* 21(3): 211–22

Dickovick, J. T. (in press). 'The "Colectivo" Action Problem: The Local Politics of Small Business in Peru', in K. Burgess (ed.) *Between Cooperation and Suspicion: Civil Society and the State in Peru*. Syracuse: Global Affairs Institute

Dillinger, W. 1992. *Urban Property Tax Reform: Guidelines and Recommendations*. Washington DC: World Bank

Doner, R. F. and Ramsay, A. 2004. 'Growing into Trouble: Institutions and Politics in the Thai Sugar Industry', *Journal of East Asian Studies* 4: 97–138

Doner, R. F., Ritchie, B. K. and Slater, D. 2005. 'Systemic Vulnerability and the Origins of Developmental States: Northeast and Southeast Asia in Comparative Perspective', *International Organization* 59(2): 327–61

Dryden, S. 1968. *Local Administration in Tanzania*. Nairobi: East African Publishing House

Due, J. F. 1963. *Taxation and Economic Development in Tropical Africa*. Cambridge MA: MIT Press

Durand, F. 2002. *State Institutional Development: Assessing the Success of the Peruvian Tax Reform*. San Antonio: University of Texas

Easter, G. M. 2002. 'Politics of Revenue Extraction in Post-Communist States: Poland and Russia Compared', *Politics and Society* 30(4): 599–627

　1997. 'Preference for Presidentialism: Post-Communist Regime Change in Russia and the NIS', *World Politics* 49(2): 184–211

Ebrill, L., Keen, M., Bodin, J-P. and Summers, V. 2002. 'The Allure of the Value-Added Tax', *Finance and Development* 39(2): 44–7

The Economist 1891–1929 xxxxix–cix

Ekiert, G. and Kubik, J. 2001. *Rebellious Civil Society*. Ann Arbor MI: University of Michigan Press

Elman, B. 2000. *A Cultural History of Civil Examinations in Late Imperial China*. Berkeley: University of California Press

　1991. 'Social, Political, and Cultural Reproduction via Civil Service Examinations in Late Imperial China', *Journal of Asian Studies* 50(1): 7–28

Englebrecht, P. 2002. 'Born-Again Buganda or The Limits of Traditional Resurgence in Africa', *Journal of Modern African Studies* 40(3): 345–68

Ershiyi Shiji Jingji Daobao [The 21st-Century World Economic Herald] 23 February 2005

Ertman, T. 1997. *Birth of the Leviathan: Building States and Regimes in Mediaeval and Early Modern Europe*. Cambridge: Cambridge University Press

Esanov, A., Raiser, M. and Buiter, W. 2001. *Nature's Blessing or Nature's Curse: The Political Economy of Transition in Resource-Based Economies*. Working Paper 65. London: European Bank for Reconstruction and Development

Estela, M. 2000. 'Strengthening the Integrity of a Tax Collection Agency. The Case of SUNAT in Peru'. Paper prepared for a World Bank–Inter-American Development Bank Workshop 'Radical Solutions for Fighting Corruption in the Public Sector: Do They Work? Examples from Tax and Customs', Washington DC, 2–3 November

Evans, P. 1995. *Embedded Autonomy: States and Industrial Transformation*. Princeton: Princeton University Press

Fairbanks, C. H. 2002. 'Weak States and Private Armies', in M. R. Bessinger and C. Young (eds.) *Beyond State Crisis? Postcolonial Africa and Post-Soviet Eurasia in Comparative Perspective*. Washington DC: Woodrow Wilson Center Press: 129–60

Fauvelle-Aymar, C. 1999. 'The Political and Tax Capacity of Governments in Developing Countries', *Kyklos* 52(3): 391–413

Fearon, J. 2005. 'Primary Commodity Exports and War', *Journal of Conflict Resolution* 49(4): 483–507

Fearon, J. D. and Laitin, D. D. 2003. 'Ethnicity, Insurgency, and Civil War', *American Political Science Review* 97(1): 91–106

Ferguson, N. 2001. *The Cash Nexus: Money and Power in the Modern World, 1700–2000*. New York: Basic Books; London: Penguin

Finansy v Rossii: Statisticheskii sbornik 2000. Moscow: Goskomstat

Fjeldstad, O.-H. 2006. 'Corruption in Tax Administration: Lessons from Institutional Reforms in Uganda', in S. Rose-Ackerman (ed.) *International Handbook on the Economics of Corruption*. Cheltenham, UK: Edward Elgar: 484–511

2004. 'What's Trust Got To Do With It? Non-Payment of Service Charges in Local Authorities in South Africa', *Journal of Modern African Studies* 43(4): 539–62

2003. 'Fighting Fiscal Corruption: Lessons from the Tanzania Revenue Authority', *Public Administration and Development* 23(2): 165–75

2001. 'Taxation, Coercion and Donors: Local Government Tax Enforcement in Tanzania', *Journal of Modern African Studies* 39(2): 289–306

Fjeldstad, O.-H. and Semboja, J. 2001. 'Why People Pay Taxes: The Case of the Development Levy in Tanzania', *World Development* 29(12): 2059–74

2000. 'Dilemmas of Fiscal Decentralisation: A Study of Local Government Taxation in Tanzania', *Forum for Development Studies* 27(1): 7–41

Fjeldstad, O.-H., Kolstad, I. and Lange, S. 2003. *Autonomy, Incentives and Patronage: A Study of Corruption in the Tanzania and Uganda Revenue Authorities*. CMI Report R 2003:9 Bergen: Chr. Michelsen Institute

Fjeldstad, O.-H. with Henjewele, F., Mwambe, G., Ngalewa, E. and Nygaard, K. 2004. *Local Government Finances and Financial Management in Tanzania: Observations from Six Councils*, 2000–2003. REPOA Special Paper 16. Dar es Salaam: REPOA

Fouracre, P. R., Kwakye, E., Silcock, A. D. and Okyere, J. N. 1994. 'Public Transport in Ghanaian Cities: A Case of Union Power', *Transport Reviews* 14(1): 45–61

Francis, P. and James, R. 2003. 'Balancing Rural Poverty Reduction and Citizens Participation: The Contradictions of Uganda's Decentralization Program', *World Development* 31(2): 325–37

Frey, B. and Feld, L. 2002. *Deterrence and Morale in Taxation: An Empirical Analysis*. CESifo Working Paper 760. Munich: Center for Economic Studies and ifo Institute for Economic Research

Friedman, E., Johnson, S., Kaufmann, D. and Zoido-Lobaton, P. 2000. 'Dodging the Grabbing Hand: The Determinants of Unofficial Activity in 69 Countries', *Journal of Public Economics* 76(3): 459–93

Fukuyama, F. 2004. *State-Building: Governance and World Order in the 21st Century*. Ithaca NY: Cornell University Press

FZRB (Fazhi Ribao [Legal Daily]) 5 November 1998

Gallo, C. 1997. 'The Autonomy of Weak States: States and Classes in Primary Export Economies', *Sociological Perspectives* 40(4): 639–60

1991. *Taxes and State Power: Political Instability in Bolivia 1900–1950*. Philadelphia: Temple University Press

Gariyo, Z. and Anena, C. 2001. 'The Rights of Taxpayers vis-à-vis Tax Authorities'. Paper presented at the annual conference of the Research Programme 'Taxation, Aid and Democracy', Kampala, 7–8 April 2001

Gayan, S. N. and Gapauloo, I. N. 1990. *An Act to Serve: Sir Veerasamy Ringadoo (Debates and Speeches)*. Moka, Mauritius: Mahatma Ghandi Institute.

Gemmell, N. and Morrissey, O. 2005. 'Distribution and Poverty Impacts of Tax Structure Reform in Developing Countries: How Little We Know', *Development Policy Review* 23(2): 131–44

Gerring, J., Thacker, S. C. and Moreno, C. 2005. 'Centripetal Democratic Governance: A Theory and Global Inquiry', *American Political Science Review* 99(4): 567–81

Gerth, H. H. and Mills, C. W. 1946. *From Max Weber: Essays in Sociology*. New York: Oxford University Press

Gervasoni, C. 2006. 'A Rentier Theory of Subnational Authoritarian Enclaves: The Politically Regressive Effects of Progressive Federal Revenue Distribution'. Paper presented at the annual meeting of the American Political Science Association, Philadelphia, 31 August 2006

Gerxhani, K. 2004. 'The Informal Sector in Developed and Less Developed Countries: A Literature Survey', *Public Choice* 120(3–4): 267–300

Ghai, D. P. 1966. *Taxation for Development: A Case Study of Uganda*. Nairobi: East African Publishing House

Gloppen, S. and Rakner, L. 2002. 'Accountability through Tax Reform? Reflections from Sub-Saharan Africa', *IDS Bulletin* 33(3): 30–40

Goldsmith, A. A. 2002. 'Business Associations and Better Governance in Africa', *Public Administration and Development* 22: 39–49

Goode, R. 1993. 'Tax Advice to Developing Countries: An Historical Survey', *World Development* 21(1): 37–54

GoU (Government of Uganda) 2005. *Budget Speech: Financial Year 2005/06.* (8 June). Kampala: Ministry of Finance, Planning and Economic Development

—— 1994. *Iganga Tax Riots Commission of Inquiry Report.* Kampala: Ministry of Local Government

—— 1987. *Report of the Commission of Inquiry into the Local Government System.* Entebbe: Government Printer

Gould, A. C. 2001. 'Party Size and Policy Outcomes: An Empirical Analysis of Taxation in Democracies', *Studies in Comparative International Development* 36(2): 3–26

Gould, A. C. and Baker, P. J. 2002. 'Democracy and Taxation', *Annual Review of Political Science* 5: 87–110

Grindle, M. S. (ed.) 1997. *Getting Good Government.* Cambridge MA: Harvard Institute for International Development

Gu Kang, Bai Jingming and Ma Xiaoling 1999. 'Liudong guiwei–"feigaishui" de jiben silu' [Basic thoughts on the integration and distribution of funds by means of turning fees into taxes], *Neibu Canyue* [Internal Readings] 22: 2–7

Guan Jie 1995. 'Peasant Riots in Shanxi, Henan, and Hunan', *Dongxiang* 124, 18 December 1995: 18–19, translation in *China Perspective* 2, 1996: 6–9

Guo Zhenglin with Bernstein, T. 2004. 'The Impact of Elections on the Village Structure of Power: The Relations between the Village Committees and the Party Branches', *Journal of Contemporary China* 13(39): 257–75

Guyer, J. I. 1992. 'Representation without Taxation: An Essay on Democracy in Rural Nigeria, 1952–1990', *African Studies Review* 35(1): 41–79

Hallowell, B. C. 1949. 'Administration of Tin Control in Bolivia 1931–1939', *Inter American Economic Affairs* 3(2): 3–24

Hamilton, K. and Clemens, M. 1999. 'Genuine Savings Rates in Developing Countries', *World Bank Economic Review* 13(2): 333–56

Han Hongjie 1997. 'Nongmin fudan yu xiang (zhen) fuzhai' [Peasant burdens and township (town) debts], *Nongcun Jingji* no. 6

Havnevik, K. 1993. *Tanzania: The Limits to Development from Above.* Uppsala: Nordic Africa Institute

He Xuefeng 2003. 'Xiangcun zhixu yu xiangcun tizhi–jianlun nongmin de hezuo nengli wenti' [The rural order and the rural structure seen in the light of the question of whether peasants can cooperate], 27 August 2003. www.crs.org.cn

Heady, C. 2002. *Tax Policy in Developing Countries: What Can Be Learned From OECD Experience?* Brighton, UK: Institute of Development Studies

Henneman, J. B. 1971. *Royal Taxation in Fourteenth Century France: The Development of War Financing 1322–1356.* Princeton: Princeton University Press

Herb, M. 2003. 'Taxation and Representation', *Studies in Comparative International Development* 38(3): 3–31

Herbst, J. 2000. *States and Power in Africa: Comparative Lessons in Authority and Control.* Princeton: Princeton University Press

Hickey, S. 2003. *The Politics of Staying Poor in Uganda.* Manchester: Chronic Poverty Research Centre, Institute for Development Policy and Management, University of Manchester

Hicks, U. 1961. *Development from Below: Local Government and Finance in Developing Countries of the Commonwealth*. Oxford: Clarendon Press

Hinrichs, H. H. 1966. *A General Theory of Tax Structure Change during Economic Development*. Cambridge MA: Law School of Harvard University

Hllela, K. S. 2003. *Dilemmas of Collective Action in the Informal Economy*. Johannesburg: Centre for Policy Studies

Hlophe, D. and Friedman, S. 2002. '... And Their Hearts and Minds Will Follow...? Tax Collection, Authority and Legitimacy in Democratic South Africa', *IDS Bulletin* 33(3): 67–76

Hoffman, B. D. and Gibson, C. C. 2006. 'Mobility and the Political Economy of Taxation in Tanzania'. Paper given to the annual meeting of American Political Science Association, Philadelphia, September 2006

  2005. 'Fiscal Governance and Public Services: Evidence From Tanzania and Zambia'. San Diego CA: Department of Political Science, University of California

Hopcroft, R. L. 1999. 'Maintaining the Balance of Power: Taxation and Democracy in England and France, 1340–1688', *Sociological Perspectives* 42(1): 69–95

Hui, V. T.-B. 2005. *War and State-Formation in Ancient China and Early Modern Europe*. New York: Cambridge University Press

Hull, B. B. 2000. 'Religion Still Matters', *Journal of Economics* 26: 35–48

Hyden, G. 1980. *Beyond Ujamaa in Tanzania: Underdevelopment and an Uncaptured Peasantry*. London: Heinemann

IBRD (International Bank for Reconstruction and Development) 1961. *The Economic Development of Tanganyika*. Baltimore: Johns Hopkins University Press

Iliffe, J. 1979. *A Modern History of Tanganyika*. London and New York: Cambridge University Press

ILO (International Labour Office) 1999. *Key Indicators of the Labour Market*. Geneva: International Labour Office

  1998. *Industrial Relations, Democracy and Social Stability*. Geneva: International Labour Office

Innis, H. [1930] 1956. *The Fur Trade in Canada: An Introduction to Canadian Economic History*, rev. edn. Toronto: University of Toronto Press

International Crisis Group 2004. *Northern Uganda: Understanding and Solving the Conflict*. Nairobi and Brussels: International Crisis Group

International Monetary Fund 2006. 'Assessment Letter in the Context of Aid for Trade Initiative, September 8, 2006'. www.imf.org/external/np/pp/eng/2006/090806.pdf (accessed 7 April 2007)

International Tax Dialogue 2006. 'Tax Treatment of Donor-Financed Projects'. Discussion Paper 3 October 2006. www.itdweb.org/documents/taxtreatmentofdonorfinancedprojectsOct06.pdf (accessed 20 May 2007)

ITE (Institute for Transition Economy) 2001. *Russian Economy in 2000: Trends and Outlooks*. Moscow: Institute for Transition Economy

Iutkin, T. F. 2002. *Nalogi i nalogoblozhenie*. Moscow: Infra-M

Ivanova, A., Keen, M. and Klemm, A. 2005. *The Russian Flat Tax Reform*. IMF Working Paper 16. Washington DC: International Monetary Fund

Jackson, R. H. 1990. *Quasi-States: Sovereignty, International Relations and the Third World*. Cambridge: Cambridge University Press

Jamal, V. 1978. 'Taxation and Inequality in Uganda, 1900–1964', *Journal of Economic History* 38(2): 418–38

Jensen, N. and Wantchekon, L. 2004. 'Resource Wealth and Political Regimes in Africa', *Comparative Political Studies* 37(7): 816–41

JessoPress, D. 1976. 'The Colonial Stock Act of 1900: A Symptom of the New Imperialism?' *Journal of Imperial and Commonwealth History* 4: 154–63

Johnson, S., Kaufmann, D. and Zoido-Lobaton, P. 1998. 'Regulatory Discretion and the Unofficial Economy', *American Economic Review* 88(2): 387–432

Joshi, A. and Ayee J. 2002. 'Taxing for the State? Politics, Revenue and the Informal Sector in Ghana', *IDS Bulletin* 33(3): 90–7

Jung, D. (ed.) 2003. *Shadow Globalization, Ethnic Conflicts and New Wars: The Political Economy of Intra-State War*. London and New York: Routledge

Kahler, M. (ed.) 1998. *Capital Flows and Financial Crises*. Ithaca NY: Cornell University Press

Kaldor, N. 1963. 'Will Underdeveloped Countries Learn to Tax?' *Foreign Affairs* 41: 410–19

Karl, T. L. 1997. *The Paradox of Plenty: Oil Booms and Petro-States*. Berkeley: University of California Press

Katalikawe, J. W. R. 1988. The New Community Charge: Some Pertinent Lessons from Africa', *Modern Law Review* 51: 173–86

Katusiime, F. M. 2003. 'Measuring Tax Performance among East African Countries', *Uganda Revenue Authority Fiscal Bulletin* 2(1): 1–50

Kelsall, T. 2000. 'Governance, Local Politics and "Districtization" in Tanzania: The 1998 Arumeru Tax Revolt', *African Affairs* 99(397): 533–51

Kesner, R. M. 1982. *Economic Control and Colonial Development: Crown Colony Financial Management in the Age of Joseph Chamberlain*. Oxford: Clio Press; Westport CT: Greenwood Press

Khalilzadeh-Shirazi, J. and Shah, A. 1991. 'Introduction: Tax Policy Issues for the 1990s', *World Bank Economic Review* 5(3): 459–71

Khan, A. R. and Riskin, C. 1998. 'Income and Inequality in China: Composition, Distribution and Growth of Household Income, 1988 to 1995', *China Quarterly* no. 154: 221–53

Kiser, E. and Baker, K. 1994. 'Could Privatization Increase the Efficiency of Tax Administration in Less Developed Countries?' *Policy Studies Journal* 22(3): 489–500

Kiser, E. and Barzel, Y. 1991. 'The Origins of Democracy in England', *Rationality and Society* 3(4): 396–422

Kjær, A. M. 2004. 'Institutional History or Quid-Pro-Quo? Exploring Revenue Collection in Two Ugandan Districts'. Paper prepared for presentation at the annual meeting of the American Political Science Association, Chicago, 2–5 September 2004. Aarhus: Department of Political Science, University of Aarhus

Knack, S. 2001. 'Aid Dependence and the Quality of Governance: Cross-Country Empirical Tests', *Southern Economic Journal* 68(2): 310–29

Kobb, D. 2001. 'Corruption in Tanzania: An Application of Tax Farming'. Mimeo. Tanga, Tanzania: KKonsult USA

Kohli, A. 2004. *State-Directed Development: Political Power and Industrialization in the Global Periphery*. New York: Cambridge University Press

Kolodko, G. 2000. *From Shock to Therapy: The Political Economy of Postsocialist Transformation*. Oxford: Oxford University Press

Kommersant 20–21 February 1997

Kornai, J. 1995. *Highways and Byways: Studies on Reform and Post-Communist Transition*. Cambridge MA: MIT Press

Kosc, W. 2000. 'EC 2000 Progress Report on Poland', *Central European Review* 2(39) http://www.ce-review.org/00/39/eu39poland.html

Koshkin, V. N. 1997. 'O dopolnitel′nykh nalogakh i sborakh, vvodimykh organami vlasti sub′ektov RF', *Nalogovyi vestnik* no. 28: 33–5

Kuchta-Helbling, C. 2002. *Barriers to Participation: The Informal Sector in Developing and Transition Countries*. Washington DC: Centre for Private Enterprise

Kulaba, S. 1989. 'Local Government and the Management of Urban Services in Tanzania', in R. E. Stren and R. R. White (eds.) *African Cities in Crisis: Managing Rapid Urban Growth*. Boulder CO: Westview Press: 205–45

Kwei Chungshu (ed.) 1936. *The Chinese Yearbook 1935–1936*. Shanghai and Chungking: Commercial Press

Lamusse, R. 1964. 'The Economic Development of the Mauritius Sugar Industry: The Sources of Capital and System of Crop Finance', *Revue Agricole et Sucrière de l'Ile Maurice* 43(4): 354–72

Lee, P. K. 2000. 'Into the Trap of Strengthening State Capacity: China's Tax Assignment Reform', *China Quarterly* no. 164: 1007–23

Lenain, P. and Bartoszuk, L. 2000. *The Polish Tax Reform*. OECD Economic Department Working Paper 234. Paris: Overseas Economic Cooperation and Development

Levi, M. 1999a. 'Death and Taxes: Extractive Equality and the Development of Democratic Institutions', in I. Shapiro and C. Hacker-Cordon (eds.) *Democracy's Value*. Cambridge and New York: Cambridge University Press

1999b. 'A State of Trust', in V. Braithwaite and M. Levi (eds.) *Trust and Governance*. New York: Russell Sage Foundation

1988. *Of Rule and Revenue*. Berkeley, Los Angeles and London: University of California Press

Levy, B. and Kpundeh, S. J. (eds.) 2004. *Building State Capacity in Africa*. Washington DC: World Bank

LGFC (Local Government Finance Commission) 2002. *Fiscal Decentralisation in Uganda*. Strategy Paper. Kampala: Local Government Finance Commission

Li Lianjiang 2004. 'Political Trust in Rural China', *Modern China* 30(2): 228–58

2003. 'The Empowering Effect of Village Elections in China', *Asian Survey* 43(4): 648–62

2002. 'The Politics of Introducing Township Elections in Rural China', *China Quarterly* no. 171: 704–23

Li Lianjiang and O'Brien, K. 1996. 'Villagers and Popular Resistance in Contemporary China', *Modern China* 22(1): 28–61

Li Mingfeng 1999. 'Guangxi linye shuifei de wenti ji duice' [Problems and countermeasures of Guangxi's forest taxes and fees], *Linye Jingji* [Forestry Economics] no. 1: 58–9, 62

Li Qin 1992. 'Dui wo guo nongmin fudan zhuangkuang de fenxi' [Analysis of peasant burdens], *Zhongguo Nongcun Jingji* [Economy of Rural China] no. 8: 47–51

Li Xueyi and Zhang Houyi 1993. 'Some Comments on Current Agricultural Problems', *Zhongguo Nongcun Jingji* no. 3 in Joint Publications Research Service 28 May 1993

Li Zijing 2005. 'Hu Jintao xiaxiang mudu canguan' [Hu Jintao goes to the countryside to see for himself], *Cheng Ming* no. 1: 10–11

——1997. 'Si sheng wushi wan nongmin kangzheng' [Half a million peasants resist in four provinces], *Cheng Ming* no. 8: 19–21

Liaowang Dongfang Zhoukan n.d. 'Nongye shui quxiao hou, nongmin guojia yishi jiti guannian ye xiaoshi' [Will the abolition of the agricultural tax also lead to loss of peasants' state consciousness and collective outlook], *Liaowang Dongfang Zhoukan* [Eastern Observer Weekly]. www.news.weiok.com/printpage.asp?ArticleD=7016

Lieberman, E.S. 2003. *Race and Regionalism in the Politics of Taxation in Brazil and South Africa.* New York and Cambridge: Cambridge University Press

——2002a. 'How South African Citizens Evaluate Their Economic Obligations to the State', *Journal of Development Studies* 38(3): 37–62

——2002b. 'Taxation Data as Indicators of State–Society Relations', *Studies in Comparative International Development* 36(4): 89–115

——2001. 'National Political Community and the Politics of Income Taxation in Brazil and South Africa in the Twentieth Century', *Politics and Society* 29(4): 515–56

Livingstone, I. and Charlton, R. 2001. 'Financing Decentralized Development in a Low-Income Country: Raising Revenue for Local Government in Uganda', *Development and Change* 32: 77–100

——1998. 'Raising Local Authority District Revenues through Direct Taxation in a Low-Income Developing Country: Evaluating Uganda's GPT', *Public Administration and Development* 18: 499–517

Lledo, V., Schneider, A. and Moore, M. 2004. *Governance, Taxes and Tax Reform in Latin America.* IDS Working Paper 221. Brighton, UK: Institute of Development Studies

Lü, Xiaobo 1997. 'The Politics of Peasant Burden in Reform China', *Journal of Peasant Studies* 25(1): 113–38

Lugalla, J. 1997. 'Development, Change, and Poverty in the Informal Sector during the Era of Structural Adjustment in Tanzania', *Canadian Journal of African Studies* 31(3): 424–51

Lukes, S. 2005. *Power: A Radical View.* Basingstoke, UK and New York: Palgrave Macmillan

Luo Yousheng and Sun Zuohai (eds.) 1993. *Zhonghua remin gongheguo nongye fa shiyi* [Explanation of the PRC Agricultural Law]. Qinhuangdao: Zhongguo zhengfu daxue chubanshe

Luoga, F. 2002. 'Taxpayers' Rights in the Context of Democratic Governance: Tanzania', *IDS Bulletin* 33(3): 50–7

Lutchmeenaraidoo, K., D'Espaignet, J. T. and Sidambaram, M. 1973. *Committee of Enquiry (Sugar Industry) 1972–73*. Port Louis: Government of Mauritius

Ma Hong and Wang Mengkui (eds.) 2003. *2003-ban Zhongguo Fazhan Yanjiu* [China Development Studies, 2003 edition]. Beijing: Zhongguo Fazhan Chubanshe

McCarten, W. 2005. 'The Role of Organizational Design in the Revenue Strategies of Developing Countries: Benchmarking with VAT Performance'. Draft paper. Washington DC: World Bank

— 2004. 'Focussing on the Few: The Role of Large Taxpayer Units in the Revenue Strategies of Developing Countries'. Draft paper. Washington DC: World Bank.

McCluskey, W. J. and Franzsen, R. C. D. 2005. *Land Value Taxation: An Applied Analysis*. Aldershot, UK: Ashgate Publishing

MacDonald, J. 2003. *A Free Nation Deep in Debt: The Financial Roots of Democracy*. New York: Farrar, Straus and Giroux

McQueen, C. A. 1924. *Chilean Public Finance*. US Department of Commerce, Bureau of Foreign and Domestic Commerce, Special Agents Series 224. Washington DC: Government Printing Office

Maddison, A. 2001. *The World Economy: A Millennial Perspective*. Paris: OECD Development Studies Centre

Magana, A., Lynn, J. A. and Mendive, P. 1965. *Problems of Tax Administration in Developing Countries*. Baltimore: Johns Hopkins University Press

Mahon, J. E. 2005. 'Liberal States and Fiscal Contracts: Aspects of the Political Economy of Public Finance'. Paper prepared for delivery at the annual meeting of the American Political Science Association, Washington DC, 1–4 September

— 2004. 'Causes of Tax Reform in Latin America, 1977–95', *Latin American Research Review* 39(1): 3–30

Mahon, J. E. n.d. 'Globalization and the Exchange of Institutions for Resources', unpublished paper

Makara, S. and Tukahebwe, G. B. 2003. 'An Overview of the 2001 Presidential Elections', in S. Makara, G. B. Tukahebwa and F. E. Byarugaba (eds.) *Voting for Democracy in Uganda*. Kampala: LDC Publishers Printing Press: 270–298

Mamalakis, M. J. 1989. *Historical Statistics of Chile: Government Services and Public Sector and a Theory of Services*, iv. New York: Greenwood Press

— 1976. *The Growth and Structure of the Chilean Economy: From Independence to Allende*. New Haven: Yale University Press

— 1971. 'The Role of Government in the Resource Transfer and Resource Allocation Processes: The Chilean Nitrate Sector, 1880–1930'. Center for Latin American Studies 19. Milwaukee WI: University of Wisconsin

— 1965. 'Public Policy and Sectorial Development: A Case Study of Chile 1940–1958', in M. Mamalakis and C. W. Reynolds (eds.) *Essays on the Chilean Economy*. Homewood IL: Richard D. Irwin: 13–200

Mamdani, M. 1996. *Citizen and Subject: Contemporary Africa and the Legacy of Late Colonialism*. Princeton NJ: Princeton University Press

— 1991. 'A Response to Critics', *Development and Change* 22(3): 351–66

Mann, M. 1993. *The Sources of Social Power*, II: *The Rise of Classes and Nation-States, 1760–1914*. Cambridge and New York: Cambridge University Press

Mao Zedong 1976–7. 'Speeches at the Chengchow Conference' [February and March l959], *Chinese Law and Government* 9

Mares, D. R. 1993. 'State Leadership in Economic Policy: A Collective Action Framework with a Colombian Case', *Comparative Politics* 25(4): 455–73

Marfan, M. 2001. 'The Chilean Tax Reform of 1990: A Success Story'. Mimeo. Santiago: Inter-American Development Bank, Sustainable Development Department, Poverty and Inequality Unit

Maxfield, S. and Schneider, B. R. (eds.) 1997. *Business and the State in Developing Countries*. Ithaca NY: Cornell University Press

Memorias de Ministro de Hacienda Presentada al Congreso Nacional 1912, 1915, 1918, 1919–1925. Santiago de Chile: various printers

Migdal, J. 1988. *Strong Societies and Weak States*. Princeton NJ: Princeton University Press

Mikesell, J. 2003. *International Experiences with Administration of Local Taxes: A Review of Practices and Issues*. Bloomington IN: School of Public and Environmental Affairs, Indiana University

Millard, T. 1926. *New York Times* 4 April 1926

Ming Pao [Enlightened Paper] 8 November 1996

Moe, T. 2005. 'Power and Political Institutions', *Perspectives on Politics* 3(2): 215–33

Montero, R. 1953. *La Verdad sobre Ibañez*. Buenos Aires: Editorial Freeland

Moore, B. 1966. *Social Origins of Dictatorship and Democracy: Lord and Peasant in the Making of the Modern World*. Boston: Beacon Press

Moore, M. 2004a. 'Revenues, State Formation, and the Quality of Governance in Developing Countries', *International Political Science Review* 25(3): 297–319

  2004b. 'Taxation and the Political Agenda, North and South', *Forum for Development Studies* 31(1): 7–32

  2001. 'Political Underdevelopment: What Causes "Bad Governance"?' *Public Management Review* 1(3): 385–418

  1998. 'Death Without Taxes: Democracy, State Capacity, and Aid Dependency in the Fourth World', in G. White and M. Robinson (eds.) *Towards a Democratic Developmental State*. Oxford: Oxford University Press: 84–121

Moore, M. and Schneider, A. 2004. *Taxation, Governance, and Poverty: Where do Middle Income Countries Fit In?* IDS Working Paper 230. Brighton, UK: Institute of Development Studies

Morrisson, E. 1959. 'The Modernization of the Confucian Bureaucracy', Ph.D. dissertation, Radcliffe College

Moscow Times 23 June 2003

Moss, T., Petterson, G. and van de Walle, N. 2006. *An Aid-Institutions Paradox? A Review Essay on Aid Dependency and State Building in Sub-Saharan Africa*. Working Paper 74. Washington DC: Center for Global Development

Mostajo, R. 2004. *Prospects for an Integral Tax Reform with Equity: Towards a Fiscal Covenant for Peru*. Lima: UK Department for International Development

Munkler, H. 2005. *The New Wars*. Cambridge: Polity Press

Murillo, V. 2000. 'From Populism to Neoliberalism, Labour Unions and Market Reforms in Latin America', *World Politics* 52(2): 135–74

Musgrave, R. 1969. *Fiscal Systems*. New Haven: Yale University Press

Musgrave, R. and Peacock, A. T. (eds.) 1964. *Classics in the Theory of Public Finance*. London: Macmillan

Nabuguzi, E. 1995. 'Popular Initiatives in Service Provision in Uganda', in J. Semboja and O. Therkildsen (eds.) *Service Provision under Stress in East Africa: The State, NGOs and People's Organizations in Kenya, Tanzania and Uganda*. London: James Currey: 192–208

Nagy, P. 1997. 'The Fiscal Component of the First Russian Stabilization Effort, 1992–3', in M. Blejer and T. Ter-Minassian (eds.) *Fiscal Policy and Economic Reform*. London: Routledge: 223–45

Nanfang Dushibao [Southern Metropolitan Daily] 16 March 2005

Nanfang Zhoumo [Southern Weekend] 11 September 1998

Napal, D. 1984. *British Mauritius, 1810–1948*. Port Louis, Mauritius: Hart Printers

Naughton, B. 1995. *Growing out of the Plan: Chinese Economic Reforms, 1978–1993*. New York: Cambridge University Press

Nee, V. and Ingram, P. 1998. 'Embeddedness and Beyond: Institutions, Exchange and Social Structure', in M. C. Brinton and V. Nee (eds.) *The New Institutionalism in Sociology*. Stanford CA: Stanford University Press: 19–45

New York Times 4 April 1926; 19 July 2005; 20 April 2001

Newberry, D. and Stern, N. (eds.) 1987. *The Theory of Taxation for Developing Countries*. New York: Oxford University Press for the World Bank

Nezavisimaia Gazeta 23 October 1996

Ngoi, G. K. 1997. 'Surveys of the Informal Sector in Tanzania: Methods, Results and Problems of Data Collection'. Paper presented at the Seminar on the Informal Sector and Economic Policy in Sub-Saharan Africa, Bamako, 10–14 March

Nongmin Ribao [Farmers Daily] 20 January 1988

North, D. C. 1990. *Institutions, Institutional Change and Economic Performance*. New York: Cambridge University Press

North, D. C. and Thomas, R. P. 1973. *The Rise of the Western World: A New Economic History*. New York: Cambridge University Press

North, D. C. and Weingast, B. 1989. 'Constitutions and Commitment: The Evolution of Institutions Governing Public Choice in Seventeenth-Century England', *Journal of Economic History* 49(4): 803–32

Nugent, P. 1995. *Big Men, Small Boys, and Politics in Ghana: Power, Ideology, and the Burden of History, 1982–1994*. New York: Pinter

O'Brien, K. and Li Lianjiang 1995. 'The Politics of Lodging Complaints in China', *China Quarterly* no. 143: 756–83

O'Brien, T. F., Jr. 1979. 'Chilean Elites and Foreign Investors: Chilean Nitrate Policy, 1880–82', *Journal of Latin American Studies* 2: 101–21

ODA (Overseas Development Administration) 1966. 'Uganda: Enhancing District Revenue Generation and Administration'. Unpublished paper. London: Overseas Development Administration

OECD (Organisation for Economic Cooperation and Development) 2004. *Economic Survey: Poland. 2004*. Paris: OECD

2002. *Economic Survey: Poland. 2002.* Paris: OECD
2001. *Economic Survey: Poland. 2000.* Paris: OECD
1998. *Economic Survey: Poland. 1998.* Paris: OECD
1994. *Economic Survey: Poland. 1994.* Paris: OECD
Oi, J. C. 1997. *Rural China Takes Off.* Berkeley: University of California Press
1989. *State and Peasant in Contemporary China: The Political Economy of Village Government.* Berkeley: University of California Press
Okigbo, P. N. C. 1965. *Nigerian Public Finance.* Evanston IL: Northwestern University Press
Olson, M. 1965. *The Logic of Collective Action.* Cambridge MA: Harvard University Press
Owens, J. and Hamilton, S. 2004. 'Experience and Innovations in Other Countries', in H. J. Aaron and J. Slemrod (eds.) *The Crisis in Tax Administration.* Washington DC: Brookings Institution Press: 347–88
Peattie, L. 1987. 'An Idea in Good Currency and How it Grew: The Informal Sector', *World Development* 15(7): 851–60
Pepper, H. W. T. 1969. 'Poll Taxes, Payroll Taxation, and Social Security', *Bulletin for International Fiscal Documentation* 23(1): 4–26
Perov, A. V. 2000. *Nalogi i mezhdurodnye soglasheniia Rossii.* Moscow: Iurist
Perry, E. 1992. 'Casting a Chinese "Democracy" Movement: The Role of Students, Workers, and Entrepreneurs', in J. Wasserstrom and E. Perry (eds.) *Popular Protest and Political Culture in China,* 2nd edn. Boulder CO: Westview Press: 74–92
Petro, N. N. 2004. *Crafting Democracy: How Novgorod has Coped with Rapid Social Change.* Ithaca NY: Cornell University Press
Piancastelli, M. 2001. *Measuring the Tax Effort of Developed and Developing Countries: Cross-Country Panel Data Analysis – 1985/95.* Discussion Paper 818. Rio de Janeiro: Instituto de Pesquisa Economica Aplicada
Pipes, R. 1974. *Russia under the Old Regime.* London: Weidenfeld
Pope-Hennessy, J. 1964. *Verandah: Some Episodes in the Crown Colonies, 1867–1889.* New York: Alfred A. Knopf
Porter, A. N. and Stockwell, A. J. 1987. *British Imperial Policy and Decolonization, 1938–1964,* i: *1938–51.* New York: St Martin's Press
Portes, A. and Sassen-Koob, S. 1987. 'Making It Underground: Comparative Material on the Informal Sector in Western Market Economies', *American Journal of Sociology* 93(1): 30–61
Prestwich, M. 1972. *War, Politics and Finance under Edward I.* London: Faber and Faber
Price Waterhouse 1998. *Local Government Finance Reform: A System for the Financing of Local Government.* Report prepared for the Prime Minister's Office, United Republic of Tanzania. Dar es Salaam
Prud'homme, R. 1992. 'Informal Local Taxation in Developing Countries', *Environment and Planning C: Government and Policy* 10: 1–17
Putnam, R. J. 1993. *Making Democracy Work: Civic Traditions in Modern Italy.* Princeton: Princeton University Press
Rawski, T. 1989. *Economic Growth in Pre-War China.* Berkeley: University of California Press

Remick, E. 2004. *Building Local States: China During the Republican and Post-Mao Eras*. Cambridge: Harvard University Press

Remmer, K. L. 2004. 'Does Foreign Aid Promote the Expansion of Government?' *American Journal of Political Science* 48(1): 77–92

Reno, W. 2002. 'Uganda's Politics of War and Debt Relief', *Review of International Political Economy* 9(3): 415–35

RMRB (Renmin Ribao [People's Daily]) 24 October 2003; 1 April 1997; 17 November 1985. www.china.org.cn

Overseas ed. 11 October 2003; 16 March 2001

Roever, S. 2005. *Enforcement and Compliance in Lima's Street Markets*. Research Paper 2005/16. Helsinki: WIDER

Rosati, D. 1998. *Polska droga do rynku*. Warsaw: Polskie wydawnictwo ekonomiczne

Rosenthal, J.-L. 1998. 'The Political Economy of Absolutism Reconsidered', in Robert H. Bates, Avner Greif, Margaret Levi and Jean Laurent (eds.) *Analytic Narratives*. Princeton NJ: Princeton University Press: 64–108

Ross, M. L. 2004. 'Does Taxation Lead to Representation?' *British Journal of Political Science* 34(2): 229–49

2001. "Does Oil Hinder Democracy?". *World Politics* 53(3): 325–62

2001. 'Does Oil Hurt Democracy?' *World Politics* 53(3): 325–61

Rosser, A. 2006. *The Political Economy of the Resource Curse: A Literature Survey*. IDS Working Paper 268. Brighton, UK: Institute of Development Studies

Rossiiskaia Gazeta 17 October 2001; 17 July 1997

Rueschemeyer, D. 2005. 'Building States: Inherently a Long-Term Process? An Argument from Theory', in M. Lange and D. Rueschemeyer (eds.) *States and Development: Historical Antecedents of Stagnation and Advance*. New York: Palgrave Macmillan: 143–64

Russian Economic Trends December 1997

Sachs, J. D. and Warner, A. 2001. 'The Curse of Natural Resources', *European Economic Review* 45: 827–38

Sadka, E. and Tanzi, V. 1993. 'A Tax on Gross Assets of Enterprises as a Form of Presumptive Taxation', *Bulletin: International Bureau of Fiscal Documentation* 47(2): 66–73

Saint Petersburg Times 21–27 April 1997; 2–8 March 1997

Sanyal, B. 1996. 'Intention and Outcome: Formalization and its Consequences', *Regional Development Dialogue* 17(1): 161–78

1991. 'Organizing the Self-Employed: The Politics of the Urban Informal Sector', *International Labour Review* 130(1): 39–56

1988. 'The Urban Informal Sector Revisited', *Third World Planning Review* 10(1): 65–83

Schick, A. 2002. 'Can National Legislatures Regain an Effective Voice in Budget Policy?' *OECD Journal on Budgeting* 1(3): 15–42

Schneider, F. 2002. 'The Size and Measurement of the Informal Economy in 110 Countries Around the World'. Paper presented at the Workshop of the National Tax Centre ANU, Canberra, 17 July 2002

Scott, J. 1998. *Seeing Like a State: How Certain Schemes to Improve the Human Condition Have Failed*. New Haven: Yale University Press
Selwyn, P. 1983. 'Mauritius: The Meade Report Twenty Years After', in R. Cohen (ed.) *African Islands and Enclaves*. Beverly Hills: Sage Publications: 249–75
Semboja, J. and Therkildsen, O. 1992. 'Short-Term Mobilization for Recurrent Financing of Rural Local Governments in Tanzania', *World Development* 20(8): 1101–13
Shafer, D. M. 1994. *Winners and Losers: How Sectors Shape the Developmental Prospects of States*. Ithaca NY: Cornell University Press
Shanghai Lingdian Shichang Gongsi 1998. 'Miaodian: huanjie pinkun guocheng ...' *Zhongguo Qingnian Yanjiu* no. 1: 24–8
Shanin, T. 1971. 'The Peasantry as a Political Factor', in T. Shanin (ed.) *Peasants and Peasant Societies*. Baltimore MD: Penguin: 238–63
Shivji, I. 1979. 'Semi-Proletarian Labour and the Use of Penal Sanctions in the Labour Law of Colonial Tanganyika (1920–1938)'. Paper presented at a criminology conference at the University of Cambridge, Cambridge, July 1979
Shue, V. 1988. *The Reach of the State: Sketches of the Chinese Body Politic*. Stanford: Stanford University Press: 352–73
Skinner, J. 1993. 'If Agricultural Land Taxation is so Efficient, Why is it so Rarely Used?' in K. Hoff, A. Braverman and J. Stiglitz (eds.) *The Economics of Rural Organization: Theory, Practice, and Policy*. Oxford and New York: Oxford University Press
Skocpol, T. 1992. *Protecting Soldiers and Mothers: The Political Origins of Social Policy in the United States*. Cambridge MA and London: Belknap Press of Harvard University Press
    1985. 'Bringing the State Back In: Strategies of Analysis in Current Research', in P. B. Evans, D. Rueschemeyer and T. Skocpol (eds.) *Bringing the State Back In*. New York: Cambridge University Press: 3–43
Slay, B. 1994. *The Polish Economy*. Princeton: Princeton University Press
Slemrod, J. (ed.) 1992. *Why People Pay Taxes? Tax Compliance and Enforcement*. Ann Arbor MI: University of Michigan Press
    1990. 'Optimal Taxation and Optimal Tax Systems', *Journal of Economic Perspectives* 4(1): 157–78
Smith, A. [1776] 1999. *The Wealth of Nations*. Books 1–3, edited with an introduction and notes by A. Skinner. London: Penguin Books
Smith, L. 2003. 'The Power of Politics: The Performance of the South African Revenue Service and Some of its Implications', Johannesburg: Centre for Policy Studies *Policy: Issues and Actors* 16(2): 1–19
Snyder, R. and Bhavnani, R. 2005. 'Diamonds, Blood, and Taxes: A Revenue-Centered Framework for Explaining Political Order', *Journal of Conflict Resolution* 49(4): 563–97
Solinger, D. J. 1999. *Contesting Citizenship in Urban China: Peasant Migrants, the State and the Logic of the Market*. Berkeley: University of California Press
Soto Cárdenas, A. 1998. *Influencia Británica en el Salitre*. Santiago, Chile: Editorial Universitaria de Santiago
South American Journal 1909–14
South China Morning Post 11 November 1996

Spear, T. 1997. *Mountain Farmers*. Berkeley: University of California Press; Oxford: James Currey

Stark, D. and Bruszt, L. 1998. *Postsocialist Pathways*. New York: Cambridge University Press

State Council Bulletin 20 November 1985 no. 11

Steinmo, S. 1993. *Taxation and Democracy: Swedish, British and American Approaches to Financing the Modern State*. New Haven: Yale University Press

Steinmo, S. and Tolbert, C. J. 1998. 'Do Institutions Really Matter? Taxation in Industrialized Democracies', *Comparative Political Studies* 31(2): 165–87

Stella, P. 1993. 'Tax Farming: A Radical Solution for Developing Country Tax Problems?' *IMF Staff Papers* 40(1): 217–25

Stern, N. 1987. 'The Theory of Optimal Commodity and Income Taxation: An Introduction', in D. Newbery and N. Stern (eds.) *The Theory of Taxation for Developing Countries*. London and New York: Oxford University Press for the World Bank: 22–59

Stewart, M. 2002. *Global Trajectories of Tax Reform: Mapping Tax Reform in Developing and Transition Countries*. Public Law and Legal Theory Research Paper 29. Melbourne: Faculty of Law, University of Melbourne

Stiglitz, J. 2003. 'Populists are Sometimes Right.' Project Syndicate. www.project-syndicate.org

Storey, W. K. 1997. *Science and Power in Colonial Mauritius*. Rochester NY: University of Rochester

Stotsky, J. G. and WoldeMariam, A. 1997. *Tax Effort in Sub-Saharan Africa*. IMF Working Paper WP/97/107. Washington DC: International Monetary Fund

Strauss, J. 1998. *Strong Institutions in Weak Polities: State Building in Republican China*. Oxford: Clarendon Press

Stubbs, R. 1999. 'War and Economic Development: Export-Oriented Industrialization in East and Southeast Asia', *Comparative Politics* 31: 337–55

Sun Meijun 1998. 'Nongmin fudan xianzhuang ji qi guozhong de genyuan' [Peasant burdens and the causes of their excessive size], *Zhongguo Nongcun Jingji* no. 4: 7–12

Swedberg, R. (ed.) 1991. *Joseph A. Schumpeter: The Economics and Sociology of Capitalism*. Princeton: Princeton University Press

Swettenham Commission 1909. *Report of the Mauritius Royal Commission, 1909*. London: HMSO

Tait, A. 1989. 'IMF Advice on Fiscal Policy', *IMF Working Paper No. 89/87*.

Tait, A. and Erbas, N. 1997. 'Excess Wage Tax', in M. Blejer and T. Ter-Minassian (eds.) *Fiscal Policy and Economic Reform*. London: Routledge: 181–222

Taliercio, R. R. 2004. 'Administrative Reform as Credible Commitment: The Impact of Autonomy on Revenue Authority Performance in Latin America', *World Development* 32(2): 213–32

  2003. *Designing Performance: The Semi-Autonomous Revenue Authority Model in Africa and Latin America*. Washington DC: World Bank

Tang Ping 1992. *Zhonguo Tongji Xinxi* [China Statistical News] 10 September 1992. Joint Publication Research Service (JPRS) 92-86: 32–4

Tang Yinsu 1991. 'Jianjue, renzhen de zhengdun ruanruo huansan de cunji zuzhi' [Resolutely and earnestly rectify village organisations that are weak and lax], *Zhongguo Minzheng* no. 9: 18–19

Tanzi, V. 2001. 'Creating Effective Tax Administrations: The Experience of Russia and Georgia', in J. Kornai, R. Kaufman and S. Haggard (eds.) *Reforming the State: Fiscal and Welfare Reform in Post-Socialist Countries*. New York: Cambridge University Press: 53–74

 2000. 'Taxation and Economic Structure', in G. Perry, J. Whalley and G. McMahon (eds.) *Fiscal Reform and Structural Change in Developing Countries*, II. Basingstoke, UK: Macmillan

Tanzi, V. and Zee, H. H. 2001. 'Tax Policy for Developing Countries'. IMF Economic Issues 27. www.imf.org/external/pubs/ft/issues/issues27/index.htm (accessed 16 May 2007)

 2000a. *Tax Policy for Emerging Markets: Developing Countries*. IMF Working Paper WP/00/35. Washington DC: International Monetary Fund

 2000b. 'Tax Policy for Emerging Markets: Developing Countries', *National Tax Journal* 53(2): 299–322

Taras, R. (ed.) 1997. *Postcommunist Presidents*. Cambridge: Cambridge University Press

Teelock, V. 1998. *Bitter Sugar: Sugar and Slavery in 19th Century Mauritius*. Moka, Mauritius: Mahatma Gandhi Institute

Temu, A. E. and Due, J. M. 2000. 'The Business Environment in Tanzania after Socialism: Challenges of Reforming Banks, Parastatals, Taxation and the Civil Service', *Journal of Modern African Studies* 38(4): 683–712

Tendler, J. 2002. 'Small Firms, the Informal Sector and the Devil's Deal', *IDS Bulletin* 33(3): 98–104

Terkper, S. 2003. 'Managing Small and Medium-sized Taxpayers in Developing Countries', *Tax Notes International* 29(2): 211–29

 1999. 'Revenue Authorities: A Comparison of the Experiences of Ghana and East African Countries', *Bulletin for International Fiscal Documentation* 53(4): 171–9

 1995. *Ghana: Tax Administration Reforms (1985–1993)*. Washington DC: World Bank

Terray, E. 1986. 'Le Climatiseur et la Véranda', in *Afrique Plurielle, Afrique Actuelle: Hommages à Georges Balandier*. Paris: Kathala

Therkildsen, O. 2004a. 'Autonomous Tax Administration in Sub-Saharan Africa: The Case of the Uganda Revenue Authority', *Forum for Development Studies* 31(1): 59–88

 2004b. 'Direct Taxation, Prisons and Politics in Uganda'. Paper presented at DIIS workshop. Copenhagen: Danish Institute for International Studies

 2004c. 'Trends in Personal Taxation in Uganda, 1961–2000'. Mimeo. Copenhagen: Danish Institute for International Studies

 2002a. 'Keeping the State Accountable: Is Aid No Better than Oil?' *IDS Bulletin* 33(3): 41–9

 2002b. 'Uganda's Referendum: The Silent Boycott. A Critical Comment', *African Affairs* 101: 231–41

 2001. 'Understanding Taxation in Poor African Countries: A Critical Review of Selected Perspectives', *Forum for Development Studies* 28(1): 125–45

Thies, C. G. 2005. 'War, Rivalry, and State-Building in Latin America', *American Journal of Political Science* 49(3): 451–65

2004. 'State-Building, Interstate and Intrastate Rivalry: A Study of Post-Colonial Developing Country Extractive Efforts, 1975–2000', *International Studies Quarterly* 48(1): 53–72

Thioub, I., Diop, M. and Boone, C. 1998. 'Economic Liberalization in Senegal: Shifting Politics of Indigenous Business Interests', *African Studies Review* 41(2): 63–90

Thirsk, W. R. 1993 'Recent Experience with Tax Reform in Developing Countries', in R. Faini and J. De Melo (eds.) *Fiscal Issues in Adjustment in Developing Countries*. New York: St Martin's Press: 169–96

Thompson, G. 2003. *Governing Uganda: British Colonial Rule and its Legacy*. Kampala: Fountain Publishers

Thompson, J. D. 1967. *Organizations in Action*. Pittsburgh: University of Pittsburgh Press

Thorpe, R. and Durand, F. 1997. 'A Historical View of Business-State Relations: Colombia, Peru and Venezuela Compared', in S. Maxfield and B. R. Schneider (eds.) *Business and the State in Developing Countries*. Ithaca NY: Cornell University Press: 216–36

Tikhomirov, V. 2000. *The Political Economy of Post-Soviet Russia*. London: Macmillan

Tilly, C. 2002. 'Democratization and De-Democratization'. S. D. Clark Lecture at the University of Toronto, November 2002

2000. 'Processes and Mechanisms of Democratization', *Sociological Theory* 18(1): 2–16

1992. *Coercion, Capital and European States, AD 990–1992*. Cambridge MA and Oxford, UK: Blackwell

1985. 'Warmaking and State Making as Organized Crime', in P. B. Evans, D. Rueschemeyer and T. Skocpol (eds.) *Bringing the State Back In*. Cambridge: Cambridge University Press: 161–91

1975. (ed.) *The Formation of National States in Western Europe*. Princeton: Princeton University Press

Timmons, J. F. 2005. 'The Fiscal Contract: States, Taxes and Public Services', *World Politics* 15(4): 530–67

Tokman, V. E. 2001. 'Integrating the Informal Sector into the Modernization Process', *SAIS Review* 21(1): 45–60

Tolkushkin, A. V. 2001. *Istoriia nalogov v Rossii*. Moscow: Iurist

Toma, E. F. and Toma, M. 1991. 'Tax Collection with Agency Costs: Private Contracting or Government Bureaucrats?' *Economica* 59: 107–20

Tordoff, W. 1965. 'Regional Administration in Tanzania', *Journal of Modern African Studies* 3(1): 63–89

Torgler, B. 2003. 'Tax Morale in Latin America'. WWZ Discussion Paper. Basel: Wirtschaftswissenschaftliches Zentrum, University of Basel

Tripp, A. M. 2001. *Non-formal Institutions, Informal Economies and the Politics of Inclusion*. Helsinki: WIDER

1997. *Changing the Rules: The Politics of Liberalization and the Urban Informal Economy in Tanzania*. Berkeley: University of California Press

Uganda Protectorate 1960. *Report of the Commission of Inquiry into the Disturbances in the Eastern Province, 1960.* Entebbe: Government Printer

UPPA (Uganda Participatory Poverty Assessment) 2002. *Deepening the Understanding of Poverty.* Kampala. Ministry of Finance

2000. *Learning from the Poor.* Kampala. Ministry of Finance

URT (United Republic of Tanzania) 2003. *Formative Process Research on the Local Government Reform in Tanzania: Methodological Challenges and Summary of Findings.* Field Report 1, 8 March. Dar es Salaam: President's Office, PO-RALG

1991. *Report of the Presidential Commission on Enquiry into Public Revenues, Taxation and Expenditure.* Dar es Salaam: United Republic of Tanzania

1982. 'The Local Government Finances Act, 1982', in *Local Government Laws*, rev. edn 2000. Dar es Salaam: United Republic of Tanzania: 195–243

US Department of State 2002. *U.S. WTO Agriculture Proposal*, 23 August 2002. www.state.gov/g/oes/rls/fs/2002/12963.htm (accessed September 2005)

Valenzuela, S. 2000. 'Class Relations and Democratization: A Reassessment of Barrington Moore's Model', in M. A. Centeno and F. Lopez-Alves (eds.) *The Other Mirror: Grand Theory through the Lens of Latin America.* Princeton: Princeton University Press: 240–86

Vedomosti 1 February 2001

Virahsawmy, R. 1979. 'Le developpement du capitalisme agraire et l'emergence de petits planteurs à l'ile Maurice', *Africa Development* (Dakar) 4(2–3): 136–48

Wallace, S. 2002. *Imputed and Presumptive Taxes: International Experiences and Lessons for Russia.* Atlanta GA: Andrew Young School of Policy Studies, Georgia State University

Wang Shaoguang and Hu Angang 1999. *The Political Economy of Uneven Development: The Case of China.* Atmonk NY: M. E. Sharpe

Wang Yanbin 1995. 'Nongmin fudan: Anxia hulu qilai piao', *Minzhu yu Fahzi* [Democracy and Law] 1995 no. 13: 11–13

Wang Yaoxin and Lu Xianzhen 1997. 'Nongmin fudan wenti jian xi' [A simple analysis of the peasant burden problems], *Tongji Yanjiu* [Statistical Research] no. 6: 7–12

Wang Yushao 1997. 'Yingdang zhengshi "nongmin fudan kongzhi guiding" suo cunzai de biduan' [Attention should be paid to malpractice that arise from the directives on peasant burden control], *Liaowang* no. 7: 30

Warsaw Business Journal 22 July 2005

Warsaw Voice 7 March 2003; 5 December 1999; 13 September 1998

Warsaw Voice: Business and Economy Yearbook 1998. Warsaw: Warsaw Voice

Washbrook, D. A. 1981. 'Law, State and Society in Colonial India', *Modern Asian Studies* 15(3): 649–721

Waterbury, J. 1997. 'Fortuitous By-Products', *Comparative Politics* 29(3): 383–412

Watts, Sir F. 1930. *Report on the Mauritius Sugar Industry, 1929.* London: HMSO

Webber, C. and Wildavsky, A. 1986. *A History of Taxation and Expenditure in the Western World.* New York: Simon and Schuster

Weberly, P. (ed.) 1991. *Tax Evasion: An Experimental Approach*. Cambridge: Cambridge University Press

Weingast, B. 1995. 'The Economic Role of Political Institutions: Market Preserving Federalism and Economic Development', *Journal of Law, Economics, and Organization* 11(1): 1–32

Wen Tiejun 2000. *Nanfang Zhoumo* [Southern Weekend] 24 August 2000

Weyland, K. 2005. 'The Diffusion of Innovations: How Cognitive Heuristics Shaped Bolivia's Pension Reform', *Comparative Politics* 38(1): 21–42

Whiting, S. 2001. *Power and Wealth in Rural China: The Political Economy of Institutional Change*. New York: Cambridge University Press

Widener, J. 1991. 'Interest Group Structure and Organization in Kenya's Informal Sector: Cultural Despair or a Politics of Multiple Allegiances', *Comparative Political Studies* 24(1): 31–55

Winters, J. A. 1996. *Power in Motion: Capital and the Indonesian State*. Ithaca NY and London: Cornell University Press

Wong, C. 1998. 'Fiscal Dualism in China: Gradualist Reform and the Growth of Off-Budget Finance', in D. Brean (ed.) *Taxation in Modern China*. New York and London: Routledge: 187–208

(ed.) 1997. *Financing Local Government in the People's Republic of China*. Hong Kong and New York: Oxford University Press for the Asian Development Bank

Wong, R. B. 1999. 'Citizenship in Chinese History', in M. Hanagan and C. Tilly (eds.) *Extending Citizenship, Reconfiguring States*. Lanham MD and London: Rowan & Littlefield: 97–122

1997. *China Transformed: Historical Change and the Limits of European Experience*. Ithaca NY: Cornell University Press

World Bank 2005. 'East of Doing Business Index'. www.doingbusiness.org/EconomyRankings (accessed 22 October 2005)

2002a. *China: National Development and Sub-National Finance. A Review of Provincial Expenditure*. Washington DC: World Bank

2002b. *Governance Research Indicators Database: 1996–2002*. http://www.worldbank.org/wbi/governance/govdata2002/ (accessed 22 October 2005)

2002c. *Memorandum and Recommendation of the International Bank for Reconstruction and Development to the Executive Directors on a Country Assistance Strategy of the World Bank Group for the Republic of Mauritius*. Africa Region, Country Department 8, Report 23904-MAS 9 April 2002. Washington DC: World Bank

2001. 'Introducing a Value Added Tax: Lessons from Ghana', PREMNotes 61. Washington DC: World Bank

2000. 'Reforming Tax Systems: Lessons from the 1990s', PREMNotes 37. Washington DC: World Bank

1989. *Mauritius: Managing Success*. Washington DC: World Bank

Wunsch, J. S. 1990. 'Centralization and Development in Post-Independence Africa', in J. S. Wunsch and D. Olowu (eds.) *The Failure of the Centralized State: Institutions and Self-Governance in Africa*. Boulder CO: Westview Press: 43–73

Xinhua [New China News Agency] 8 January 2003; 14 April 2000; 8 December 1996

Xinhua Neican Xuanbian 1996. [Internal Selections by New China News Agency] no.4

Xinhuawang New China [News Agency Net] 3 March 2004. http://news.163.com/2004w03/12478/2004w3_10781149674351.html (accessed 26 May 2007)

Xu Yong 2003. *Zhanlue yu Guanli* no. 4: 90–7

Yeltsin, B. 2000. *Midnight Diaries*. New York: Public Affairs

Yu Jianrong 2003. 'Nongmin you zuzhi kangzheng jiqi zhengzhi fengxian: Hunan sheng H xian diaocha' [Peasants' organised resistance and its political risks: investigation of Hunan's H county], *Zhanlue yu Guanli* [Strategy and Management] no. 3: 1–16

Yue Shan 2004. 'Jin erbaiwan nongmin canyu kangzheng' [Nearly two million peasants took part in resistance], *Cheng Ming* no. 12: 16–18

——— 2003. 'Shiliu da hou kangzheng liangchao biandi yong' [A valiant wave of resistance sweeps over the county in the aftermath of the 16th Congress], *Cheng Ming* no. 1: 17–19

——— 2000. 'Shehui zhuangkuang ehua de jingren shuzi' [Worsening of the social situation is indicated by alarming numbers], *Cheng Ming* no. 2: 21–3

——— 1997. 'Gan E wushiwan nongmin baodong', *Cheng Ming* no. 9: 21–3

Zeitlin, M. and Ratcliff, R. E. 1988. *Landlords and Capitalists: The Dominant Class of Chile*. Princeton: Princeton University Press

Zhongguo Zhonggong Zuzhibu Ketizu 2001. *Zhongguo diaocha baogao, 2000–2001: Xin xingshi renmin neibu maodun yanjiu* [China investigation report, 2000–2001: Study of contradictions among the people in the new situation]. Zhongyang Bianshi Chubanshe

Zhonghua Renmin Gongheguo Guowuyuan Gongbao [PRC State Council Bulletin] 2 September 1993, no. 18

Zhu Baoping 2001. 'Nongcun feishui gaige shidian de jinzhan, nandian ji sikao' [Progress, difficulties and reflections on the rural fee-into-tax experiment], *Zhongguo Nongcun Jingji* no. 2: 12–16

Zolberg, A. R. 1980. 'Strategic Interactions and the Formation of Modern States: France and England', *International Social Science Journal* 32(4): 687–716

Zuleta, J. C., Leyton, A. and Ivanovic, E. F. 2006. *Corruption in the Revenue Service: The Case of VAT Refunds in Bolivia*. Washington DC: World Bank

Zweig, D. 1997. *Freeing China's Farmers: Rural Restructuring in the Reform Era*. Armonk NY: M. E. Sharpe

译丛主编后记

财政活动兼有经济和政治二重属性,因而从现代财政学诞生之日起,"财政学是介于经济学与政治学之间的学科"这样的说法就不绝于耳。正因为如此,财政研究至少有两种范式:一种是经济学研究范式,在这种范式下财政学向公共经济学发展;另一种是政治学研究范式,从政治学视角探讨国家与社会间的财政行为。这两种研究范式各有侧重,互为补充。但是检索国内相关文献可以发现,我国财政学者遵循政治学范式的研究并不多见,绝大多数财政研究仍自觉或不自觉地将自己界定在经济学学科内,而政治学者大多也不把研究财政现象视为分内行为。究其原因,可能主要源于在当前行政主导下的学科分界中,财政学被分到了应用经济学之下。本丛书的两位主编之所以不揣浅陋地提出"财政政治学"这一名称并将其作为译丛名,是想尝试着对当前这样的学科体系进行纠偏,将财政学的经济学研究范式和政治学研究范式结合起来,从而以"财政政治学"为名,倡导研究财政活动的政治属性。编者认为,这样做有以下几个方面的积极意义。

1. 寻求当前财政研究的理论基础。在我国的学科体系中,财政学被归入应用经济学范畴,学术上就自然产生了要以经济理论作为财政研究基础的要求。不过,由于当前经济学越来越把自己固化为形式特征明显的数学,若以经济理论为基础就容易导致财政学忽视那些难以数学化的研究领域,这样就会让目前大量的财政研究失去理论基础。在现实中已经出现并会反复出现的现象是,探讨财政行为的理论、制度与历史的论著,不断被人质疑是否属于经济学研究,一篇研究预算制度及其现实运行的博士论文,经常被答辩委员怀疑是否可授予经济学学位。因此,要解释当前的财政现象、推动财政研究,就不能不去寻找财政的政治理论基础。

2. 培养治国者。财政因国家治理需要而不断地变革，国家因财政治理而得以成长。中共十八届三中全会指出："财政是国家治理的基础和重要支柱，科学的财税体制是优化资源配置、维护市场统一、促进社会公平、实现国家长治久安的制度保障。"财政在国家治理中的作用，被提到空前的高度。因此，财政专业培养的学生，不仅要学会财政领域中的经济知识，也必须学到相应的政治知识，方能成为合格的治国者。财政活动是一种极其重要的国务活动，涉及治国方略；从事财政活动的人有不少是重要的政治家，应该得到综合的培养。这一理由，也是当前众多财经类大学财政专业不能被合并到经济学院的原因之所在。

3. 促进政治发展。18～19世纪，在普鲁士国家兴起及德国统一过程中，活跃的财政学派与良好的财政当局，曾经发挥了巨大的历史作用。而在当今中国，在大的制度构架稳定的前提下，通过财政改革推动政治发展，也一再为学者们所重视。财政专业的学者，自然也应该参与到这样的理论研究和实践活动中去。事实上也已有不少学者参与到诸如提高财政透明、促进财税法制改革等活动中去，并事实上成为推动中国政治发展进程的力量。

因此，"财政政治学"作为学科提出，可以纠正当前财政研究局限于经济学路径造成的偏颇。包含"财政政治学"在内的财政学，将不仅是一门运用经济学方法理解现实财政活动的学科，也会是一门经邦济世的政策科学，更是推动财政学发展、为财政活动提供指引并推动中国政治发展的重要学科。

"财政政治学"虽然尚不是我国学术界的正式名称，但在西方国家的教学和研究活动中却广有相关的内容。在这些国家中，有不少政治学者研究财政问题，同样有许多财政学者从政治视角分析财政现象，进而形成了内容非常丰富的文献。当然，由于这些国家并没有中国这样行政主导下的严格学科分界，因而不需要有相对独立的"财政政治学"的提法。相关的研究，略显随意地分布在以"税收政治学"、"预算政治学"或者"财政社会学"为名称的教材或论著中，当然"财政政治学"（Fiscal Politics）的说法也不少见。

中国近现代学术进步的历程表明，译介图书是广开风气、发展学术的不二良方。因此，要在中国构建财政政治学学科，就要在坚持以"我"为主研究中国财政政治问题的同时，大量地翻译西方学者在此领域的相关论著，以便为国内学者从政治维度研究财政问题提供借鉴。本译丛主编选择了这一领域内的多部英文著作,打算陆续予以翻译和出版。在文本的选择上,大致分为理论基础、现实制度与历史研究等几个方面。首先推出的有《财政理论史上的经典文献》《税收公正与民间正义》《战争、收入和国家构建》《发展中国家的税收与国家构建》《为自由国家而纳税:19 世纪欧洲公共财政的兴起》《信任利维坦:不列颠的税收政治学(1799~1914)》《欧洲财政国家的兴起:1200~1815)》《绝对主义的财政限制》《国家的财政危机》《控制公共资金》等著作。

本译丛的译者主体为上海财经大学公共经济与管理学院的教师以及该院已毕业并在外校从事教学的财政学博士,另外还邀请了其他院校的一部分教师参与。在翻译稿酬低廉、译作科研分值低下的今天,我们这样一批人只是凭借着对学术的热爱和略略纠偏财政研究取向的希望,投身到这一译丛中来。希望我们的微薄努力,能够成为促进财政学和政治学学科发展、推动中国政治进步的涓涓细流。

在本译丛的出版过程中,胡怡建老师主持的上海财经大学公共政策与治理研究院、上海财经大学公共经济与管理学院的领导与教师都给予了大力的支持与热情的鼓励。上海财经大学出版社的总编黄磊、编辑刘兵在版权引进、图书编辑过程中也付出了辛勤的劳动。在此一并致谢!

      刘守刚 上海财经大学公共经济与管理学院
      魏 陆 上海交通大学国际与公共事务学院
            2015 年 3 月